高等职业教育铁道供电技术专业“十三五”规划教材
全国高职院校专业教学创新系列教材——铁道运输类

城市轨道交通继电保护

主　编○刘　芳　张灵芝　唐　玫　许云雅
副主编○付治国
主　审○冯　骥

西南交通大学出版社
·成　都·

图书在版编目（CIP）数据

城市轨道交通继电保护／刘芳等主编．—成都：
西南交通大学出版社，2018.1（2024.6 重印）
高等职业教育铁道供电技术专业“十三五”规划教材
全国高职院校专业教学创新系列教材．铁道运输类
ISBN 978-7-5643-5875-4

Ⅰ．①城… Ⅱ．①刘… Ⅲ．①城市铁路－轨道交通－继电保护－高等职业教育－教材 Ⅳ．①U239.6

中国版本图书馆 CIP 数据核字（2017）第 267811 号

高等职业教育铁道供电技术专业“十三五”规划教材
全国高职院校专业教学创新系列教材——铁道运输类

城市轨道交通继电保护

主 编 刘 芳 张灵芝 唐 玫 许云雅

责任编辑	黄淑文
助理编辑	梁志敏
封面设计	何东琳设计工作室
出版发行	西南交通大学出版社 （四川省成都市金牛区二环路北一段 111 号 西南交通大学创新大厦 21 楼）
营销部电话	028-87600564 028-87600533
邮政编码	610031
网址	http://www.xnjdcbs.com
印刷	四川森林印务有限责任公司
成品尺寸	185 mm × 260 mm
印张	10.25
字数	256 千
版次	2018 年 1 月第 1 版
印次	2024 年 6 月第 3 次
书号	ISBN 978-7-5643-5875-4
定价	32.00 元

课件咨询电话：028-81435775
图书如有印装质量问题 本社负责退换
版权所有 盗版必究 举报电话：028-87600562

前　言

城市轨道交通继电保护是一门理论性、技术性、实践性均很强的供电专业核心课。本书结合我国现阶段城市轨道交通供电系统继电保护的实际技术发展情况，讲解了城轨交通供电系统继电保护的基本原理与现代微机保护系统的简单构成。全书注重继电保护基本概念、原理以及继电保护在城市轨道交通供电系统中的实际应用。

本书既可作为现场继电保护专业人员的培训用书，又可作为城市轨道交通供电技术专业学生的教材，也可作为电力行业工程技术人员的参考用书。本书内容全面，体系结构规范。第 1 章为绪论部分，在详细阐述电力系统的故障和不正常运行状态的基础上，讲解了继电保护的作用、基本要求、基本原理和保护装置的组成，并介绍了继电保护的分类及发展情况。第 2 章从不同类型的继电器出发，学习有关电磁型继电器的基本知识，力求从最简方式入手，巩固学生的基本知识。再根据城轨交通交流供电系统的故障以及不正常状态，介绍反应相间短路的阶段式电流保护、电压保护、反应接地短路的零序电流保护、双侧电源的方向性电流保护以及整定计算等理论知识。第 3 章介绍了电力系统较为重要的距离保护。第 4 章介绍了线路纵联差动保护的工作原理、接线、保护范围等知识。第 5 章介绍了变压器纵联差动保护、变压器电气量、非电气量保护与后备保护的相关原理、各类变压器的保护配置等。第 6 章针对城轨交通直流系统的运行特点，在城轨供电方式的基础上，介绍其保护配置，以及牵引整流机组保护和直流保护等理论知识。对 DDL 保护、框架保护、大电流脱扣、双边联跳等城市轨道交通供电系统特有的保护工作原理进行了详细的阐述，说明了变电站直流牵引供电系统的保护配置。第 7 章介绍自动重合闸装置等理论知识。第 8 章介绍了电磁型继电器的结构和工作原理以及微机保护装置的结构和工作原理，并阐明了微机保护和电磁型保护的区别与联系，本章大量采用实际设备图片，力求给读者以直观的认识。另本书中出现*的章节为选学内容，可以拓展学生的知识面，以适应弹性教学。

本书由湖北铁道运输职业学院刘芳主编并负责全书的统稿工作。全书编写分工如下：刘芳编写第 1、3、4 章；唐玫编写第 2 章；张灵芝、付治国编写第 5 章；许云雅编写第 7 章 7.1 ~ 7.3 节以及第 8 章；冯骥编写第 6 章以及第 7 章 7.4、7.5 节并负责本书的主审工作。

由于编者资料占有不全，水平有限，书中不足之处在所难免，恳请读者提出宝贵意见和建议。

编者

2017 年 8 月于武汉

目 录

第 1 章 绪 论

1.1 城市轨道交通供电系统继电保护的作用

包括城轨供电系统在内的电力系统在运行中会出现各种故障和不正常运行状态，危及电力系统安全稳定运行，使电能质量下降，造成停电或少供电。而现实工作中最常见同时也最危险的故障是各种类型的短路。发生短路时可能产生以下后果：

（1）通过故障点的短路电流和所燃起的电弧使故障设备或线路损坏。

（2）短路电流通过非故障设备时，由于发热和电动力的作用，引起电气设备损伤或损坏，导致使用寿命大大缩减。

（3）电力系统中部分地区的电压大大降低，破坏用户工作的稳定性或影响产品的质量。

（4）破坏电力系统并列运行的稳定性，引起系统振荡，甚至导致整个系统瓦解。

电力系统中最常见的不正常运行情况是过负荷。长时间过负荷使电气设备的载流部分和绝缘材料过度发热，从而使绝缘材料加速老化，甚至被破坏，引起故障。此外，系统中出现功率缺额而引起的频率降低，发电机突然甩负荷而产生的过电压等，都属于不正常运行状态。

电力系统中发生故障和出现不正常运行情况时，可能引起系统全部或部分正常运行遭到破坏。电能质变到不能容许的程度，会造成对用户的停止供电或少供电，甚至造成人身伤亡和设备的损坏，这种情况就称为发生了“事故”。为了避免或减少事故的发生，提高电力系统运行的可靠性，必须改进设备的设计制造，保证设计安装和检修的质量，提高运行管理的水平，采取预防事故的措施，尽可能消除发生事故的可能性。当发生故障时，必须采取措施，尽快地将故障设备或线路从系统中切除，保证非故障部分继续安全运行，避免事故的发生，或缩小事故的范围和影响。

由于电力系统是一个整体，电能的生产、传输、分配和使用是同时实现的，各设备之间又都有电或磁的联系，所以，当某一设备或线路发生短路故障时，在很短的时间内就会影响到整个电力系统的其他部分。为此要求切除故障设备或输电线路的时间必须很短，通常需短到十分之几秒或百分之几秒。显然要在这样短的时间内，由运行人员及时发现并手动将故障切除是绝对不可能的，只有借助于装设在每个电气设备或线路上的自动装置，即继电保护装置才能实现。这种装置到目前为止，有一部分仍然由单个继电器或继电器与其附属设备的组合构成，故称为继电保护装置。在电子式静态保护装置和数字式保护装置出现以后，虽然继电器多已为电子元件或被计算机取代，但仍沿用此名称。在电业部门常常用“继电保护”一词泛指继电保护技术或由各种继电保护装置组成的继保护系统。“继电保护装置”一词则专指各种具体的装置。

继电保护装置就是指能反应电力系统中电气元件发生故障或不正常的运行状态，并动作于断路器跳闸或发出信号的一种自动装置。它的基本任务是：

（1）自动地、迅速地和有选择地将故障元件从电力系统中切除，使故障元件免于继续遭到破坏，保证其他无故障部分迅速恢复正常运行。

（2）反应电气元件的不正常运行状态，并根据运行维护的条件（如有无经常值班人员）而动作于信号，以便值班员及时处理，或由装置自动进行调整，或将那些继续运行就会引起损坏或发展成为事故的电气设备切除。此时一般不要求保护动作迅速，而是根据对电力系统及其元件的危害程度规定一定的延时，以免不必要的动作和由于干扰而引起的误动作。

由此可见，继电保护在电力系统中的主要作用是通过预防事故或缩小事故范围来提高系统运行的可靠性，最大限度地保证向用户安全连续供电。因此，继电保护是电力系统的重要组成部分，是保证电力系统安全可靠运行的必不可少的技术措施。在现代电力系统中，如果没有专门的继电保护装置，要想维持系统的正常运行是根本不可能的。

1.2 对继电保护装置的基本要求

继电保护装置为了完成其任务，必须在技术上满足选择性、速动性、灵敏性和可靠性四个基本要求。对于作用于继电器跳闸的继电保护，应同时满足四个基本要求。对于作用于信号以及只反映不正常运行情况的继电保护装置，这四个基本要求中有些要求如速动性可以降低。现将四个基本要求分述如下。

1. 选择性

选择性就是指当电力系统中的设备或线路发生短路时，继电保护仅将故障的设备或线路从电力系统中切除，当故障设备或线路的保护或断路器拒绝动作时，应由相邻设备或线路的保护将故障切除，简而言之，就是切对线路。

如图 1-1 所示电网，当 d_1 点发生短路故障时，应由故障线路上的保护 1 和 2 动作，使断路器 1QF 和 2QF 跳闸，将故障线路 AB 切除，这时变电所 B 的所有出线和用户仍可由非故障线路供电。当 d_2 点发生短路故障时，应由线路的保护 5 动作，使断路器 5QF 跳闸，将故障线路 BC 切除，这时由线路 BC 供电的变电所 C 停电，但对于变电所 B 母线的其他所有引出线和用户仍能继续供电，这样，停电范围限制在最小。保护装置的上述动作，称为有选择性的动作。

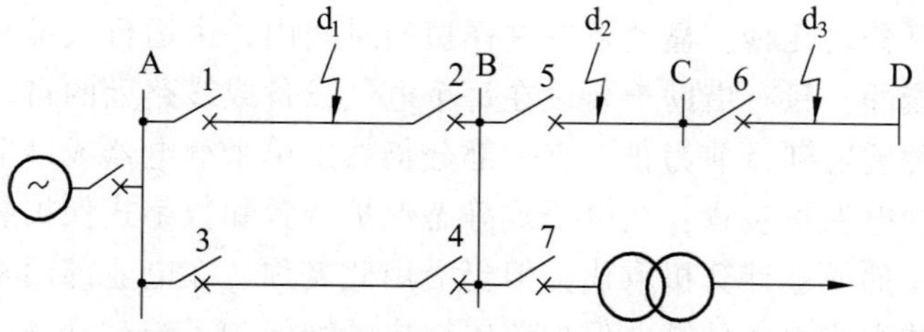

图 1-1 电网有选择性地切除故障的说明图

又如当线路 CD 的 d_3 点发生短路故障时，如果该线路的保护 6 或断路器 6QF 拒绝动作，这时应由线路 BC 的保护 5 动作，使断路器 5QF 跳闸，将 CD 的故障切除。保护装置 5 作为线路 CD 的后备保护，在这种情况下的动作也称为有选择性的动作。显而易见，后备保护的必要性在于：如果故障元件的保护或断路器拒动时，可在后备保护的作用下，迅速切除故障，这时虽然扩大了一些停电范围，但是，如果没有后备保护，则故障设备或线路无法自动切除，必将造成更严重的后果。

总之，要求继电保护装置有选择性地动作，是提高电力系统供电可靠性的基本条件。保护装置无选择性的动作，又没有采取措施（如线路的自动重合闸）予以纠正，是不允许的。

2. 速动性

速动性就是指继电保护装置应能尽快切除故障。对于反应于短路故障的继电保护，要求快速动作的必要性在于：

（1）快速切除故障可以提高电力系统并列运行的稳定性。

（2）快速切除故障可以减少发电厂厂用电及用户电压降低的时间，加速恢复正常运行的过程，保证厂用电及用户工作的稳定性。因为电力系统中发生短路故障时，系统各点电压大大降低，发电厂和用户的电动机转速减小乃至被制动。若电压下降的时间较长，则电动机就要停止运转，使生产停顿。特别是发电厂厂用电动机停转，将造成停机的严重后果。如果短路故障被快速切除，系统各点电压就能很快恢复，电动机容易自启动，迅速恢复正常运行。因此，快速切除短路故障，所有电动机在故障切除后都可以继续正常运行，从而保证发电厂和用户工作的稳定性。

（3）快速切除故障可以减轻电气设备和线路的损坏程度。因为发生短路故障时故障点流过很大的短路电流，导致电气设备因发热和承受电动力的作用遭到严重的损坏。短路电流通过的时间愈长，设备损坏的程度就愈严重，甚至被烧毁。特别在发电机、变压器的内部短路时，是不允许带时限切除故障的。

（4）快速切除故障可以防止故障的扩大，提高自动重合闸和备用电源或设备自动投入的成功率。因为短路故障点常产生电弧，短路持续的时间愈长，电弧燃烧时间也就愈长，因而可能使接地故障扩展为相间短路，两相短路扩展成三相短路，甚至使瞬时性故障扩展为永久性故障。快速切除故障，故障点的电弧便迅速熄灭，防止了故障的扩大。

从上述理由可知，快速切除故障，对提高电力系统运行的可靠性具有重大的意义。切除故障的时间，指从发生短路故障的时刻起到断路器跳闸电弧熄灭为止的时间，等于继电保护装置的动作时间与断路器跳闸时间之和。所以，为了保证快速切除故障，除了加快保护装置的动作时间之外，还必须采用快速跳闸的断路器。

普通快速保护的动作时间为 0.01 ~ 0.12 s，普通断路器的跳闸时间为 0.01 ~ 0.15 s，因此普通快速保护切除故障的时间为 0.02 ~ 0.27 s，

但是，应当指出，要求保护切除故障达到最小时间并不是在任何情况下都合理，这个时间必须根据技术条件而定。例如，对于 35 kV 配电网络，切除故障时间为 0.5 ~ 0.7 s；对于 110 ~ 330 kV 高压电网，为 0.15 ~ 0.3 s；500 kV 及以上电压的超高压电网，为 0.1 ~ 0.12 s。目前国产的继电保护装置，在一般情况下完全可以满足上述电网对快速切除故障的要求。

对于反应不正常运行情况的继电保护装置，一般不要求快速动作，而应按照选择性的条件，带延时地发出信号。

3. 灵敏性

灵敏性是指电气设备或线路在被保护范围内发生短路故障或不正常运行情况时，保护装置的反应能力。举例来说，对于某个电气量（如负序分量），它只在故障时出现，那么监视这个电气量是否出现就能简单判定系统是否存在故障。对于电流量来说，正常时小，短路故障时大，这样就可以通过电流量大小的区别来判定系统是否存在故障。当然，监视有和无比监视电流的大小要方便和准确许多，我们用灵敏性的概念来描述继保装置动作的方便性和准确性。能满足灵敏性要求的继电保护，在规定的范围内发生故障时，不论短路点的位置和短路的性质如何，都能正确反应动作，即要求不但在系统最大运行方式下三相短路时能可靠动作，而且在系统最小运行方式下经过较大的过渡电阻两相或单相发生短路故障时也能可靠动作。

所谓系统最大运行方式，就是在被保护线路末端短路时，系统等效阻抗最小，通过保护装置的短路电流为最大的运行方式。系统最小运行方式，就是在同样的短路故障情况下，系统等效阻抗为最大，通过保护装置的短路电流为最小的运行方式。保护装置的灵敏性用灵敏系数来衡量。

故障参数如电流、电压和阻抗等的计算，应根据实际可能的最不利的运行方式和故障类型来进行。对不同作用的保护及被保护的设备和线路，所要求的灵敏系数不同。

4. 可靠性

可靠性是指在保护范围内发生了故障该保护应动作时，不应由于它本身的缺陷而拒动作；而在不属于它动作范围的任何情况下，则应可靠地不动作。

要求继电保护装置有很高的可靠性是非常重要的。因为，保护装置的拒动作或误动作，都将给电力系统和用户带来严重的损失。所以，在设计、安装和维护继电保护装置时，必须满足可靠性的要求。

保护装置动作不可靠的主要原因是：继电器及元件质量差，安装调试质量不高，运行维护不当以及设计和整定计算错误等。因此，为提高保护装置的可靠性，应选用最简单的保护方式和质量高、动作可靠的继电器或元件以及简单的回路来构成，并采取必要的检测、闭锁和双重化等措施。保护装置要便于整定、调试和运行维护，要正确地进行设计和整定计算，保证安装、调试质量，提高运行维护水平。

以上四个基本要求是设计、配置和维护继电器保护的依据，又是分析评价继电保护的基础。这四个基本要求之间是相互联系的，但往往又存在着矛盾。因此，在实际工作中，要根据电网的结构和用户的性质，辩证地进行统一。

1.3 继电保护的分类

1. 根据控制信号分类

继电保护实际上是一种自动控制装置，以控制过程信号的不同，可分为模拟型和数字型两大类。多年来应用的常规继电保护装置都属于模拟型的，而 20 世纪 70 年代后发展起来的计算机保护则属于数字型的。这两类继电保护的基本原理是相同的，但其实现方法和构成却大不相同。

1）模拟型继电保护

模拟型继电保护又可分为机电型继电保护和静态型继电保护两类。

机电型继电保护由若干个不同功能的继电器所组成。继电器是一种能自动动作的电器，只要加入某种物理量（如电流或电压等），或者加入的物理量达到一定数值时，它就会动作，使其常开触点闭合、常闭触点断开，输出电信号。

每个继电器都由感受元件、比较元件和执行元件三个主要部分组成。感受元件用来测量控制量的变化，并以某种形式传送到比较元件；比较元件将接收的控制量与整定值进行比较，并将比较结果输入执行元件；执行元件执行继电器动作输出信号的任务。

继电器按动作原理的不同分为：电磁型、感应型和整流型等；按反应物理量的不同可分为：电流、电压、功率方向、阻抗继电器等；按继电器在保护装置中的作用不同可分为：主继电器（如电流、电压和阻抗继电器等）和辅助继电器（如中间、时间和信号继电器等）。由于这些继电器都具有机械的可动部分和接点，故称为机电型继电器。由这类继电器组成的继电保护装置称为机电型继电保护。

静态型继电保护是应用晶体管或集成电路等电子元件来实现的，它由若干个不同功能的回路，如测量、比较或比相、触发、延时、逻辑和输出等回路组成。具有体积小、重量轻、功耗小、灵敏度高、动作快和不怕震动、可以实现无触点等一系列的优点。

模拟型继电保护装置的种类很多。一般而言，它们都由测量回路、逻辑回路和执行回路三个主要部分组成。测量回路的作用是测量与被保护电气设备或线路工作状态有关的物理量的变化，如电流、电压等的变化，以确定电力系统是否发生了短路故障或出现不正常运行情况；逻辑部分的作用是当电力系统发生故障时，根据测量回路的输出信号进行逻辑判断，以确定变化是否应该动作，并向执行元件发出相应的信号；执行回路的作用是执行逻辑回路的判断，发出切除故障的跳闸脉冲或指示不正常运行情况的信号。

2）数字型继电保护

数字型的计算机继电器保护是把被保护设备和线路输入的模拟电气量经过模/数（A/D）转换器变换为数字量，利用计算机进行处理和判断。计算机由硬件部分和软件部分组成。硬件部分主要采用微型计算机或微处理器来实现，被保护设备或线路的交流电流、电压，经电流互感器（TA）和电压互感器（TV）输入到计算机保护的输入回路。在输入回路中，首先经变换器将电流和电压变换为适于保护工作的电压量，再由输入滤波器滤除直流分量、低频分量和高频及各种干扰波后，进入多路选择器，将输入的多个电气量按输入的时间先后分开，经采样后送到模/数转器变换为数字量，最后将数字量送入微型计算机进行处理，判断是否发生了短路故障。

软件部分是根据保护的工作原理和动作要求编制的计算程序，不同的保护计算程序不同。计算机继电器保护是根据保护工作原理的数学模型即数学表达式来编制的，这种数学模型称为计算机继电保护的算法，通过不同的算法可以实现各种保护功能。各种类型保护的计算机硬件和外围设备可以是通用的，只要计算程序不同，就可以得到不同原理的保护，而且计算机可以根据系统的运行方式自动改变动作的整定值，使保护具有更大的灵活性。保护用计算机有自诊断能力，不断地检查和诊断保护本身的故障，并及时进行处理，大大提高了保护装置的可靠性，并能实现快速动作的要求。

2. 根据保护对象分类

电力系统的继电保护根据被保护对象的不同，分为发电厂、变电所电气设备的继电保护和输电线路的继电保护。前者是指发电机、变压器、母线和电动机等元件的继电保护，简称为元件保护；后者是指电力网及电力系统中输电线路的继电保护，简称线路保护。

3. 根据保护作用分类

按作用的不同继电保护又分为主保护、后备保护和辅助保护。主保护是指被保护元件内部发生各种短路故障时，能满足系统稳定及设备安全的要求，有选择地切除被保护设备或线路故障的保护。后备保护是指当主保护或断路器拒绝动作时，用以将故障切除的保护。后备保护可分为远后备和近后备两种，远后备是指主保护或断路器拒绝动作时，由相邻元件的保护部分实现的后备；近后备是指当主保护拒绝动作时，由本元件的另一套保护来实现的后备，当断路器拒绝动作时，由断路器失灵保护实现后备。辅助保护是指为了补充主保护和后备保护的不足而增设的简单保护。

4. 根据操作电源性质分类

继电保护装置需有操作电源供给保护回路、断路器跳合闸及信号等二次回路。按操作电源性质的不同，可以分为直流操作电源和交流操作电源。通常在发电厂和变电所中，继电保护的操作电源是由蓄电池直流系统供电，因蓄电池是一种独立电源，最大的优点是工作可靠，但缺点是投资较大和维护麻烦。交流操作电源的优点是投资低，维护简便，但缺点是可靠性差。因此，交流操作电源的继电保护适合于中小型变电所，特别是农村小型变电所的使用。

1.4 继电保护的基本原理

为了满足继电保护选择性的要求，继电保护装置必须具有正确区分被保护元件是处于正常运行状态还是发生了故障、是保护区内故障还是区外故障的功能。保护装置要实现这一功能，需要根据电力系统发生故障前后电气物理量的变化特征为基础来构成。

电力系统发生故障后，工频电气量变化的主要特征是：

（1）电流增大。短路时故障点与电源之间的电气设备和输电线路上的电流将由负荷电流增大至超过负荷电流。

（2）电压降低。当发生相间短路和接地短路故障时，系统各点的相间电压或相电压值下降，且越靠近短路点，电压越低。

（3）电流与电压之间的相位角改变。正常运行时电流与电压间的相位角是负荷的功率因数角，一般约为 20°；三相短路时，电流与电压之间的相位角由线路的阻抗角决定，一般为 60° ~ 85°；而在保护反方向三相短路时，电流与电压之间的限额将变为 180° +（60° ~ 85°）。

（4）不对称短路时，出现相序分量，如单相接地短路及两相接地短路时，出现负序和零序电流及电压分量。这些分量在正常运行时是不会出现的。

利用短路故障时电气量的变化，便可构成各种原理的继电保护。例如，据短路故障时电流的增大，可构成过电流保护；据短路故障时电压的降低，可构成电压保护；据短路故障时电流与电压之间相角的变化，可构成功率方向保护；据电压与电流比值的变化，可构成距离保护；据故障时被保护元件两端电流相位和大小的变化，可构成差动保护；据不对称短路故障时出现的电流、电压相序分量，可构成零序电流保护、负序电流保护和负序功率方向保护；高频保护则是利用高频通道来传递线路两端电流相位、大小和短路功率方向信号的一种差动保护。

此外，除了上述反应工频电气量的保护外，还有反应非工频电气量的保护，如超高压输电线路的行波保护、电力变压器的瓦斯保护及反应电动机绕组温度升高的过负荷或过热保护等。

1.5 继电保护的发展概况

继电保护技术是随着电力系统的发展而发展起来的。电力系统中的短路是不可避免的。短路必然伴随着电流的增大，因而为了保护电气设备免受短路电流的破坏，首先出现了反应电流超过某一预定值的过流保护。熔断器就是最早的、最简单的过电流保护。这种保护方式时至今日仍广泛应用于低压线路和用电设备。熔断器的特点是集保护装置与切断电流的装置于一体，因而最为简单。由于电力系统的发展，用电设备的功率、发电机的容量不断增大，熔断器已不能满足选择性和速动性的要求，于是出现了作用于专门的断流装置（断路器）的过电流继电器。19 世纪 90 年代出现了装于断路器上并直接作用于断路器的一次式（直接反应于一次短路电流）的电磁型过电流继电器。20 世纪初，随着电力系统的发展，继电器才开始广泛应用于电力系统的保护。这个时期可认为是继电器保护技术发展的开端。

1901 年出现了感应型过电流继电器，1908 年提出了比较被保护元件两端电流的电流差动保护原理，1910 年方向电流保护开始得到应用，在此时期也出现了将电流与电压比较的保护原理，并导致了上世纪 20 年代初距离保护装置的出现。随着电力系统载波通信的发展，在 1927 年前后，出现了利用高压输电线上高频载波电流传送和比较输电线两端功率方向或电流相位的高频保护装置。20 世纪 50 年代，微波中继通信开始应用于电力系统，从而出现了利用微波传送和比较输电线两端故障电气量的微波保护，经过 20 余年的研究，终于诞生了行波保护装置。随着光纤通信在电力系统中的大量采用，利用光纤通道的继电保护也得了到广泛的应用。

以上是继电保护原理的发展过程。与此同时，构成继电保护装置的元件、材料、保护装置的结构形式和制造工艺也发生了巨大的变化。20 世纪 50 年代以前的继电保护装置都是由电磁型、感应型或电动型继电器组成。这些继电器都具有机械转动部件，统称为机电式继电器。由这些继电器组成的继电保护装置称为机电式保护装置。机电式继电器所采用的元件、材料、结构形式和制造工艺在近 30 余年以来，经历了重大的改进，积累了丰富的运行经验，工作比较可靠，因而目前仍是电力系统中应用较广泛的保护装置。但这种保护装置体积大，消耗功率大，动作速度慢，机械转动部分和触点容易磨损或粘连，调试维护比较复杂，不能满足超高压、大容量电力系统的要求。

20 世纪 50 年代，由于半导体晶体管的发展，开始出现晶体管式继电保护装置。这种保护装置体积小、功耗小、动作速度快、无机械转动部分，称为电子式静态保护装置。当时的晶体管保护装置易受电力系统中或外界电磁干扰的影响而误动或损坏，故其工作可靠性低于机电式保护装置。经过 20 余年长期的研究和实践，抗干扰问题从理论上和实践上都得到了满意的解决，使晶体管继电保护装置的正确动作率达到了和机电式保护装置同样的水平。20 世纪 70 年代是晶体管继电保护装置在我国蓬勃发展和广泛采用的时期。

随着集成电路技术的发展，有可能将数十个或更多的晶体管集成在一个半导体芯片上，从而出现了体积更小、工作更加可靠的集成运算放大器和其他集成电路元件。这促使了静态继电保护装置向集成电路化方向发展。20 世纪 80 年代后期是静态继电保护从第一代（晶体管式）向第二代（集成电路式）的过渡时期。

在 20 世纪 60 年代末，有人提出用小型计算机实现继电保护的设想，因当时小型计算机价格昂贵，难以在现实中采用。但由此开始了对继电保护计算机算法的大量研究，对后来微型计算机式继电保护（简称微机保护）的发展奠定了理论基础。随着微处理器技术的迅速发展及其价格急剧下降，在 20 世纪 70 年代后半期，出现了比较完善的微机保护样机，并投入到电力系统中试运行。20 世纪 80 年代，微机保护在硬件结构和软件技术方面已渐趋成熟，并在一些国家推广应用，这就是第三代的静态继电保护装置。微机保护具有巨大的计算、分析和逻辑判断能力，具有存储记忆功能，因而可以实现任何性能完善且复杂的保护原理。微机保护可连续不断地对本身的工作情况进行自检，其工作可靠性很高。此外，微机保护可用同一硬件实现不同的保护原理，这使得保护装置的制造大为简化，也更容易实现保护装置的标准化。微机保护除具有保护功能外，还兼有故障录波、故障测距、事件顺序记录等辅助功能，这对简化保护的调试、事故分析和事故后的处理等都有重大意义。进入 20 世纪 90 年代以来，微机保护在我国得到大量应用，已成为继电保护装置的主要形式。随着电力系统的高速发展和计算机技术、通信技术的进步，继电保护技术将朝着计算机化，网络化，保护、控制、测量、数据通信一体化和人工智能化的方向发展。

第 2 章　电网的电流保护

2.1　常用测量元件

继电保护和测控装置的首要任务，就是要完成对供电系统的各类物理量的检测，其中主要是电气量，如电流值、电压值等。然后，保护装置通过对这些物理量的大小、相位变化进行分析、运算、比较等，判断供电系统是否发生故障。因此需要对供电系统的各种参数进行测量或变换，常用的测量元件有互感器、变送器和传感器等。

互感器又称为仪用变压器，是电流互感器和电压互感器的统称，起到测量转换和电气隔离的作用。电流互感器能将大电流按比例变换成标准的小电流（5 A 或 1 A）；电压互感器能将高电压按比例变换成标准的低电压（100 V），以便实现测量仪表、保护设备及自动装置的的标准化和小型化。同时互感器还可以将高电压系统和低电压系统隔离开，保证人身和设备的安全。

2.1.1　电流互感器

1. 电流互感器的结构原理

电流互感器的符号为 TA，起到变换电流和电磁隔离的作用。

电流互感器的结构及原理如图 2-1 所示。电流互感器主要由相互绝缘的一次绕组 N_1、二次绕组 N_2、铁心、接线端子等组成。根据电磁感应原理，当交流系统的负荷电流 I_1 通过电流互感器一次绕组时，产生的交变磁通在二次绕组中感应出按比例减小的二次电流 I_2。

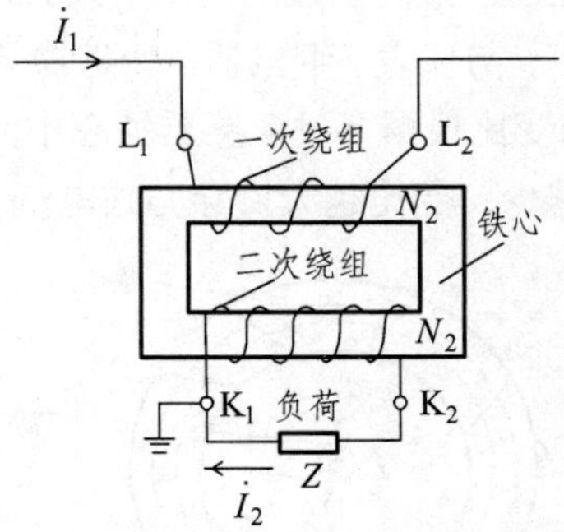

图 2-1　电流互感器结构及原理图

电流互感器的一次绕组和二次绕组有相等的安培匝数，即 $I_1N_1 = I_2N_2$，由此可得电流互感器的变比为

$$K_i = \frac{I_1}{I_2} = \frac{N_2}{N_1} \qquad (2.1)$$

由上式可知，电流互感器绕组匝数与电流大小成反比，因为电流互感器一次绕组的匝数较少，二次绕组的匝数较多，故电流互感器能将一次的大电流变换成二次的小电流。改变一、二次绕组的匝数比就可以改变电流互感器的变比。

电流互感器在使用时，其一次绕组直接串联于一次线路，二次绕组与仪表、继电器、变送器等串联形成闭合回路，图 2-2 所示为电流互感器在继电保护中常见的单相接线图。

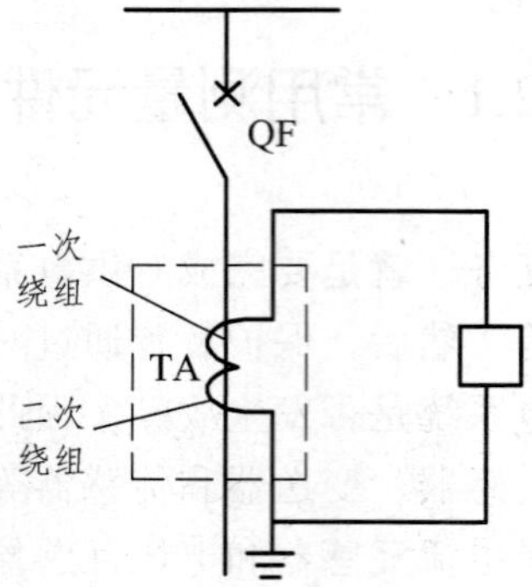

图 2-2　电流互感器单相接线图

2. 电流互感器的分类

电流互感器按安装方式可以分为：

（1）贯穿式电流互感器：用来穿过屏板或墙壁的电流互感器。

（2）支柱式电流互感器：安装在平面或支柱上，兼做一次电路导体支柱用的电流互感器。

（3）套管式电流互感器：没有一次导体和一次绝缘，直接套装在绝缘的套管上的一种电流互感器。

（4）母线式电流互感器：没有一次导体但有一次绝缘，直接套装在母线上使用的一种电流互感器。

电流互感器按照结构来分，常见的有普通电流互感器、穿心式电流互感器、钳形电流互感器、多抽头电流互感器等。其中，穿心式电流互感器是供电系统中常用的一种类型，其本身结构不设一次绕组，载流导线穿过由硅钢片擀卷制成的圆形（或其他形状）铁心充当一次绕组，二次绕组直接均匀地缠绕在圆形铁芯上，与仪表、继电器、变送器等电流线圈的二次负荷串联形成闭合回路。由此可知，电流互感器的变比根据穿过互感器铁心中的一次绕组匝数确定，穿心匝数越多，变比越小；反之，穿心匝数越少，变比越大。穿心式电流互感器如图 2-3 所示。

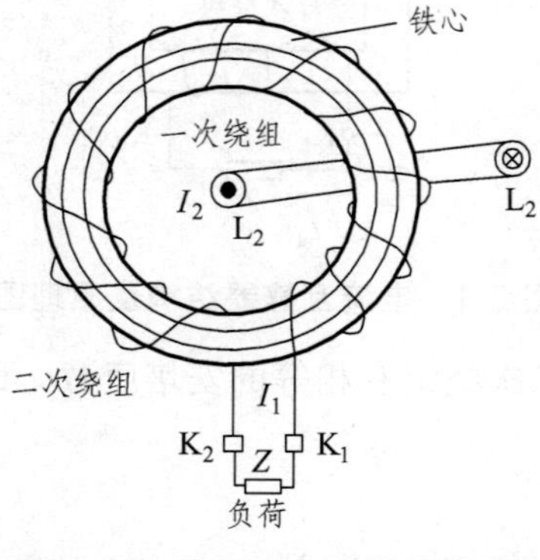

图 2-3　穿心式电流互感器结构原理图

3. 电流互感器使用时的注意事项

（1）电流互感器在投入运行前要按照电气规程规定的项目进行试验检查。

（2）电流互感器接线时，端子的极性一定要连接正确。如果极性连接不正确，在计量中就会影响计量的准确性，在同一线路有多台电流互感器并联时，会造成短路事故。

（3）电流互感器的二次回路应可靠接地。避免一、二次绕组之间绝缘损坏时，二次侧出现高电压危及人身安全。

（4）电流互感器二次绕组不允许开路运行，避免二次侧出现高电压，危及人身和仪表安全。

（5）用于电能计量的电流互感器二次回路，不应再接继电保护装置和自动装置等，以防互相影响。

2.1.2 电压互感器

1. 电压互感器结构原理

电压互感器的符号为 TV，起到变换电压和电磁隔离的作用。

电压互感器的结构及原理如图 2-4 所示，其主要由相互绝缘的一次绕组 N_1、二次绕组 N_2、铁心、接线端子等组成。根据电磁感应定律，在一次绕组上施加交流电压 U_1 时，就会在铁心中产生交变磁通 ϕ，从而在二次绕组中感应出二次电压 U_2。

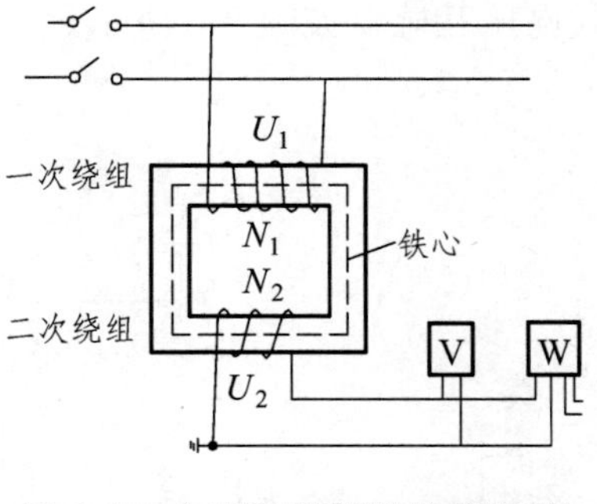

图 2-4 电压互感器结构原理图

电压互感器的变比 K_u 既是一、二次绕组的电压之比，也是一、二次绕组的匝数之比，即

$$K_u = \frac{U_1}{U_2} = \frac{N_1}{N_2} \tag{2.2}$$

由上式可知，电压互感器绕组的匝数与电压的高低成正比。且电压互感器一次绕组的匝数较多，二次绕组的匝数较少，因此，电压互感器能将一次的高电压变换成二次的低电压。改变一、二次绕组的匝数比就可以改变电压互感器的变比。

电压互感器在使用时，一次绕组并联于电源线路中，二次绕组与仪表、继电器、变送器等元件并联形成回路，如图 2-5 所示。

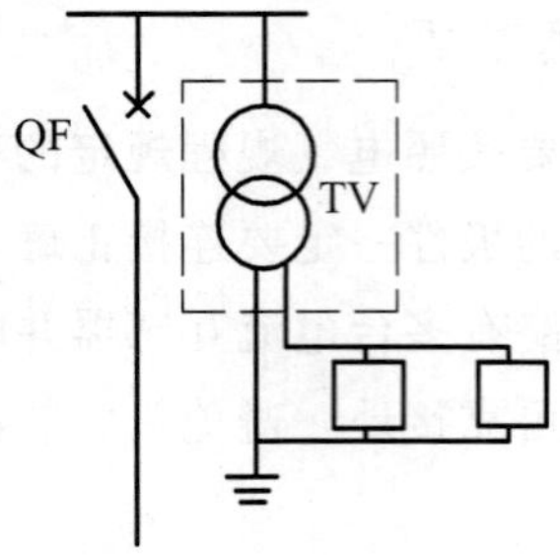

图 2-5　电压互感器单相接线图

2. 电压互感器的分类

电压互感器按绝缘方式可分为：

（1）干式电压互感器：干式电压互感器结构简单、无着火和爆炸危险，但绝缘强度较低，只适用于 6 kV 以下的户内式装置。

（2）浇注式电压互感器：浇注式电压互感器结构紧凑、维护方便，适用于 3 kV ~ 35 kV 户内式配电装置。

（3）油浸式电压互感器：油浸式电压互感器绝缘性能较好，可用于 10 kV 以上的户外式配电装置。

（4）充气式电压互感器：充气式电压互感器用于 SF6 全封闭电器中。

电容式电压互感器也是供电系统中常用的互感器，实际上它是一个单相电容分压管，由若干个相同的电容器串联组成，接在高压相线与地面之间，它广泛用于 110 kV ~ 330 kV 的中性点直接接地的电网中，电容式电压互感器如图 2-6 所示。

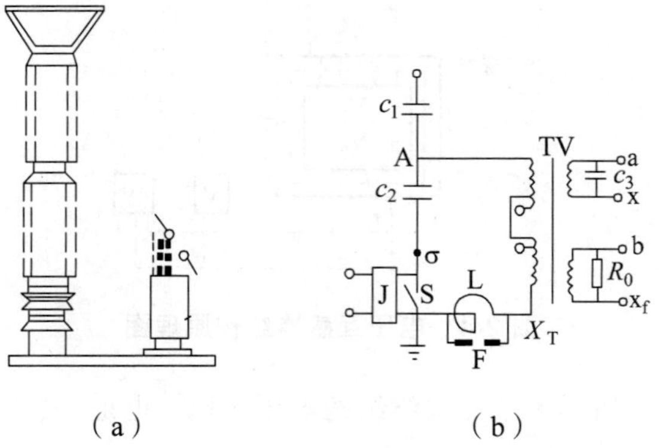

图 2-6　电容式电压互感器结构及原理图

3. 电压互感器使用时的注意事项

（1）电压互感器在投入运行前要按照电压互感器检定规程规定的项目进行试验检查。例如，测极性、连接组别等。

（2）应保证电压互感器接线的正确性和极性的正确性。一次绕组和被测电路并联，二次绕组和所接的测量仪表、继电保护装置或自动装置的电压线圈并联。

（3）接在电压互感器二次侧负荷的容量应合适，不应超过其额定容量，否则，会使互感器的误差增大，难以达到测量的正确性。

（4）电压互感器二次侧不允许短路。由于电压互感器内阻抗很小，若二次侧回路短路，会出现很大的电流，将损坏二次侧设备甚至危及人身安全。电压互感器应在二次侧装设熔断器以保护其自身不因二次侧短路而损坏。

（5）电压互感器二次绕组必须有一点接地。当一次和二次绕组间的绝缘损坏时，确保人在接触测量仪表和继电器时的安全。

随着科学的进步，旧的测量元件不断升级换代，新的测量元件不断涌现出来，传感器、变换器、分流器等元件在继电保护和自动装置中也得到了广泛的应用。

2.2 电磁型继电器

2.2.1 电磁型继电器简介

1. 电磁型继电器的基本工作原理

电磁型继电器是继电保护较为早期的元件，是利用电磁原理构成的一类继电器。电磁型继电器的基本组成包括线圈、铁心、可动衔铁以及动、静触点（一组动、静触点构成一对接点）（如图 2-7 所示）。根据电磁原理，当线圈中有电流通过时，铁心中将会产生磁场和电磁力，电磁力吸引衔铁（电磁力的大小与通过线圈的电流大小有关，电流越大，产生的电磁力越大，电流越小，产生的电磁力越小），当电磁力大于反作用弹簧的拉力时，衔铁被吸动（吸合），带动固定在衔铁上的动触点向静触点移动，最终使动、静触点接触，称为接点闭合。这类因衔铁被吸合而闭合的接点称为动合接点，也称为常开接点。还有一类接点，动、静触点在衔铁未被吸合时处于闭合状态，当衔铁被吸合时，动、静触点断开，这类接点称为动断接点，也称为常闭接点。此时，如果线圈中电流减小，电磁力随之减小，当电磁力小于反作用弹簧的拉力时，衔铁被拉回原来的位置，接点也随之返回原来的状态，即常开接点断开，常闭接点闭合。

简单地说，电磁型的继电器是将两个电流（测量电流、动作电流）的比较转化为两个力（电磁力、弹簧拉力）的比较。

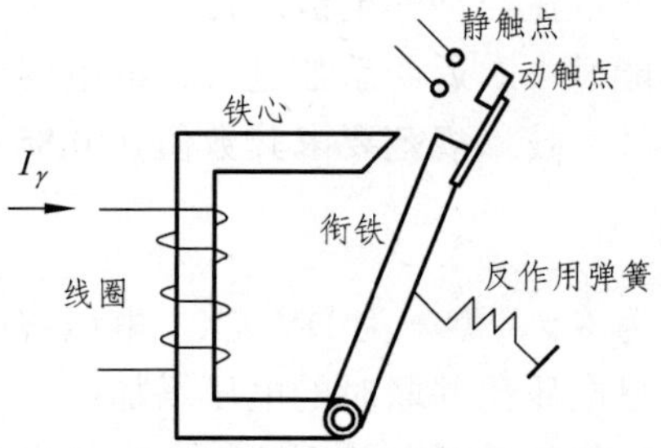

图 2-7　电磁型继电器的基本工作原理

2. 电磁型继电器的接点

继电器的接点按照接点状态来分，可分为常开接点和常闭接点。常开接点是指当衔铁未被吸合时，处于断开状态的接点。常闭接点是指衔铁未被吸合时处于闭合状态的接点。注意：衔铁未被吸合与线圈没通电含义不同。根据电磁原理可知，衔铁未被吸合有两个原因：第一，继电器线圈没有通电，没有电磁力产生，衔铁不会被吸合；第二，继电器线圈有电流通过（有电），但产生的电磁力不足以克服弹簧的拉力，吸不动衔铁。因此，不能用线圈没通电来定义常开接点和常闭接点。

继电器的接点按照转换时间来分，可分为瞬动接点和延时接点。瞬动接点是指当继电器线圈中的电流或电压满足条件时，立即转换状态的接点；延时接点是指即使继电器线圈中的电流或电压满足条件，也不会立即转换状态，而是要经过一定的延时以后才转换状态的一类接点，如时间继电器的延时接点。

2.2.2 电磁型继电器的分类

根据作用不同，电磁型继电器又分电流继电器、电压继电器、中间继电器、时间继电器、信号继电器等多种类型。

1. 电流继电器

电磁型电流继电器的符号为 KA，型号为 DL-XX。电流继电器的两组线圈可以串联，也可以并联，两组线圈并联时通过的电流比串联时增加一倍。在继电保护中，电流继电器的线圈通常与电流互感器的二次绕组串联，从而感知一次供电系统中被测电流的变化。电流继电器的接点为瞬动接点。

电磁型电流继电器是反应电流增大而动作的继电器。当被测线路正常运行时，负荷电流较小，经电流互感器变换后送入电流继电器线圈的电流也较小，不足以使衔铁动作，接点不转换状态，因此电流继电器不动作；当被测线路发生短路故障时，电流急剧增大，经电流互感器变换后送入电流继电器线圈的电流也随之增大，增大的电流产生的电磁力大于弹簧拉力衔铁被吸合，接点转换状态，电流继电器动作。由此可知，我们可以通过调节弹簧拉力的大小，来决定流入多大的电流使电流继电器动作。

电流继电器的主要参数为：

（1）动作电流（I_{op}）：使电流继电器动作的最小电流值。

（2）返回电流（I_{re}）：使电流继电器返回的最大电流值。

（3）返回系数（K_{re}）：返回电流与动作电流之比。

返回系数不能过大，也不能过小。返回系数过大，继电器动作灵敏但不可靠；返回系数过小，继电器动作可靠但不灵敏。技术规范要求其数值在 0.85 ~ 0.9 之间。

2. 电压继电器

电磁型电压继电器的符号为 KV，型号为 DY-XX。电压继电器的两组线圈可以并联，也可以串联。两组线圈串联时测量电压比并联时的电压增加一倍。在继电保护中，电压继电器的线圈通常与电压互感器的二次绕组并联，从而感知一次供电系统中被测电压的变化。电压继电器的接点为瞬动接点。

电磁型电压继电器是反应电压变化而动作的继电器。电压继电器分为过电压继电器和欠电压继电器两类，前者用于过电压保护，后者用于欠电压保护。

过电压继电器的主要参数，主要分为：

（1）动作电压（U_{OP}）。

（2）返回电压（U_{re}）。

（3）返回系数（K_{re}）。

参数含义与过电流继电器参数表达含义相似。

低电压继电器与过电压继电器动作过程正好相反，当电压继电器测量的电压降低，电磁力减小使得衔铁返回，常闭接点处于闭合状态，称为继电器动作；当电压升高，衔铁被吸动时，常闭接点处于断开状态，称为继电器返回。低电压继电器的主要参数为：

（1）动作电压：能使继电器动作的最大电压。

（2）返回电压：能使继电器返回的最小电压。

（3）返回系数：返回电压与动作电压之比。

返回系数一般不大于 1.2，返回系数越小，继电器越灵敏，但可靠性降低。

3. 中间继电器

中间继电器的符号为 KM，型号为 DZX-XXX。根据需要可以选择单线圈的中间继电器，也可以选择带有保持线圈的中间继电器。中间继电器的接点为瞬动接点。

中间继电器是否动作，取决于中间继电器的线圈是否得到额定电压，即当线圈得到额定电压时，中间继电器动作，接点转换状态；当线圈没得到额定电压时，中间继电器不动作，接点不转换状态。

中间继电器具有接点数目多，接点容量大的特点，在继电保护装置中起桥梁作用，即当需要同时闭合或断开几条独立回路或要求比较大的接点容量去闭合或断开较大电流回路时，经常采用中间继电器。中间继电器常作为保护装置的出口执行元件，广泛用于各种保护和自动控制线路中。

4. 时间继电器

时间继电器又称为时限元件，其符号为 KT，型号为 DS-XX。时间继电器除了具有一般继电器的电磁机构外，还具有钟表机构，为保护装置或自动装置提供必要的延时。

时间继电器有两类接点：一类是瞬动接点，一类是延时接点。瞬动接点是否动作，取决于时间继电器的线圈是否得到额定电压。根据时间继电器延时接点的动作过程不同，又分为缓吸型（通电延时）和缓放型（断电延时）两种：线圈得电后，接点延时转换状态称为缓吸型；线圈失电后，接点延时转换状态称为缓放型。在构成保护装置或自动装置时，根据实际需要选择时间继电器的类型。

5. 信号继电器

信号继电器的符号为 KS，型号为 DX-XXX。通常带有保持线圈。信号继电器有电流型和电压型两种，在电路中的接线方式各不相同。电流型的线圈在电路中与其他元件串联使用；电压型的线圈则直接并接于电源。

信号继电器主要用于指示继电保护装置或自动装置动作。

除了电磁型继电器以外，还有电子型等其他类型的继电器，他们与电磁型继电器具有同样的功能。虽然，目前广泛采用综合自动化系统，电磁型继电器几乎被淘汰，但综合自动化系统中继电保护的原理与用电磁型继电器构成的继电保护原理完全相同，而电磁型继电器因结构简单，原理清晰直观，是学习继电保护原理不可摒弃的元件，具有其他类型元件无法替代的地位。

2.3 城轨供电交流系统概述

我国城市轨道交通供电系统按照供电方式分为集中供电方式、分散供电方式和混合供电方式三种。

在集中供电方式下，城轨供电系统由外电源、主变电所、中压环网、牵引供电系统、动力照明系统构成。外电源为城轨供电系统引入三相交流电源（通常为 110 kV）；主变电所将三相交流的高压电变成三相交流的中压电（通常为 110 kV/35 kV 或 110 kV/10 kV，广州地铁为 110 kV/33 kV）；中压环网负责将三相交流的中压电分配到各个牵引变电所、降压变电所或牵引降压混合变电所。在整个城轨供电系统中，除牵引供电系统为牵引网提供直流电（1 500 V 或 750 V）以外，其余各组成部分传输、变换、分配的均为交流电。因此城轨供电系统中交流电网的保护非常重要。城市轨道交通供电系统示意图如图 2-8 所示。

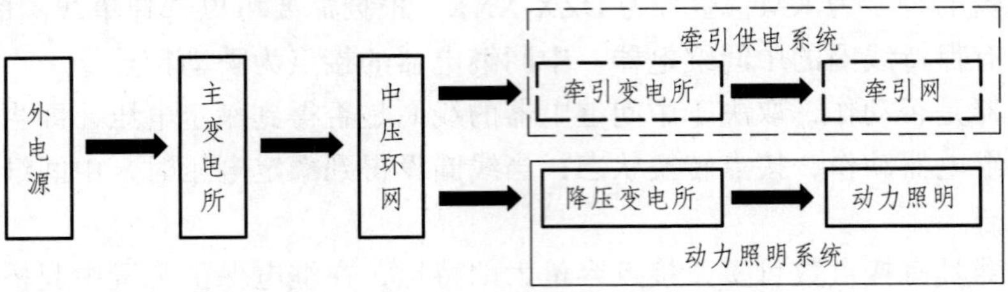

图 2-8 城市轨道交通供电系统示意图

为保证供电的可靠性，城轨交通供电系统采用双电源。即各变电所均由两路独立电源供电，两路电源分列运行、互为备用。正常运行时，两路电源带各自的负载分别运行，只有当其中一路电源故障时，才切换至另一路电源供电。

当城轨交通供电交流系统发生短路故障时，电路的某些参数会发生变化，电流保护就是根据短路前后电流的变化来反应系统故障的一类保护。

2.4 短路电流特点

众所周知，供电系统发生短路故障时，电流会急剧增大，这个突然增大的电流称为短路电流。我们习惯把采集电流、电压信号的位置称为保护装置安装处，但实际上并不一定是保护装置安放的位置。

在电力系统各处正序阻抗和负序阻抗相等的情况下，两相短路时故障相的相电流是三相短路时的 $\frac{\sqrt{3}}{2}$ 倍。两相短路和三相短路时流过保护安装处的故障相短路电流分别是：

$$I_k^{(2)} = \frac{\sqrt{3}}{2}\frac{E_{\text{ph}}}{Z_{\text{S}} + z_1 l} \tag{2.3}$$

$$I_k^{(3)} = \frac{E_{\text{ph}}}{Z_S + z_1 l} \tag{2.4}$$

其中，E_{ph} 是系统相电动势；Z_S 是等值系统的正序阻抗；z_1 是线路单位长度的正序阻抗，l 是保护安装处和短路点之间的距离；由式（2.3）和（2.4）可知，保护安装处的故障相短路电流大小受系统运行方式（Z_S 的数值）和故障类型的影响。由式（2.3）和（2.4）也可以绘制单侧电源供电线路发生短路故障时短路电流的变化曲线，如图 2-9 所示。

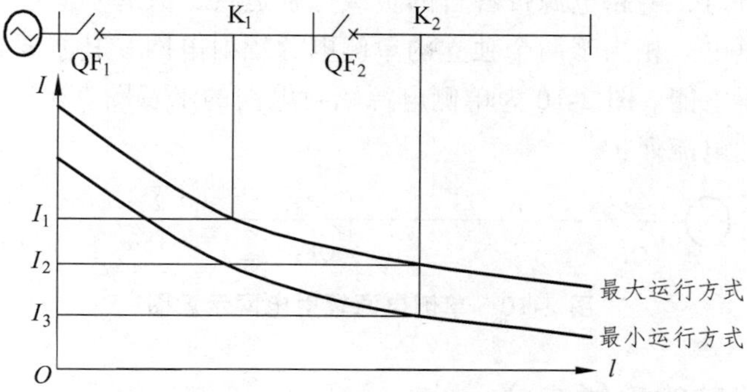

图 2-9　单侧电源供电线路短路电流变化曲线

短路电流的大小不仅与供电系统的运行方式有关，而且与故障点位置有关，还与短路故障的类型有关。

1．短路电流大小与供电系统运行方式的关系

供电系统常常在最大运行方式和最小运行方式之间的某种方式下运行。最大运行方式和最小运行方式是两种极端的运行方式。

最大运行方式：系统在该方式下运行时，具有最小的短路阻抗值，发生短路后产生的短路电流最大。一般根据系统最大运行方式的短路电流值来校验所选用的开关电器的稳定性。

最小运行方式：系统在该方式下运行时，具有最大的短路阻抗值，发生短路后产生的短路电流最小。一般根据系统最小运行方式的短路电流值来校验继电保护装置的灵敏度。

显然，供电系统在最大运行方式下的正常电流大于最小运行方式下的正常电流。当发生短路故障时，最大运行方式下的短路电流也大于最小运行方式下的短路电流。如图 2-9 所示，当 K_2 点发生短路故障时，最大运行方式下的短路电流为 I_2，最小运行方式下的短路电流为 I_3，显然有 $I_2 > I_3$。

2．短路电流大小与故障点位置的关系

供电系统发生短路故障时，由于线路阻抗减小，使得电流增大。当故障点离电源较近时，线路阻抗减小得多，短路电流大；当故障点离电源较远时，线路阻抗减小得少，短路电流的较小。如图 2-9 所示，在最大运行方式下，当离电源较近的 K_1 点发生短路故障时，短路电流为 I_1；当离电源较远的 K_2 点发生短路故障时，短路电流为 I_2，显然有 $I_1 > I_2$。

因此，故障点的位置离电源越近，短路电流越大，离电源越远，短路电流越小。

3．短路电流大小与短路故障类型的关系

根据电工学知识可知，在相同的运行方式下，同一点发生短路故障时，三相短路的短路电流最大，两相短路的短路电流最小。

2.5 单侧电源辐射电网相间短路的电流保护

城轨交通供电系统采用双电源。即各变电所均由两路独立电源供电，两路电源分列运行、互为备用。正常运行时，两路电源带各自的负载分别运行，只有当其中一路电源故障时，才切换至另一路电源供电。相当于两个独立的单侧电源辐射电网，其主要特点是电网中的设备只能从一个方向获得电能。图 2-10 为单侧电源辐射电网的示意图。在这一节中，我们将讨论单侧电源辐射电网的电流保护。

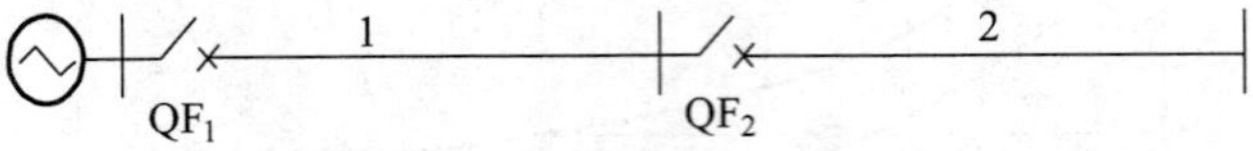

图 2-10 单侧电源辐射电网示意图

2.5.1 电流保护的接线方式

电流保护的接线方式是指保护中电流继电器与电流互感器二次线圈之间的连接方式。对于相间短路的电流保护，其基本接线方式有三种：三相三继电器完全星形接线方式、两相不完全星形接线方式、两相三继电器的两相差电流接线方式。

三相完全星形接线是将三个电流互感器与三个电流继电器分别按相连接在一起，互感器和继电器均接成星形，如图 2-11（a）所示。其优点是能反应所有相间短路故障和接地短路故障，其缺点是接线复杂。

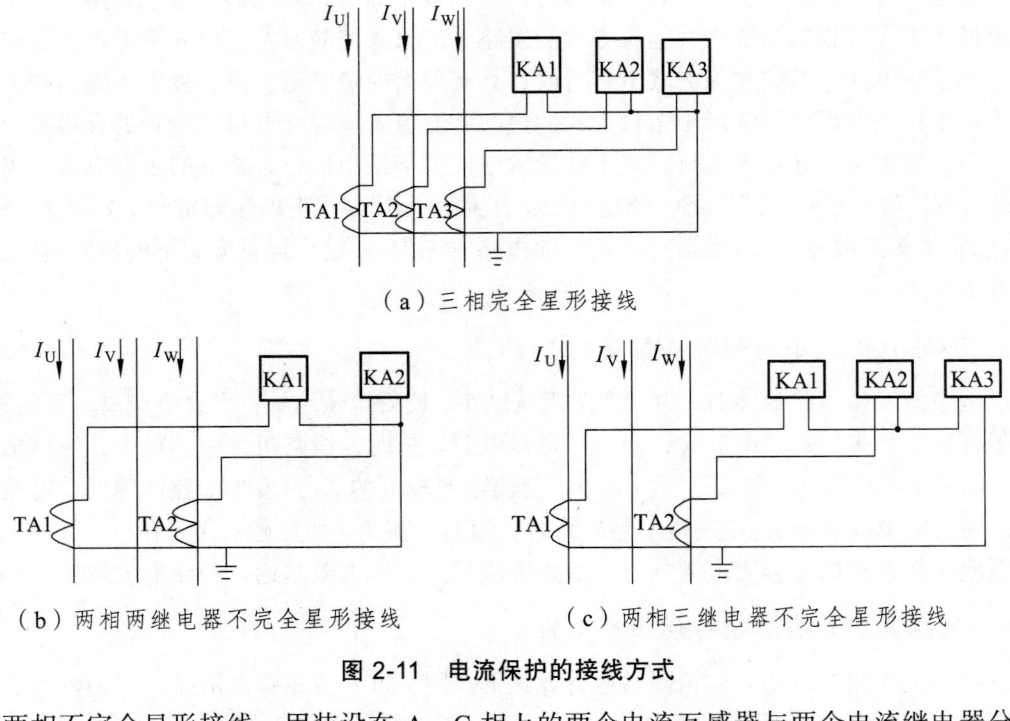

（a）三相完全星形接线

（b）两相两继电器不完全星形接线　　（c）两相三继电器不完全星形接线

图 2-11 电流保护的接线方式

两相不完全星形接线，用装设在 A、C 相上的两个电流互感器与两个电流继电器分别按相连接在一起，它和完全星形接线的主要区别在于 B 相上不装设电流互感器和相应的继电器，因此，它不能反映 B 相中所流过的电流，如图 2-11（b）（c）所示。其优点是能反映所有相间短路，缺点是不能完全反映单相接地短路。因此，多用于中性点非直接接地系统，构成相间短路保护。

两相差电流接线结构简单，但灵敏性低，且在 Yd 或 Dy 接线变压器后发生两相短路时，保护装置不能动作,故只能用于 10 kV 以下的电网中作为馈线和较小功率高压电动机的保护。

2.5.2 瞬时电流速断保护

根据对保护装置的四个基本要求，在满足可靠性、保证选择性的前提下，保护装置的动作时间原则上越短越好。因此，针对各种电气元件的继电保护装置应力求迅速动作。仅因反应电流增大而瞬时动作切除故障的电流保护，称为瞬时（或无时限）电流速断保护。

1. 瞬时电流速断保护的构成

瞬时电流速断保护应具有的功能包括：反应电流增大而动作；无延时而瞬时动作；保护装置动作后能使断路器跳闸；断路器跳闸的同时能发出保护装置动作的信号。

结合电磁型继电器的作用，我们分析可知：电流继电器能反应电流增大而动作；保护装置瞬时动作意味着不需要具有延时功能的时间继电器；中间继电器能接通较大电流回路（跳闸回路）；信号继电器能发出保护装置动作的信号。因此我们构建瞬时电流速断保护需要用到的继电器有电流继电器、中间继电器和信号继电器。

瞬时电流速断保护的动作过程：当被保护线路发生短路故障时，首先，电流继电器线圈检测到电流增大，增大的电流产生足够大的电磁力（大于反作用弹簧的拉力）使衔铁被吸合，带动常开接点闭合（电流继电器动作）。由于电流继电器的常开接点闭合，接通中间继电器的线圈回路，使中间继电器线圈得到额定电压，常开接点闭合（中间继电器动作）。然后，同时接通跳闸回路（因断路器此时处于合闸状态，其常开辅助接点闭合）和信号继电器的线圈。最后，断路器跳闸，同时信号继电器动作发出瞬时电流速断保护动作的信号。瞬时电流速断保护原理如图 2-12 所示，逻辑如图 2-13 所示。

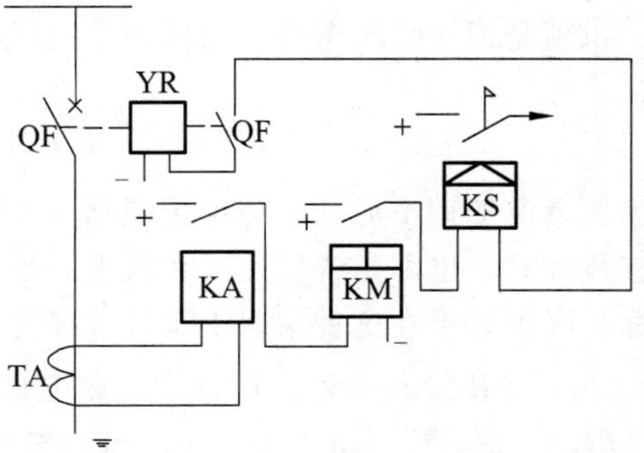

图 2-12 瞬时电流速断保护原理图

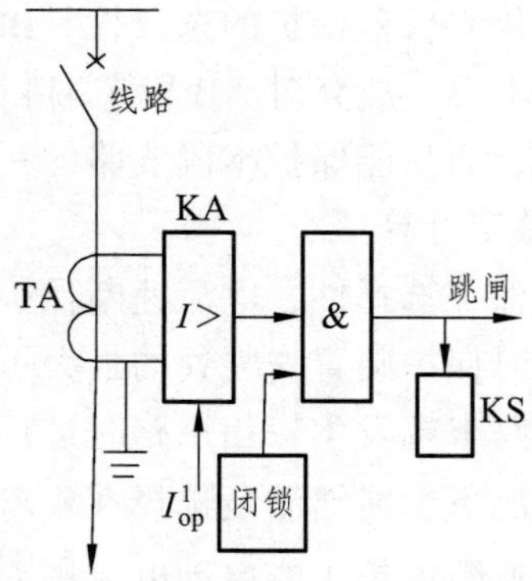

图 2-13 瞬时电流速断保护逻辑图

接线中采用中间继电器 KM 的原因如下：

（1）电流继电器的接点容量比较小，不能直接接通跳闸线圈，因此先启动中间继电器，然后再由中间继电器的大容量接点接通跳闸回路。

（2）当线路上装有管型避雷器时，利用中间继电器来增大保护装置的固有动作时间，以防止管型避雷器放电时引起电流速断保护误动作。

2. 瞬时电流速断保护的整定

所谓整定就是根据对继电保护的基本要求，确定保护装置动作值、动作时限、灵敏性校验等过程。

如图 2-14 所示为单侧电源辐射电网，曲线 1 为最大运行方式下的三相短路电流曲线，曲线 2 为最小运行方式下的两相短路电流曲线。假定在每段线路均装有瞬时电流速断保护（保护 1 和保护 2），则根据选择性要求，当线路 AB 段上发生故障时，保护 1 能瞬时动作切除故障；当线路 BC 段上发生故障时，保护 2 能瞬时动作切除故障，而保护 1 不动作。但是，当 AB 段末端 k_1 点和相邻线路 BC 段始端（又称为下一段线路的出口处）k_2 点发生短路故障时，保护 1 安装处的短路电流几乎是一样的。因此，保护 1 根本无法分辨是本段线路末端短路还是下一段线路的始端短路，即如果保护 1 能切除本段线路末端的短路故障，必然也会切除下一段线路始端的短路故障，从而失去选择性。

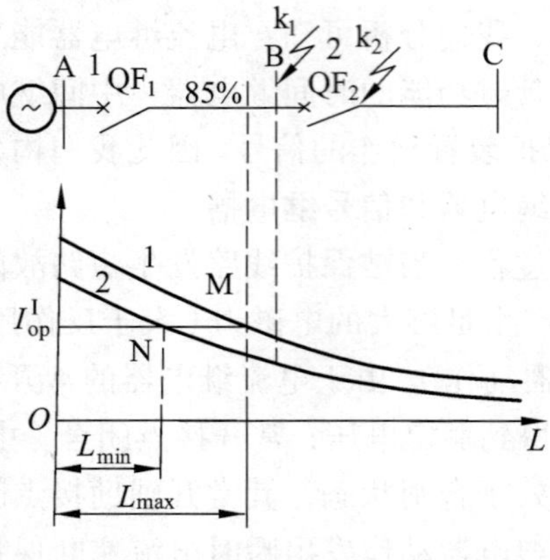

图 2-14　瞬时电流速断保护动作特性

为了优先保证保护的选择性，BC 段始端 k_2 点发生短路故障时保护 1 一定不能动作，因此，我们不得不放弃对 AB 段末端 k_1 的保护。也就是说，瞬时电流速断保护不能保护本段线路的全长，而只能保护本段线路的一部分。

1）整定计算

为了保证选择性，电流速断保护按躲过（使继电保护不启动）被保护线路（本段线路）末端短路时保护装置安装处的最大短路电流进行计算。也即是说应该按在最大运行方式下，被保护线路末端发生三相短路时进行整定计算。因为如果在这种情况下满足选择性要求，则在任何情况下都能够满足选择性要求。由曲线 1 可得 AB 段末端 k_1 点的最大短路电流为 $I_{k\cdot max}^{(3)}$，瞬时电流速断保护 1 的启动电流用 $I_{op.1}^{I}$ 表示，则有 $I_{op.1}^{I} > I_{k\cdot max}^{(3)}$，引入大于 1 的可靠系数 K_{rel}^{I}（一般取 1.2 ~ 1.3）。

$$I_{op.1}^{I} = K_{rel}^{I} I_{k\cdot max}^{(3)} \tag{2.5}$$

当实际的短路电流 $I_k > I_{op.1}^{I}$ 时，保护装置才能启动。保护装置的启动值 $I_{op.1}^{I}$ 用供电系统一次侧的参数表示，它表示：被保护线路的一次侧电流达到这个数值时，安装在该处的保护装置就能够启动。

2）保护范围

图 2-14 中，按启动电流的整定值大小做平行于横轴的水平直线，该直线和曲线 1 交于 M 点，和曲线 2 交于 N 点，则 M 点到保护 1 安装处的距离为电流速断保护 1 的最大保护范围 L_{max}，N 点到保护 1 安装处的距离为保护 1 的最小保护范围 L_{min}。

电流速断保护的灵敏性只能用保护范围的大小来衡量，保护范围通常用线路全长的百分数表示。由图 2-14 可知，电流速断保护不能保护线路的全长，并且保护范围直接受系统运行方式的影响。最大运行方式下三相短路时保护范围最大，最小运行方式下两相短路时保护范围最小。一般要求最大保护范围大于 50%，最小保护范围大于（15%～20%），否则认为其灵敏性校验不满足要求。

3）动作时限

电流速断保护是仅反应电流增大而瞬时动作的电流保护，没有人为延时，只考虑继电保护固有的动作时间。在时间上不需要与下一段线路配合。

3. 电流速断保护的优缺点

电流速断保护的主要优点是接线简单可靠、动作迅速，因而得到了广泛应用。它的缺点是不能保护本段线路的全长，并且保护范围受系统运行方式变化的影响。若系统运行方式变化很大，电流速断保护可能没有保护范围；在最大运行方式下整定后，在最小运行方式下可能没有保护范围；当被保护线路的长度很短时，电流速断保护也可能没有保护范围。

2.5.3 限时电流速断保护

由于瞬时电流速断保护不能保护本段线路的全长，因此必须增加另一套保护来切除剩余部分线路上的短路故障，同时作为速断保护的后备保护，这就是限时电流速断保护。因为要求限时电流速断保护在任何情况下（最小运行方式下）都能够保护本段线路全长，所以其在最大运行方式下的保护范围一定大于本段线路全长，并延伸到下一段线路。为满足选择性要求（即下一段线路短路时，由下一段线路的速断保护优先动作），限时电流速断保护的动作时限必须比相邻下一段线路瞬时电流速断保护的动作时限增加 Δt，且力求具有最小的动作时限。

1. 限时电流速断保护的构成

限时电流速断保护的功能：反应电流增大而动作；有较短延时；保护装置动作后能使断路器跳闸；断路器跳闸的同时能发出保护装置动作的信号。

结合电磁型继电器的作用，我们分析可知：构成限时电流速断保护需要用到的继电器有电流继电器、时间继电器、中间继电器（可省略，因为时间继电器的容量足够接通跳闸回路）和信号继电器。

限时电流速断保护的动作过程：当被保护线路发生短路故障时，首先，电流继电器线圈检测到电流增大，增大的电流产生足够大的电磁力（大于反作用弹簧的拉力）使衔铁被吸合，带动常开接点闭合（电流继电器动作）。由于电流继电器的常开接点闭合，接通时间继电器的线圈回路，使时间继电器线圈得到额定电压，其延时闭合的常开接点经延时后闭合（时间继电器动作）。然后，同时接通跳闸回路（因断路器此时处于合闸状态，其常开辅助接点闭合）和信号继电器的线圈。最后，断路器跳闸，同时信号继电器动作发出显示电流速断保护动作的信号。限时电流速断保护原理如图 2-15（a）所示，逻辑如图 2-15（b）所示。

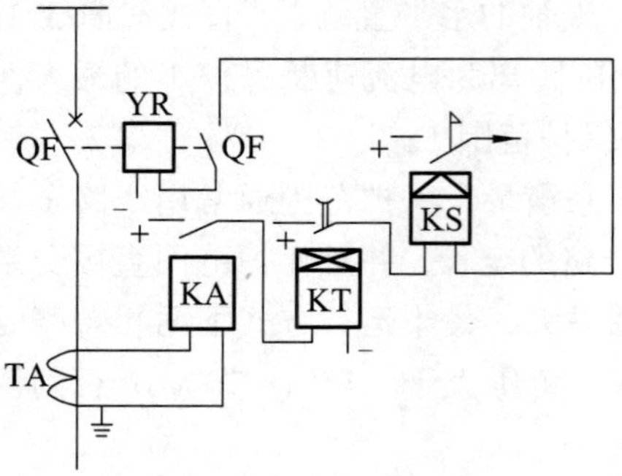

（a）限时电流速断保护原理图

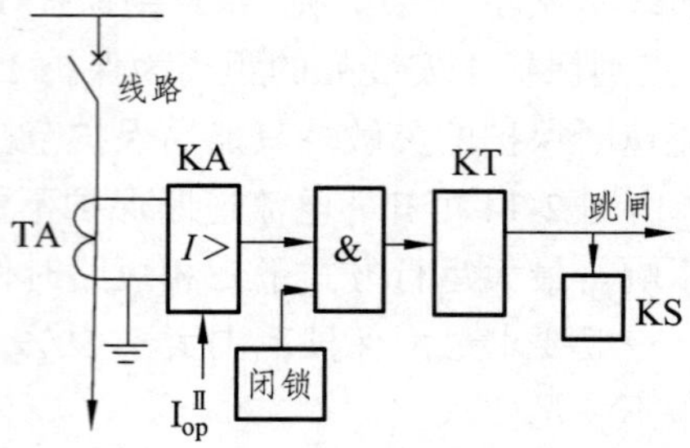

（b）限时电流速断保护逻辑图

图 2-15　限时电流逐渐保护

2. 限时电流速断保护的整定

1）整定计算

限时电流速断保护的整定原则被描述为：躲过相邻下一级线路瞬时电流速断保护范围末端三相短路时保护安装处的相电流。其整定值用下式计算

$$I_{\text{op.1}}^{\text{II}} = K_{\text{rel}}^{\text{II}} I_{\text{op.2}}^{\text{I}} \tag{2.6}$$

其中，$K_{\text{rel}}^{\text{II}}$ 是第Ⅱ段线路限时电流速断保护的可靠系数，一般取值为 1.1 ~ 1.2。

2）保护范围

为了保护本线路全长，限时电流速断保护的保护范围必须延伸到下一条线路中去，但不能超过下一段线路瞬时电流速断保护的保护范围末端，因此限时电流速断保护不能保护下一段线路全长，也不能作为下一段线路的后备保护。如图 2-16 所示。

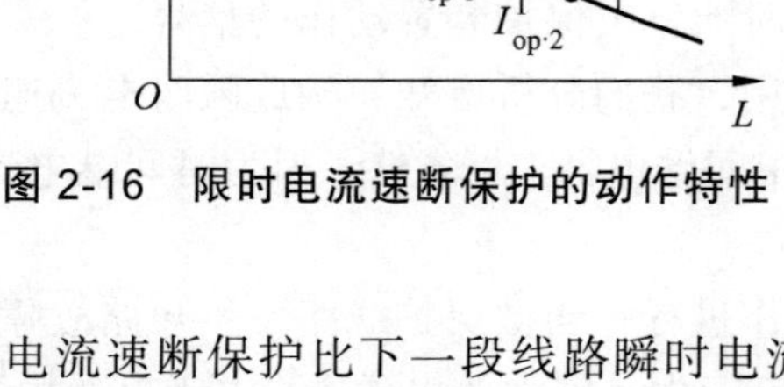

图 2-16　限时电流速断保护的动作特性

3）动作时间

为了保证选择性，限时电流速断保护比下一段线路瞬时电流速断保护的动作时限高出一个时间级差 Δt。因此，在图 2-16 所示的线路上，线路 AB 上保护 1 的限时速断保护的动作时限 t_1^{II} 应比下一条线路 BC 上保护 2 的瞬时电流速断保护的动作时限 t_2^{I} 高出一个时间级

差 Δt，即

$$t_1^{\mathrm{II}} = t_2^{\mathrm{I}} + \Delta t \tag{2.7}$$

Δt 的大小要保证在重叠保护区内发生故障时保护动作的选择性，若过大则速动性差，过小则不能保证选择性。在工程上考虑各种因素，Δt 的数值一般取 0.35 ~ 0.6 s，通常取 0.5 s。对于采用数字电路构成的静态型时间继电器，由于精度极高，可以将 Δt 压缩到 0.35 s 左右。

4）灵敏性校验

灵敏性应以最小运行方式下本线路末端短路时的最小（两相短路）短路电流进行校验。

$$K_{\mathrm{s}} = \frac{I_{\mathrm{k\cdot min}}^{(2)}}{I_{\mathrm{op.1}}^{\mathrm{II}}} \geqslant 1.25 \tag{2.8}$$

3. 限时电流速断保护的优缺点

限时电流速断保护结构简单，动作可靠，能保护本段线路的全长，但不能作为下一段线路的后备保护。

2.5.4 定时限过电流保护

定时限过电流保护又称为过电流保护。定时限过电流保护通常作为后备保护，它既可以作为本段线路的近后备保护，也可以作为下一段线路的远后备保护，甚至还可以在一条线路的末端做主保护使用。

1. 定时限过电流保护的构成

定时限过电流保护的功能和构成与限时电流速断保护完全相同。二者的不同之处在于动作电流值和动作时间的整定。

2. 定时限过电流保护的整定

1）整定计算

定时限过电流保护作为后备保护时，为了保证被保护线路通过最大负荷时不误动作，以及外部短路故障切除后出现最大自启动电流时可靠返回，过电流保护的动作电流必须满足两个条件。

（1）为保证过电流保护在系统正常运行时不动作，其动作电流 $I_{\mathrm{op.1}}^{\mathrm{III}}$ 必须大于最大负荷电流 $I_{\mathrm{L.max}}$。

$$I_{\mathrm{op.1}}^{\mathrm{III}} = K_{\mathrm{rel}}^{\mathrm{III}} I_{\mathrm{L\cdot max}} \tag{2.9}$$

（2）为保证过电流保护在外部短路故障被切除后可靠返回，其返回电流应大于外部短路故障切除后流过保护的最大自启动电流。

$$I_{\mathrm{re}}^{\mathrm{III}} = K_{\mathrm{rel}}^{\mathrm{III}} K_{\mathrm{ms}} I_{\mathrm{L.max}} \tag{2.10}$$

即

$$I_{\mathrm{op.1}}^{\mathrm{III}} = \frac{K_{\mathrm{rel}}^{\mathrm{III}} K_{\mathrm{ms}}}{K_{\mathrm{re}}} I_{\mathrm{L.max}} \tag{2.11}$$

式中，$K_{rel}^{Ⅲ}$为线路 1 定时限过电流保护的可靠系数，一般取 1.15 ~ 1.25；K_{ms}为自启动系数，一般取 1.5 ~ 3；K_{re}为返回系数，应为 0.85 ~ 0.95；$I_{L.max}$为被保护设备的最大负荷电流。

上述条件（1）（2）必须同时满足，整定过电流保护的动作电流时，应取两式计算结果中较大者，因此过电流保护的动作电流为：

$$I_{op.1}^{Ⅲ}=\frac{K_{rel}^{Ⅲ}K_{ms}}{K_{re}}I_{L.max} \tag{2.12}$$

自启动情况如图 2-17 所示，线路 L_1 和 L_2 分别装有保护 1 和保护 2，均为过电流保护，当 k_1 点发生短路故障时，B 母线电压降低，接在母线 B 上的电动机被制动，保护 1 和保护 2 均检测到短路电流而同时启动。根据选择性要求，应由保护 2 动作使 QF_2 跳闸。故障切除后，母线 B 电压恢复正常，电动机自启动，此时流过保护 1 的电流即为自启动电流而非最大负荷电流，且自启动电流大于最大负荷电流，用 $K_{Ms}I_{L.max}$ 表示。在这种情况下，保护 1 应能可靠返回，因此过电流保护的返回电流应大于电动机的自启动电流。

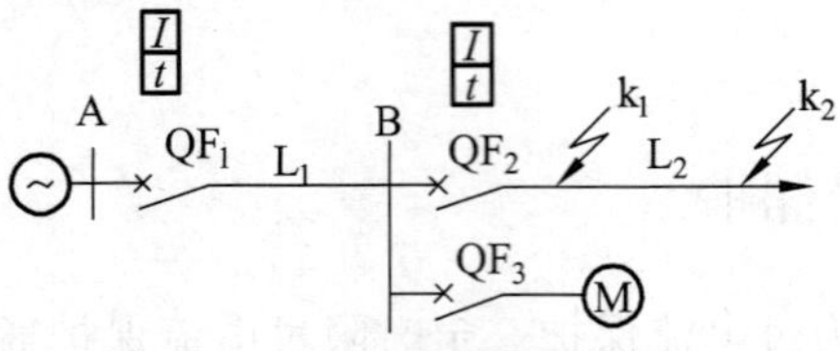

图 2-17　自启动情况分析

2）保护范围

定时限过电流保护不仅能够保护本段线路的全长，而且也能保护下一段线路的全长。它不仅可以作为本段线路的近后备保护，还可以作为下一段线路的远后备保护。

3）动作时限

如图 2-18 所示，假定在线路上的母线 A、B、C 处装设过电流保护 1、2、3，各保护装置的启动电流均按照躲过被保护线路上各自的最大负荷电流来整定。这样当 k_1 点短路时，保护 1 ~ 3 在短路电流的作用下都有可能启动，但根据选择性要求，应该由离故障点 k_1 最近的保护 3 动作切除故障，而保护 1、2 在保护 3 动作切除故障后立即返回。要满足这个要求只能给各保护装置设置不同的动作时限。

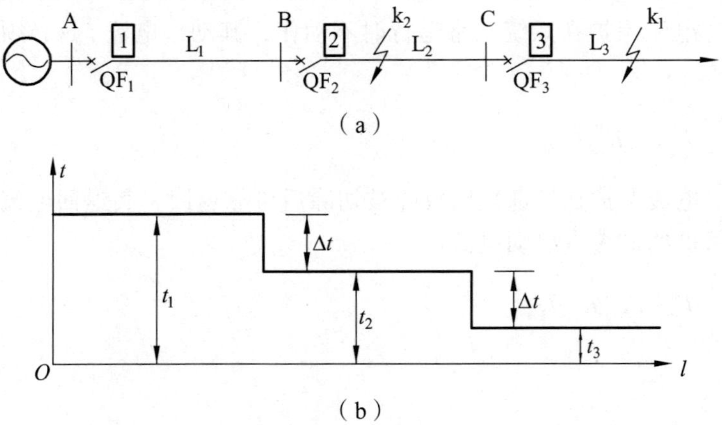

图 2-18　定时限过电流保护的阶梯形时限特性

保护 3 位于电网的最末端，当 k_1 点发生短路故障，它以 t_3 的动作时限切除故障。对于保护 2 来说，为了保证 k_1 点短路时保护的选择性（保护 3 动作，而保护 2 不动作），其动作时限应大于保护 3 的动作时限，即 $t_2 > t_3$。引入时限级差 Δt 后，保护 2 的动作时限为 $t_2 = t_3 + \Delta t$。当 k_1 点短路而保护 3 拒动时，保护 2 将以 t_2 的时限切除故障。同理，当 k_2 点发生短路故障，必须保证保护 1 动作时限大于保护 2 的动作时限，即 $t_1 > t_2$。引入时限极差 Δt 后，保护 1 的动作时限为 $t_1 = t_2 + \Delta t$。

一般来说，为了保证保护装置的选择性，任一过电流保护的动作时限都应比相邻下一段线路的过电流保护动作时限长 Δt。这种保护动作时限的配合形状像一个阶梯，故称为阶梯形时限特性。

由图 2-18 可知：故障越靠近负荷侧，短路电流越小，过电流保护动作时限越短；故障越靠近电源侧，短路电流越大，过电流保护动作切除故障的时限反而越长，这是过电流保护的一大缺点。

3. 灵敏度校验

为了保证在保护范围末端短路时，过电流保护能动作，对其动作电流必须按其保护范围末端最小（最小运行方式下的两相相间短路）的短路电流进行灵敏度校验。

（1）当过电流保护作为本线路主保护或近后备保护时，应选择最小运行方式下本段线路末端短路时出现的最小短路电流 $I_{k\cdot min.1}^{(2)}$ 进行灵敏度校验，并要求灵敏度应不小于 1.5。

$$K_{s1} = \frac{I_{k\cdot min.1}^{(2)}}{I_{op.1}^{III}} > 1.5 \tag{2.13}$$

（2）当过电流保护作为下一段线路远后备保护时，其保护范围延伸至下一条线路末端，因此应选择最小运行方式下相邻的下一段线路末端短路时出现的最小短路电流 $I_{k\cdot min.2}^{(2)}$ 进行灵敏度校验，并要求灵敏度不小于 1.2。

$$K_{s2} = \frac{I_{k\cdot min.2}^{(2)}}{I_{op.1}^{III}} > 1.2 \tag{2.14}$$

4. 过电流保护的优缺点

过电流保护的优点是结构简单、工作可靠、保护范围大，能够保护本段线路的全长，也能保护相邻线路全长，具有远后备保护的优势。其缺点是在具有多级保护的线路中，越靠近电源端其动作时限越大，速动性差，对靠近电源端的故障不能快速切除。而且在重负荷线路中，其灵敏度较低，因此一般作为主保护的近后备保护及相邻线路的远后备保护。

2.5.5 反时限过电流保护

带时限的保护按动作时间特性分为定时限和反时限两种。定时限过流保护的动作时限按阶梯形特性整定后是固定不变的，当故障点距离电源越近时，短路电流越大，动作的定时限过电流保护的动作时限却较长。大多数被保护元件的过电流允许通过时间与电流值的大小成反比关系。显然定时限过电流保护不能满足要求，而反时限过流保护的动作时间与短路电流大小成反比，正好能满足这一要求。

一般的反时限动作特性曲线由两部分组成，如图 2-19 所示。电流较小时为反时限，动作时间随电流的增大而缩短；电流较大时为速断部分，保护快速动作。

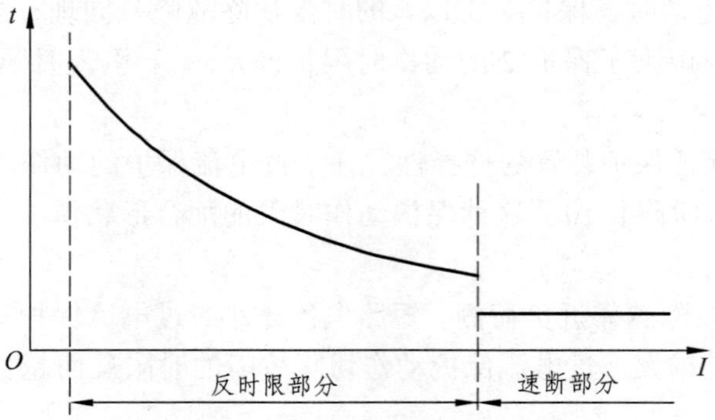

图 2-19　反时限过电流保护动作时限特性

反时限过电流保护的动作电流整定值与定时限过流保护相同，即按躲过线路最大负荷电流进行整定。本线路末端短路故障时，灵敏系数不小于 1.5；相邻线路末端短路故障时，灵敏系数不小于 1.2。反时限过电流保护的配合如图 2-20 所示。

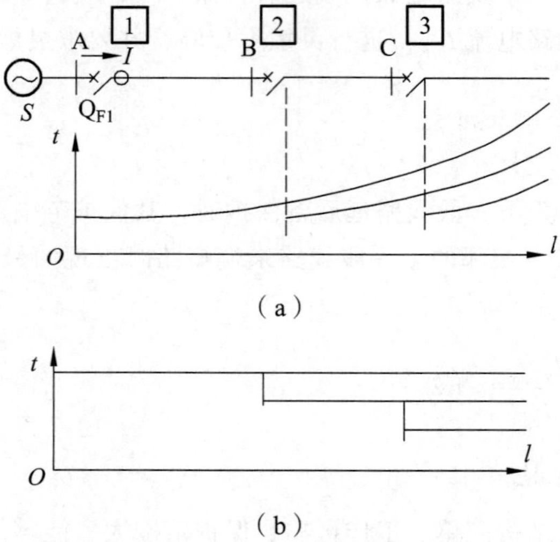

图 2-20　反时限过电流保护的配合

反时限过电流保护的优点是：故障点离电源近时，短路电流大，动作时限短，避免元件长时间通过短路电流而遭到损坏。反时限过电流保护的缺点是动作时间的配合较复杂。

2.5.6　三段式电流保护

瞬时电流速断保护（电流Ⅰ段）、限时电流速断保护（电流Ⅱ段）及定时限过电流保护（电流Ⅲ段）各有优缺点。瞬时电流速断保护虽然能迅速动作切除短路故障，但只能保护线路的一部分；限时电流速断保护能保护本段线路全长，但却不能作为下一段线路的后备保护；定时限过电流保护可以作为本段线路的近后备保护和下一段线路的远后备保护，但动作时间较长。在实际应用中，常常把三种电流保护相互配合共同构成一套保护，叫做三段式（阶段式）电流保护。其中瞬时电流速断保护和限时电流速断保护为主保护，定时限过电流保护为后备保护。

1. 三段式电流保护的工作原理

三段式电流保护的逻辑如图 2-21 所示。瞬时电流速断保护由电流元件 $KA^{Ⅰ}$和信号元件 $KS^{Ⅰ}$组成；限时电流速断保护由电流元件 $KA^{Ⅱ}$、时限元件 $KT^{Ⅱ}$和信号元件 $KS^{Ⅱ}$组成；定时限过电流保护由电流元件 $KA^{Ⅲ}$、时限元件 $KT^{Ⅲ}$和信号元件 $KS^{Ⅲ}$组成。由于三段电流保护的动作电流和动作时间均不相同，所以不能共用，必须分别使用三个电流元件和两个时限元件，且三个电流元件应流过相同的电流，即三个电流元件相互串联。三段电流保护中任意一段电流保护动作都能使断路器跳闸切除故障，而三个信号元件分别发出Ⅰ段、Ⅱ段、Ⅲ段电流保护动作的信号。

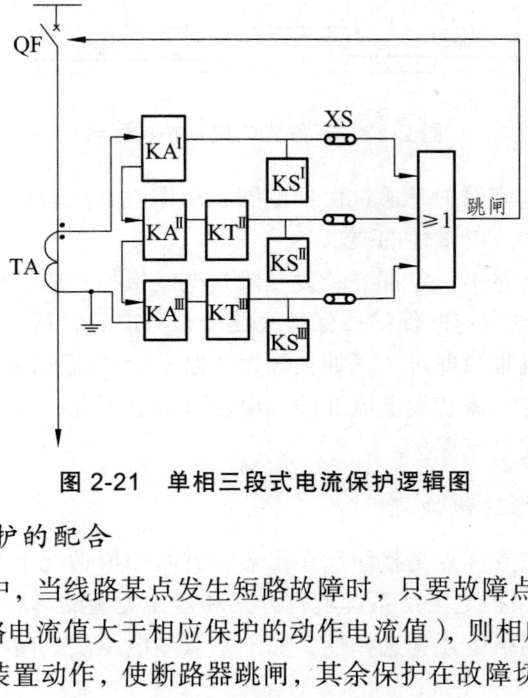

图 2-21　单相三段式电流保护逻辑图

2. 三段式电流保护的配合

在三段式电流保护中，当线路某点发生短路故障时，只要故障点处于某一段（或某几段）保护的保护范围内（短路电流值大于相应保护的动作电流值），则相应保护装置均会启动，但最终由延时最短的保护装置动作，使断路器跳闸，其余保护在故障切除后返回。如图 2-22 所示。线路 WL_1、WL_2分别设置了三段式电流保护 1 和保护 2。

当 K_1点发生断路故障时，由于 K_1点同时处于保护 1 的Ⅰ段、Ⅱ段、Ⅲ段电流保护的保护范围内，其短路电流均大于保护 1 的Ⅰ、Ⅱ、Ⅲ段电流保护的动作电流值，故保护 1 的Ⅰ、Ⅱ、Ⅲ段电流保护均启动 （其余保护装置因未达到动作电流值而不启动），由于Ⅰ段电流保护不经延时而瞬时动作使断路器 QF_1跳闸，此时，Ⅱ、Ⅲ段电流保护尚未达到延时时间，且因短路电流消失而迅速返回。同理，当 K_2点发生断路故障时，由于 K_2点同时处于保护 2 的Ⅱ段、Ⅲ段以及保护 1 的Ⅲ段电流保护的保护范围内，保护 2 的Ⅱ段、Ⅲ段以及保护 1 的Ⅲ段电流保护同时启动，由动作时限最短的保护 2 的Ⅱ段动作使 QF_2跳闸切除故障，其余保护返回。如果保护 2 的Ⅱ段拒动，则由动作时限次短的保护 2 的Ⅲ段作为近后备保护动作使 QF_2跳闸切除故障。如果保护 2 的Ⅲ段也拒动，则由延时最长的保护 1 的Ⅲ段作为远后备保护动

作使 QF_1 跳闸。如果是断路器 QF_2 拒动，则直接由远后备保护 1 的Ⅲ段动作使 QF_1 跳闸。值得注意的是，当远后备保护（保护 1 的Ⅲ段）动作时，将使 QF_1 跳闸，而不是 QF_2 跳闸，这将使停电范围扩大。

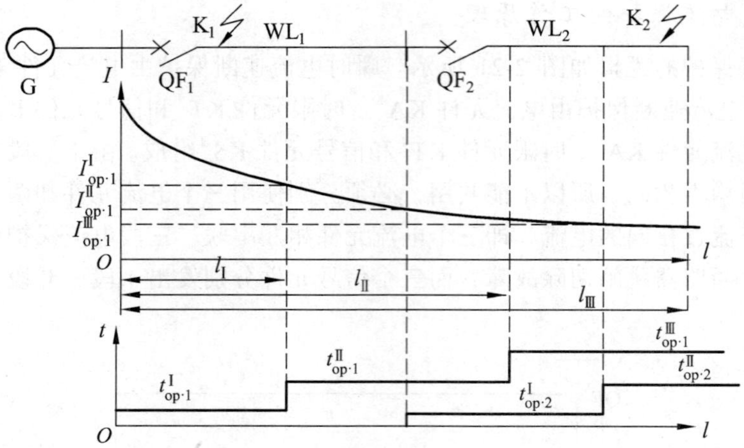

图 2-22　三段式电流保护的配合

综上所述，三段式电流保护是通过保护范围、动作电流及动作时限的相互配合来满足保护装置的选择性、速动性、灵敏性的要求。

实际上，供配电线路并不一定都要装设三段式电流保护，应当根据电网具体情况确定。如线路-变压器组接线，电流速断保护按保护线路全长考虑后，可不装设限时电流速断保护，只需装设电流Ⅰ段和电流Ⅲ段即可。又如在较短线路上，电流速断保护的保护范围很短甚至可能没有保护范围，此时只需装设电流Ⅱ段和电流Ⅲ段。因此，对于不同的线路，应根据具体情况，装设相应的段式电流保护。

3. 三段式电流保护的优缺点

三段式电流保护的主要优点是接线简单可靠，并且一般情况下都能较快切除故障（0.5 s 内）。其缺点是灵敏度和保护范围受系统运行方式和短路类型的影响较大。此外，三段式电流保护只在单侧电源供电网络中才有选择性，如果是双侧电源供电网络还需加入方向元件。

2.6 电流电压联锁速断保护

2.6.1 运行方式变化对电流保护的影响

电流保护虽然具有选择性好、动作迅速等优点，但当系统运行方式变化较大时，瞬时电流速断的保护范围可能小于被保护线路的 15%，尤其对于短路曲线变化平坦或距离较短的线路，甚至没有保护范围。如图 2-23 所示。

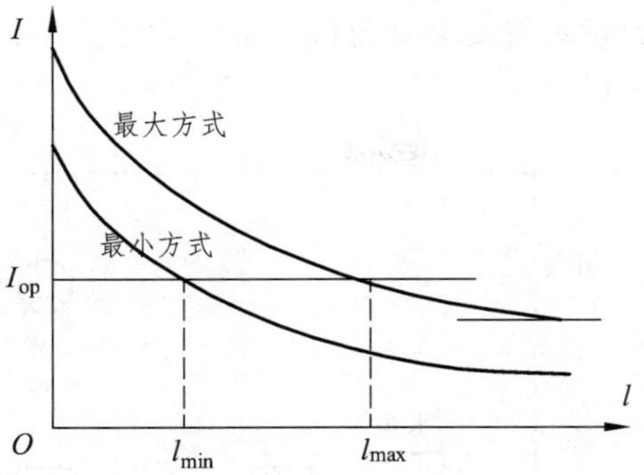

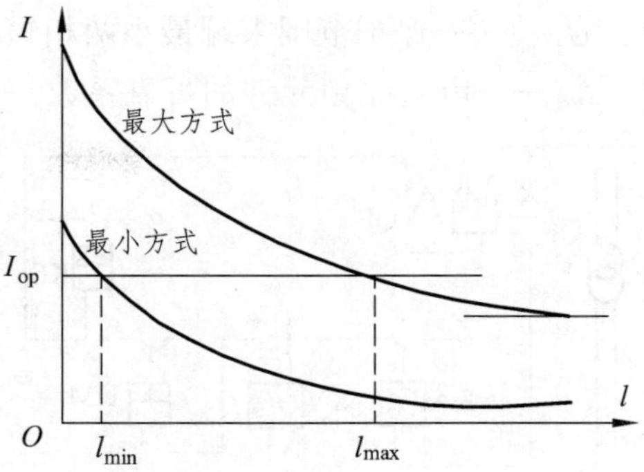

图 2-23　瞬时电流保护保护范围受系统运行方式影响

限时电流速断保护的灵敏系数也可能在某些运行方式下不满足要求。对于重负荷且距离较长的线路，过电流保护的灵敏性难以满足要求。另外受选择性要求的制约，其动作的速动性被降低，动作时间一般较长。可见，瞬时电流速断、限时电流速断和定时限过电流保护的保护范围和灵敏度受系统运行方式的影响很大。因此除了采用电流保护外，还常采用电压保护。

2.6.2　电压保护

电压保护按照所反应的电压量是升高还是降低而动作，可构成过电压保护和低电压（欠电压）保护。

1. 过电压保护

过电压保护是反应测量电压升高而动作的保护。过电压保护可用于被保护元件不允许在过电压状态下运行的电气设备保护，如发电机、变压器、电动机等。

2. 低电压保护

低电压保护是反应测量电压降低而动作的保护。但由于电压的测量一般是在母线处，故障时母线处的残压较高，因此单纯的低电压保护灵敏度都较低，一般不单独使用。在实际应用中，为避免同一母线带多条馈线时低压保护失去选择性，以及电压互感器二次侧断线引起的低压保护误动作，常常用低压保护和电流保护一起构成电流电压联锁速断保护。

2.6.3　电流电压联锁速断保护

为了在不延长保护动作时间的前提下增大保护范围，提高灵敏性，同时不失去选择性，可以采用电流电压联锁速断保护。其原理如图 2-24 所示，只有当电流继电器和低电压继电器的接点同时闭合时，保护装置才能启动中间继电器而跳闸。

电压元件的动作电压按保护范围末端最小两相短路时，保护装置安装处母线的最低残压进行整定，即

$$U_{op}=\frac{U_{L\cdot min}}{K_{rel}} \tag{2.15}$$

式中：$U_{L\cdot min}$——保护范围末端最小两相短路时，保护装置安装处母线的最低残压；

K_{rel}——电流闭锁元件的可靠系数，一般取 1.1 ~ 1.2。

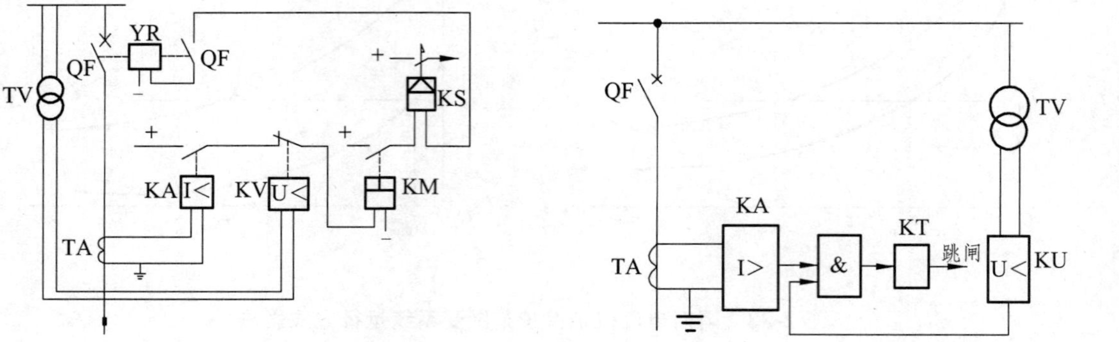

（a）归总式原理接线图　　（b）逻辑图

图 2-24　电流闭锁电压速断保护的单相式原理接线图

电流元件的启动电流按躲开自身正常运行时的最大负荷电流整定，而不必考虑电动机自启动的影响。

$$I_{op} = \frac{K_{rel}}{K_{re}} I_{L\cdot max} \tag{2.16}$$

式中：K_{rel}——电流闭锁元件的可靠系数，一般取 1.1 ~ 1.2；

K_{re}——电流闭锁元件的返回系数，小于 1，一般取 0.85；

$I_{L\cdot max}$——被保护线路上的最大负荷电流。

2.6.4　低压启动过电流保护

在过电流保护中，当灵敏系数不能满足要求时，可采用低电压启动的过电流保护方式，以提高灵敏系数。其原理如图 2-25 所示。

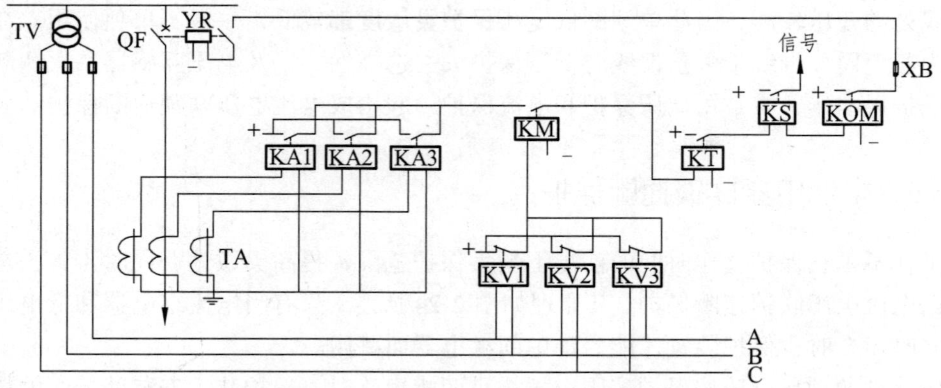

图 2-25　低电压启动过电流保护的原理图

增加低电压启动元件后，只有当电流增大、电压降低同时达到整定值时，保护装置才能动作于跳闸。因此，电流元件的动作电流可以按额定电流 I_N 来整定，即

$$I_{op}=\frac{K_{rel}K_{SS}}{K_{re}}I_N \tag{2.17}$$

式中：K_{rel}——可靠系数，一般取 1.1 ~ 1.2；

K_{SS}——线路中大型电机的自启动系数，一般取 1.5 ~ 3.0；

K_{re}——电流元件的返回系数，小于 1，一般取 0.85；

I_N——被保护线路上的额定电流。

低电压启动过电流保护的灵敏度校验与动作时间确定与一般的过电流相同。

由于一般过电流保护的动作电流值按躲过线路的最大负荷电流 $I_{L\cdot max}$ 整定，而重负载线路中 $I_{L\cdot max}>I_N$，所以采用低电压启动后电流保护的动作电流下降了，使灵敏性得到提高。但是，这种采用降低动作电流以提高动作灵敏性的方法，会导致电流保护在最大负荷电流 $I_{L\cdot max}$ 下可能出现误动作，采用低电压启动就解决了误动作问题。

为保证低电压启动元件在母线最低工作电压 $U_{L\cdot min}$ 下能够可靠返回，即返回电压 $U_R<U_{L\cdot min}$，引入一个大于 1 的可靠系数 K_{rel}，即 $U_{L\cdot min}=K_{rel}U_R$。

又因为低电压保护装置的返回系数 K_{re} 为

$$K_R=\frac{U_R}{U_{ACT}} \tag{2.18}$$

所以，低电压启动元件的动作电压为

$$U_{op}=\frac{U_{L\cdot min}}{K_{rel}K_{re}} \tag{2.19}$$

式中：$U_{L\cdot min}$——母线最低工作电压，一般取 $U_{L\cdot min}=0.9U_N$；

K_{rel}——可靠系数，一般取 1.1 ~ 1.2；

K_{re}——低电压启动元件的返回系数，一般取 1.15 ~ 1.25。

低电压启动元件的灵敏系数一般不做校验。

2.7 双侧电源电网相间短路的方向电流保护

电流保护常用于单侧电源辐射形网络，城轨交通供电系统相当于两个独立的单侧电源的辐射网络，只在直流牵引网上采用双边供电。而有的供电系统为了提高供电可靠性，常常采用双侧电源电网，双侧电源电网包括双侧电源的辐射网络和单侧电源的环网，如图 2-26 所示。其主要特点是负载同时从两个方向获得电能。现以双侧电源的辐射网络为例就双侧电源电网的保护做简要介绍。

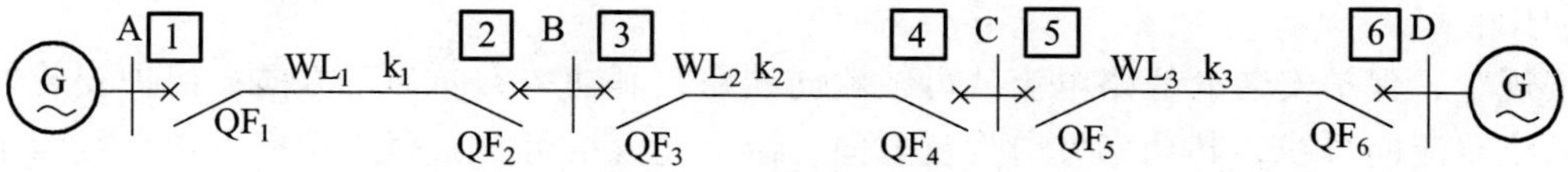

（a）双侧电源辐射网

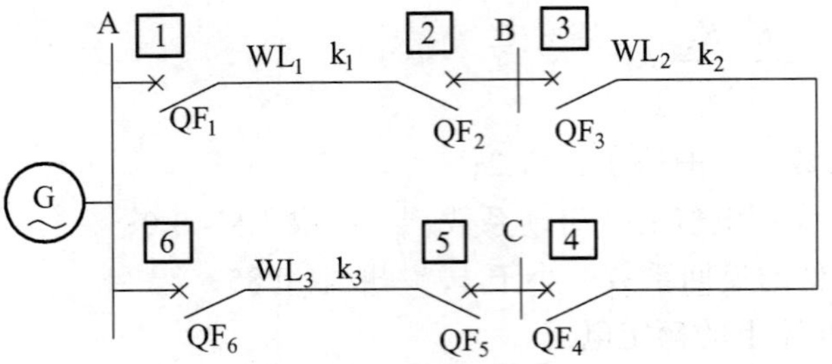

（b）单侧电源环网

图 2-26　双侧电源电网示意图

如图 2-27（a）所示，当 k_1 处发生故障时，根据选择性原则，应该由保护 1 和保护 2 动作，分别使 QF_1 和 QF_2 跳闸，其余保护不动作。但由于保护 2 和保护 3 安装位置很近，测量到的短路电流大小一样，要想保护 2 动作而保护 3 不动作，则要求保护 3 的动作电流大于保护 2 的动作电流，或保护 3 的动作时限大于保护 2 的动作时限。另外，如图 2-27（b）所示，当 k_2 处发生故障时，根据选择性原则，应该由保护 3 和保护 4 动作，分别使 QF_3 和 QF_4 跳闸，其余保护不动作。同样，由于保护 2 和保护 3 安装位置很近，测量到的短路电流大小一样。所以，要想保护 3 动作而保护 2 不动作，要求保护 2 的动作电流大于保护 3 的动作电流，或保护 2 的动作时限大于保护 3 的动作时限。由此，大家发现这两个要求是相互矛盾的，因此，用单侧电源电网的电流保护无法实现对双侧电网的保护。

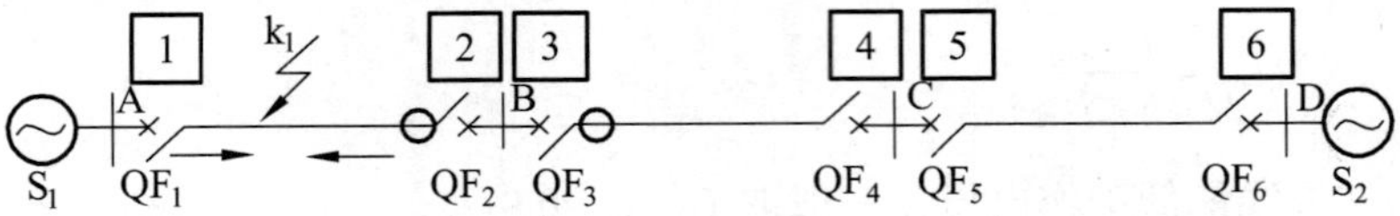

（a）

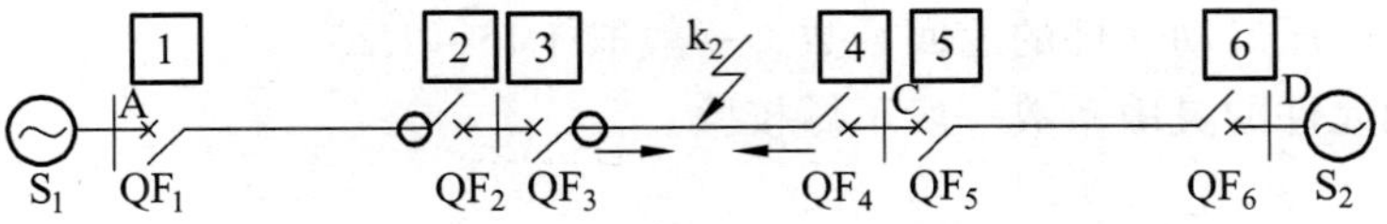

（b）

图 2-27　双侧电源辐射网络

分析图 2-27（a）（b）我们发现：当 k_1 点故障时，短路电流分别由两侧电源 S_1 和 S_2 提供，短路电流在流经应该动作的保护 1 和保护 2 时，方向是从母线流向线路，而流经不应动作的保护 3 时，方向是从线路流向母线；当 k_2 点故障时，短路电流分别由两侧电源 S_1 和 S_2 提供，短路电流在流经应该动作的保护 3 和保护 4 时，方向是从母线流向线路，而流经不应动作的保护 2 时，方向是从线路流向母线。分析其他故障点能得到相同的结论：相邻近的两套保护装置，短路电流经过时方向从母线流向线路的保护应该动作，方向从线路流向母线的保护不应该动作。

按规定，保护安装处短路电流从母线流向线路，其功率方向为正方向；保护安装处短路电流从线路流向母线，其功率方向为负方向。由上述分析可知，短路功率方向是否为正方向是判断保护是否动作的条件之一，再结合短路电流与动作电流的大小比较就可以构成双侧电源电网的方向电流保护。其原理如图 2-28 所示。其中，KPD 为功率方向元件，KPD 的接点与 KA 的接点串联，只有在功率方向为正方向且测量电流达到 KA 动作值时，保护装置才能动作使断路器跳闸。

功率方向元件根据母线电压和线路电流的相位差来判断是否动作。如图 2-27（a）所示，当 k_1 点故障时，流过保护 2 的短路电流由 S_2 提供，方向为母线流向线路（正方向），其相位滞后母线 B 的电压 0° ~ 90°，短路功率 $P = UI\cos\phi > 0$，功率方向元件动作；同时，流过保护 3 的短路电流也由 S_2 提供，但方向为线路流向母线（反方向），其相位滞后母线 B 的电压 180° ~ 270°，短路功率 $P = UI\cos\phi < 0$，功率方向元件不动作。由此可知，电压互感器和电流互感器的极性一定要接正确，否则将得不到正确的结果。

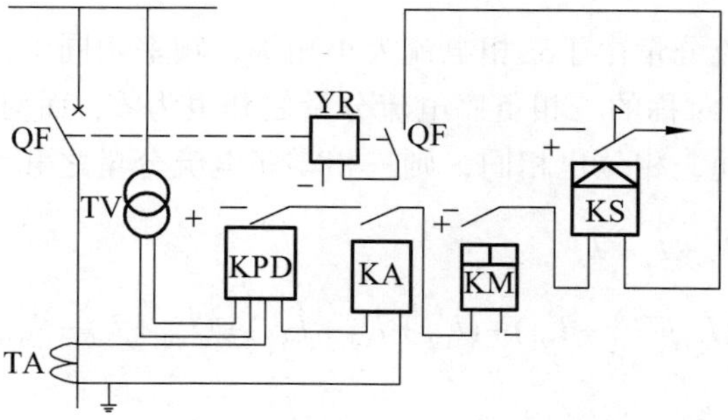

图 2-28　方向电流保护原理图

2.8　电网接地短路的零序电流保护

1. 零序分量

供电系统按照中性点的运行方式可分为大接地电流系统和小接地电流系统两类。大接地电流系统主要是指中性点直接接地和中性点经小电阻接地的供电系统；小接地电流系统主要指中性点不接地和中性点经消弧线圈接地的供电系统。

在大接地电流系统中发生接地故障时，故障点与接地的中性点之间构成短路回路，产生很大的零序电流，如不及时切除故障，后果非常严重。所以，在大接地电流系统中，要求继电保护装置尽快使断路器跳闸切除故障。

原则上，只有在系统发生接地短路故障时，才会产生零序电压和零序电流，系统正常运行和相间短路故障时，均不会产生零序电压和零序电流。也就是说，我们可以通过检测供电系统中是否含有零序分量来判断是否出现了接地短路故障。而利用零序电流构成的接地保护称为零序电流保护。

2. 零序电流保护的基本原理

当供电系统正常运行时，线路首端测到的零序电流为零。当大接地电流系统发生接地短路故障时，会产生很大的短路电流，此时的三相电流不再对称（三相电流对称是指三相电流的大小相等，频率相同，相位互差 120°。反之，任意条件不满足都叫做不对称，通常是指三相电流大小不相等或相位互差不为 120°），根据电工学的对称分量法，任意一组不对称的三相电流都可以分解成一组对称的正序电流分量、一组对称的负序电流分量和一组对称的零序电流分量。如图 2-29 所示。

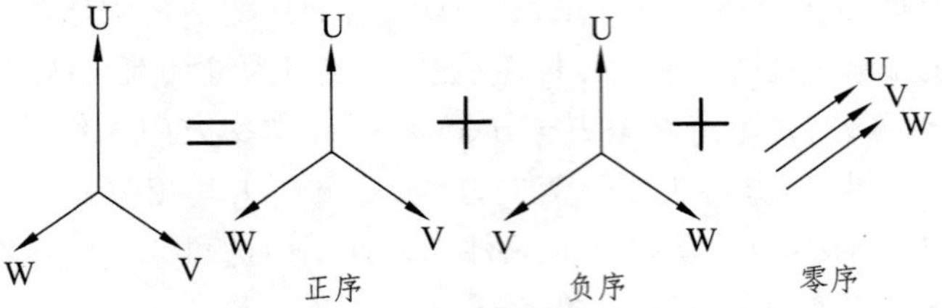

图 2-29　对称分量法示意图

对称的三相正序电流分量由于三相电流大小相等，频率相同，相位互差 120°，故三相电流向量之和为零。同理，对称的三相负序电流分量之和也为零。而对称的三相零序电流分量，由于其三相电流大小相同，相位也相同，则三相零序电流分量之和为 $3\dot{I}_0$，即有：

$$\begin{aligned}\dot{I}_K &= \dot{I}_u + \dot{I}_v + \dot{I}_w \\ &= (\dot{I}_{u1} + \dot{I}_{v1} + \dot{I}_{w1}) + (\dot{I}_{u2} + \dot{I}_{v2} + \dot{I}_{w2}) + (\dot{I}_{u0} + \dot{I}_{v0} + \dot{I}_{w0}) \\ &= 3\dot{I}_0 \end{aligned} \tag{2.20}$$

其中，$\dot{I}_{u1}$、$\dot{I}_{v1}$、$\dot{I}_{w1}$ 为对称的三相正序电流分量；$\dot{I}_{u2}$、$\dot{I}_{v2}$、$\dot{I}_{w2}$ 为对称的三相负序电流分量；$\dot{I}_{u0}$、$\dot{I}_{v0}$、$\dot{I}_{w0}$ 为对称的三相零序电流分量。

对称分量法是一种数学方法，将不对称分量分解成三种分量的和值，而这三种分量通过不同的接线方式可以在实际中获得。当中性点不接地系统发生单相接地时，无电流回路，这时，只有接地相电压降低，而非接地相电压升高，这样会产生零序电压，通过零序电压的识别，可以发现系统出现单相接地，需要说明的是，在电力系统设计规范中，中性点不接地系统出现单相接地时允许工作 2 小时之内，而城轨供电系统不允许，有单相接地就要分闸。两相接地的故障可以看成是单相接地加上相间电流短路。当中性点接地系统发生单相接地时，有电流回路，所以使用零序电流来进行判定。

3. 零序电流分量的获得

获得零序电流分量的方法有三种：利用零序电流滤过器获取、利用零序电流互感器获取和中性线上直接测量。每一种方法的工作原理都是一样的，即基尔霍夫电流定律和对称分量法。

1）利用零序电流滤过器获取

如图 2-30（a）所示，由电流互感器二次侧绕组的三相进行同极性并联，两并联点为输出端而构成零序电流滤过器。

实际使用中，零序电流过滤器还可以接入相间短路保护用于电流互感器的中线上。

供电系统在正常运行和相间短路时，流过继电器的电流为：

$$\dot{I}_K = \dot{I}_u + \dot{I}_v + \dot{I}_w = 0 \tag{2.21}$$

当发生接地故障时，流入继电器的电流为 3 倍的零序电流，即：

$$\dot{I}_K = \dot{I}_u + \dot{I}_v + \dot{I}_w = 3\dot{I}_0 \neq 0 \tag{2.22}$$

2）利用零序电流互感器获取

对于采用电缆引出的供电线路，还广泛采用零序电流互感器接线以获得 $3\dot{I}_0$，如图 2-30（b）所示。此电流互感器套在电缆外侧，从其铁心中穿过的电缆芯线就是一次绕组，一次电流为 $\dot{I}_u+\dot{I}_v+\dot{I}_w$。只有当系统发生接地短路故障，一次侧出现零序电流时，二次侧才有相应的零序电流 $3\dot{I}_0$，故称它为零序电流互感器。它和零序电流过滤器相比，优点是接线简单，且没有不平衡电流。

3）变压器中性线上直接获取

在三相四线制中，中线电流即为各相电流之和 $\dot{I}_u+\dot{I}_v+\dot{I}_w$，因此，直接测中线电流也可以获得零序电流，如图 2-30（c）所示。

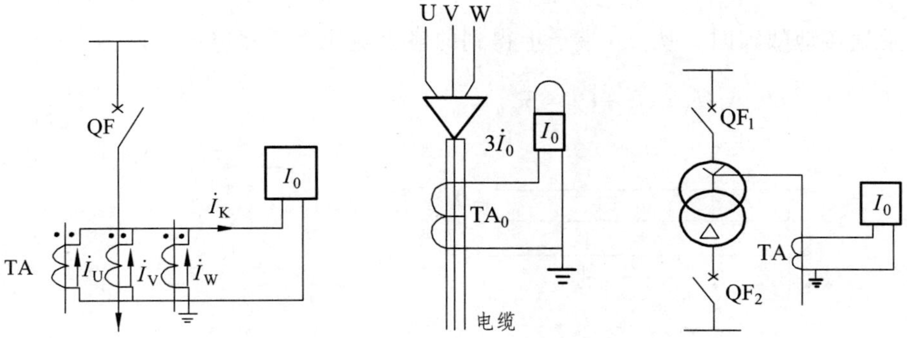

（a）（b）（c）

图 2-30　零序电流的获得方法

4. 零序电流保护

与电流保护相似，在单侧电源供电的大接地电流系统中，可以构成零序瞬时电流速断保护、零序限时电流速断保护和零序定时限过电流保护，也可以构成三段式零序电流保护，其原理图和时限特性也与三段式电流保护相似，不同的是三相的电流互感器二次侧线圈接成零序电流滤过器形式。零序Ⅰ段、Ⅱ段作为本段线路的主保护，零序Ⅲ段作为本段线路的近后备保护和相邻下一段线路的远后备保护。在此不再赘述。

5. 零序电流保护的优缺点

零序电流保护接线简单、可靠，比相间短路的电流保护有较高的灵敏度，且动作时限较相间保护短。零序电流保护不反应系统振荡和过负荷。但零序电流保护只反应接地短路，不能反应相间短路。对于短线路或运行方式变化很大的情况，保护往往不能满足系统运行所提出的要求。

2.10　零序电压保护

在小接地电流系统中，只要本级电压网络中发生单相接地故障，则在同一电压等级的变电站母线上，都将出现数值较高的零序电压。利用这一特点，在母线电压互感器开口三角形侧连接一套过电流保护就构成了零序电压保护，用于监视网络的接地故障，称为绝缘监察装置。它利用接地后产生的零序电压，带延时动作于信号。

零序电压的产生与零序电流的产生原因相似，因为系统发生接点短路故障，造成三相电压不对称，根据对称分量法，将不对称的三相交流电压分解成三组对称的正序、负序和零序电压，因为对称的正序和负序之和都为零，只剩下 3 倍的零序电压。零序电压滤过器的原理接线图如图 2-31 所示，（a）图为三个单相电压互感器构成的零序电压滤过器，（b）图为由三相五柱式电压互感器二次侧接成开口三角形构成的零序电压滤过器。

正常运行和电网相间短路时，mn 端子上输出电压为零。

$$\dot{U}_{mn} = \dot{U}_A + \dot{U}_B + \dot{U}_C = 0 \tag{2.23}$$

而当发生接地故障时，从 mn 端子上得到的输出电压为零序电压，即

$$\dot{U}_{mn} = \dot{U}_A + \dot{U}_B + \dot{U}_C = 3\dot{U}_0 \tag{2.24}$$

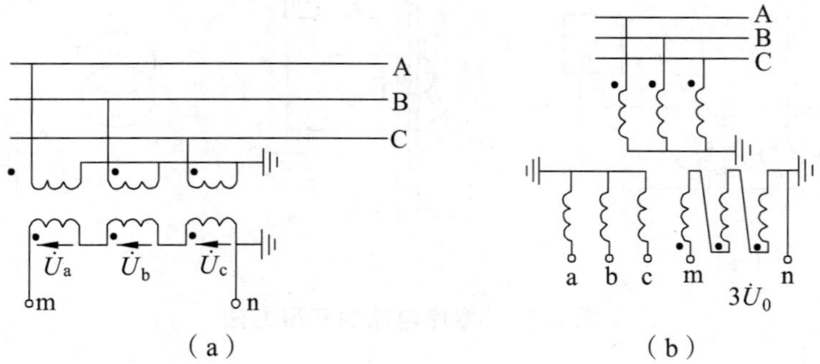

图 2-31　零序电压滤过器

绝缘监察装置的原理如图 2-32 所示。正常运行时，系统三相电压对称，没有零序电压，所以三只电压表读数相同，过电压继电器不动作。当系统任一出线发生接地故障时，接地相对地电压为零，而其他两相对地电压升高三倍，三只电压表读数不同。同时在开口三角形处出现零序电压，过电压继电器动作，延时发出接地故障信号。

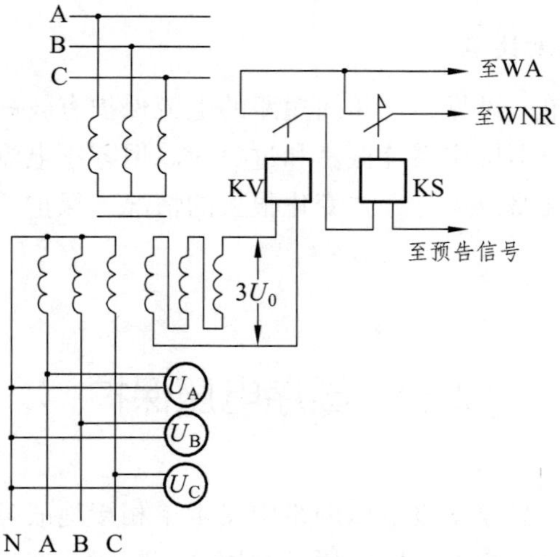

图 2-32　绝缘监察装置原理接线图

第 3 章　电网的距离保护

3.1　距离保护的作用原理

电流、电压保护的主要优点是简单、可靠和经济。但是，它们的灵敏性受到系统运行方式变化的影响较大，特别是在城轨这种大负荷、长距离、电压等级高的复杂网络中，很难满足选择性、灵敏性以及快速切除故障的要求，因此，必须采用性能更加完善的保护装置。距离保护就是适应这种要求的一种保护装置。

1. 距离保护的概念

距离保护一般针对短路故障，是反应故障点至保护安装地点之间距离（或阻抗），并根据距离的远近而确定动作时间的一种继电保护装置。该装置的核心元件为距离（阻抗）继电器。距离保护缺点是逻辑复杂，且整定值要考虑很多实际因素，故距离保护一般只用在 110 kV 以上线路和铁路供电系统中。在城轨中只在武汉地铁及广州地铁的早期线路中使用，仅针对从地方电网到主所的 110 kV 线路。但距离保护能够较准确定位故障点，误差多在 200 m 之内，距离保护一般是速断逻辑（只用距离一段），与电流一段共同作为相间电流短路的主保护。

距离保护一般用来侦测相间电流短路，当短路时，电流通过短路点直接回到电源，而不经过负载。此时，保护安装处所测量到的输入阻抗就是线阻。输电线路的长度是一定的，其总阻抗也基本一定。在其范围内任何一点故障，故障点至线路首端的距离都不一样，也就是阻抗不一样，但都小于总阻抗。阻抗继电器可根据其端子上所加的电压和电流测定保护安装处至短路点之间的阻抗值，此阻抗称为阻抗继电器的测量阻抗，用 Z_m 表示。在如图 3-1 所示电路中，

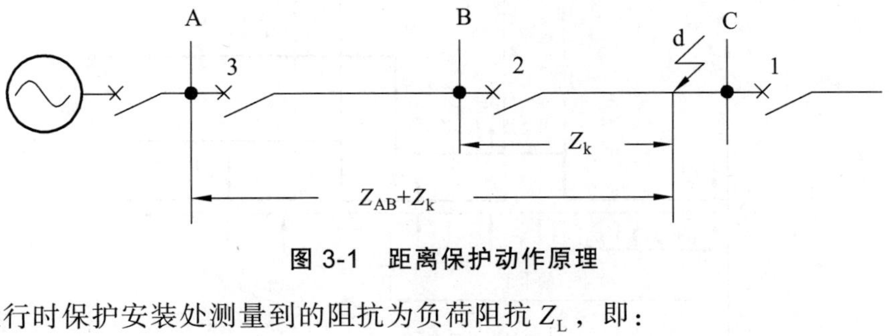

图 3-1　距离保护动作原理

正常运行时保护安装处测量到的阻抗为负荷阻抗 Z_L，即：

$$Z_m = \frac{\dot{U}_m}{\dot{I}_m} = Z_L \qquad (3.1)$$

其中：$\dot{U}_m$——被保护线路母线的相电压，测量电压；

I_m——被保护线路的电流，测量电流；

Z_m——测量电压与测量电流之比，测量阻抗。

在被保护线路任一点发生短路故障时，保护安装处的测量电压为 $\dot{U}_m = \dot{U}_k$，测量电流为故障电流 $\dot{I}_k$，这时的测量阻抗为保护安装处到短路点的短路阻抗 Z_k：

$$Z_m = \frac{\dot{U}_m}{\dot{I}_m} = \frac{\dot{U}_k}{\dot{I}_k} = Z_k \tag{3.2}$$

在图 3-1 中，当 BC 线路发生短路时，保护 B 测量的阻抗是 Z_k，保护 A 测量的阻抗是 $Z_{AB} + Z_k$，由于保护 B 距短路点较近，保护 A 距短路点较远，所以保护 B 的动作时间可以做到比保护 A 的动作短，这样故障就可以由保护 B 切除，而保护 A 不致误动作。

距离保护的主要特点是：短路点距离保护安装点越近，其测量阻抗越小；短路点距离保护安装点越远，其测量阻抗越大，动作时间就越长。这样就可保证有选择性地切除故障线路。这种选择性的配合，是靠适当地选择各保护的整定阻抗值 Z_{set} 和动作时限来完成的。

当短路点在保护范围以外时，即 $|Z_m|>|Z_{set}|$ 时继电器不动作。当短路点在保护范围内，即 $|Z_m|<|Z_{set}|$ 时继电器动作。因此，距离保护的实质是用整定阻抗 Z_{set} 与被保护线路的测量阻抗 Z_m 比较。

因为在短路发生以后，母线电压下降，而流经保护安装处的电流增大，这样短路阻抗 Z_k 比正常时测量到的 Z_m 大大降低，所以距离保护反应的测量阻抗 Z_k 在故障前后变化比电流变化要大，因而距离保护是反应阻抗降低而动作的保护装置，是一种欠量动作的继电器，比反应单一物理量的电流保护灵敏度高。

2. 距离保护的阶段时限特性

距离保护的动作时间 t 与保护安装处到故障点之间的距离 l 的关系称为距离保护的时限特性。为了满足速动性、选择性和灵敏性的要求，目前广泛采用具有三段动作范围的阶梯型时限特性，如图 3-2 所示，并分别称为距离保护的Ⅰ、Ⅱ、Ⅲ段。

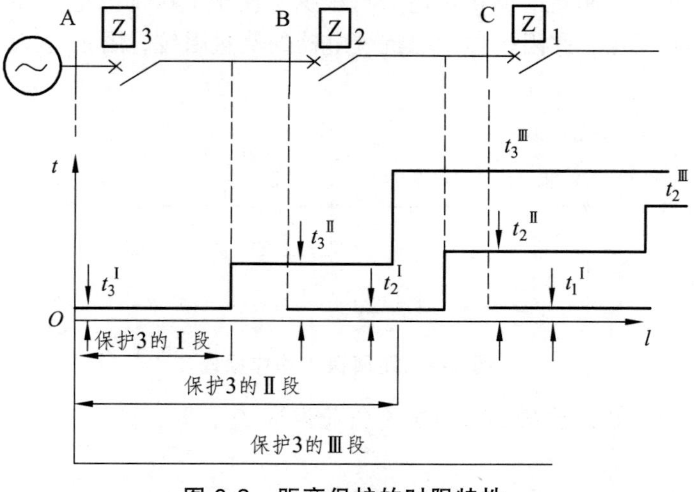

图 3-2 距离保护的时限特性

距离保护的第Ⅰ段是瞬时动作的，t^{I} 是保护本身的固有动作时间。以保护 3 为例，其启

动阻抗的整定值 Z_{set} 必须躲开这一点短路时所测量到的阻抗 Z_{AB}，即 $Z_{set}^{I} < Z_{AB}$。为了与下一条线路保护的Ⅰ段有选择性地配合，两者保护范围不能重叠，因此，三段的保护范围不能延伸到下一线路中去，而为本线路全长的 80%～85%，即Ⅰ段的动作阻抗整定为 80%～85% 线路全长的阻抗。在图 3-2 中距离保护的第Ⅰ段的整定值为 $Z_{set3}^{I} = (0.8 \sim 0.85)Z_{AB}$。

距离Ⅰ段只能保护本线路全长的 80%～85%。为了切除本线路末端 15%～20% 范围以内的故障，就需设置距离Ⅱ段。

距离Ⅱ段整定值的选择类似带时限电流速断，即应使其不超出下一条线路距离Ⅰ段的保护范围，同时带有一个的 Δt 时限，以保证选择性。

为了有选择性地动作，距离Ⅱ段的动作时限和启动值要与相邻下一条线路保护的Ⅰ段和Ⅱ段相配合。根据相邻线路之间选择性地配合的原则：如两者的保护范围重叠，则两保护的动作时限整定不同；如动作时限相同，则保护范围不能重叠。因此，与下一级线路距离保护Ⅰ段的配合，采取整定时限 t^{II} 大于下一级线路保护Ⅰ段时间 t_1 一个 Δt 的措施，通常第Ⅱ段的整定时限取 0.5 s；与下一级线路保护的第Ⅱ段之间的配合，因两者时限相同，则保护范围不能重叠，故距离保护Ⅱ段的动作阻抗整定为小于下一级线路第Ⅰ段保护范围末端短路时的测量阻抗，在图 3-2 中其整定值为 $Z_{set3}^{II} = K_{K}^{II}(Z_{AB} + Z_{set2}^{I})$。

为了作为相邻线路保护和断路器拒动的后备保护，同时也作为本线路距离Ⅰ、Ⅱ段的后备保护，还应该装设距离Ⅲ段。对距离Ⅲ段整定值的考虑与过电流保护相似，其启动阻抗要按躲开正常运行时的负荷阻抗来选择，而动作时限则应按阶梯特性原则整定，使其比距离Ⅲ段保护范围内其他各保护的最大动作时限延长一个 Δt。

3. 距离保护的构成

三段式距离保护装置一般由启动元件、方向元件、阻抗元件、时间元件和出口元件组成，如图 3-3 所示。其逻辑关系如图 3-4 所示。

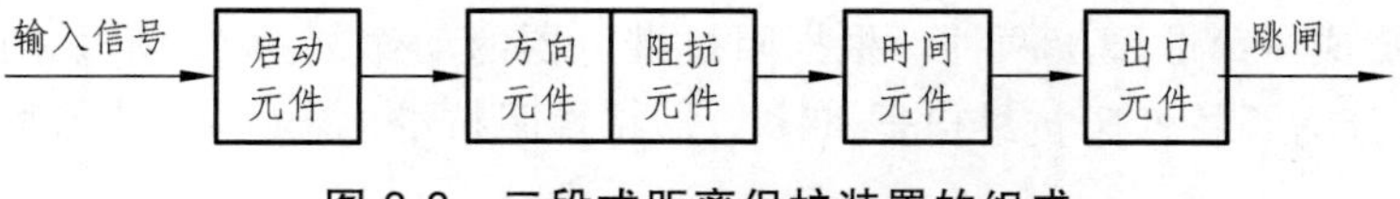

图 3-3　三段式距离保护装置的组成

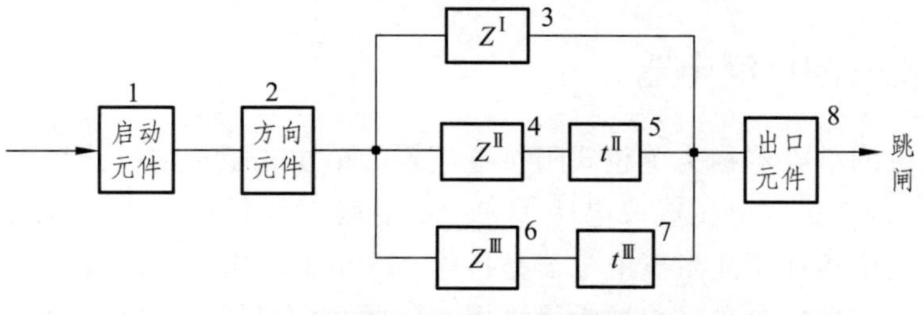

图 3-4　三段式距离保护原理的组成元件框图

启动元件的主要作用是在发生短路故障的瞬间启动整套保护装置。方向元件的主要作用是判断短路方向，保证保护动作的方向性，防止反方向发生短路故障时，保护误动作。阻抗元件的主要作用是测量短路点至保护安装处的距离（即测量阻抗），一般采用阻抗继电器。时间元件的主要作用是按照故障点到保护安装处的远近，根据预定的时限特性动作，以保证保护动作的选择性，一般采用时间继电器。出口元件作用于跳开断路器。

正常运行时，启动元件 1 不启动，保护装置处于被闭锁状态。

当正方向发生故障时，启动元件 1 和方向元件 2 动作，距离保护投入工作。如果故障点位于第Ⅰ段保护范围内，则 Z^{I} 动作直接启动出口元件 8，瞬时动作于跳闸。如果故障点位于距离Ⅰ段之外的距离Ⅱ段保护范围内，则 Z^{I} 不动作，而 Z^{II} 动作，启动距离Ⅱ段时间继电器 5，经 t^{II} 时限，出口元件 8 动作，使断路器跳闸，切除故障。如果故障点位于距离Ⅱ段之外的距离Ⅲ段保护范围内，则 Z^{I}、Z^{II} 不动作，而 Z^{III} 动作，启动距离Ⅲ段时间继电器 7，经 t^{III} 时限，出口元件 8 动作，使断路器跳闸，切除故障。

3.2 具有圆特性的阻抗继电器

短路时电流回路中的阻抗减小，电流增大，母线电压下降。短路电流的大小与系统的运行方式有关，系统容量增大时，电流增大，反之，则减小。母线残余电压也受到系统运行方式的影响。而短路点至保护安装处的阻抗则取决于短路点的位置，即短路点至保护安装处的电距离，因而测量短路点至保护安装处的阻抗可以正确反映短路现象。反映阻抗下降而动作的继电器叫做阻抗继电器。它是距离保护的测量元件，也是核心元件，其主要作用是测量短路点到保护安装地点之间的阻抗，并与整定阻抗值进行比较，以确定保护是否应该动作。

3.2.1 阻抗继电器的分类

目前运行中的阻抗继电器种类繁多。根据阻抗继电器的比较原理，阻抗继电器可以分为幅值比较式和相位比较式。根据阻抗继电器的输入量不同，阻抗继电器可以分为单相式（第Ⅰ型）和多相补偿式（第Ⅱ型）两种。根据阻抗继电器的动作边界（动作特性）的形状不同，阻抗继电器可以分为圆特性阻抗继电器和多边形特性阻抗继电器(包括直线特性阻抗继电器）两种。

3.2.2 单相式阻抗继电器

按相测量阻抗的继电器称为单相式阻抗继电器。单相式阻抗继电器是指加入继电器的只有一个电压 $\dot{U}_{\mathrm{m}}$（可以是相电压或线电压）和一个电流 $\dot{I}_{\mathrm{m}}$（可以是相电流或两相电流之差）的阻抗继电器。而多相补偿式阻抗继电器是指输入继电器的电压或电流不止一个的阻抗继电器。由于单相式比较简单，且目前被大量采用，因此我们只研究单相式阻抗继电器。

$\dot{U}_{\mathrm{m}}$ 和 $\dot{I}_{\mathrm{m}}$ 的比值称为继电器的测量阻抗 Z_{m}。由于 Z_{m} 可以写成 $R+\mathrm{j}X$ 的复数形式，所以可以利用复数平面来分析这种继电器的动作特性，并用一定的几何图形把它表示出来，如图 3-5 所示。

以图 3-5（a）中线路 BC 的保护 1 为例，将阻抗继电器的测量阻抗画在复数阻抗平面上，如图 3-5（b）所示。线路的始端 B 位于坐标的原点，正方向线路的测量阻抗在第一象限，反方向线路的测量阻抗则在第三象限，正方向线路测量阻抗与 R 轴之间的角度为线路 BC 的阻抗角 φ_k。对保护 1 的距离 I 段，启动阻抗应整定为 $Z_{set}^{I}=0.85Z_{BC}$。

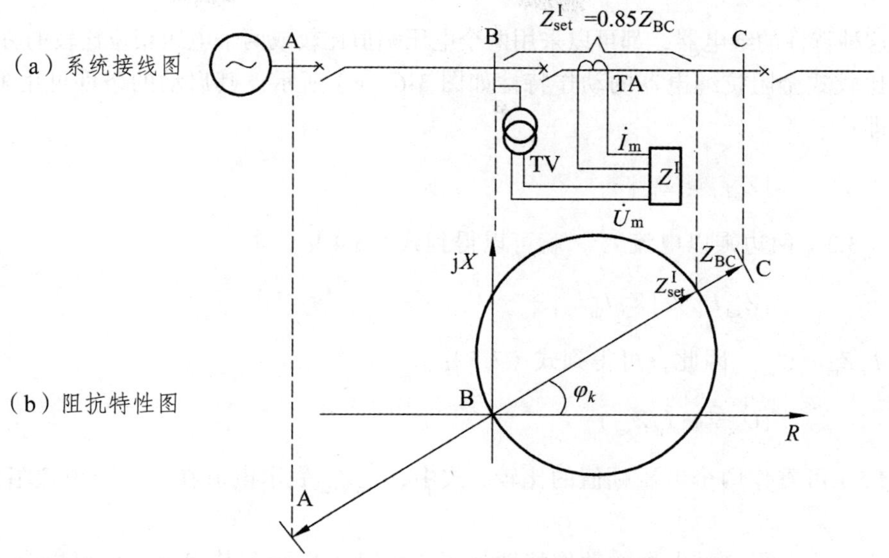

图 3-5　用复数平面分析阻抗继电器的特性

3.2.3　全阻抗继电器

全阻抗继电器的特性是以继电器安装点（图 3-5 中的 B 点）为圆心，以整定阻抗 Z_{set} 的绝对值为半径所作的一个圆，如图 3-6 所示。

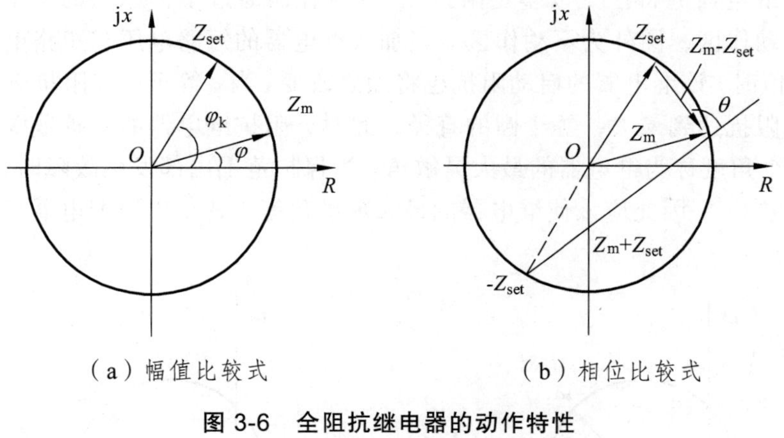

（a）幅值比较式　　　　（b）相位比较式

图 3-6　全阻抗继电器的动作特性

当测量阻抗 Z_m 正好位于圆周上时，继电器刚好动作。继电器动作时的阻抗称为继电器的启动阻抗 Z_{act}，也称为动作阻抗。

由于这种特性是以原点为圆心而作的圆，因此不论加入继电器的电压与电流之间的相位差角 φ 为多大（0°~180°），继电器的启动阻抗在数值上都等于整定阻抗，即 $|Z_{act}|=Z_{set}$。具有这种特性的继电器称为全阻抗继电器。不论故障是发生在正方向的短路故障，还是发生在反方向的短路故障，只要测量阻抗落在圆内，继电器就动作，即圆内为动作区，圆外为非动作区。

全阻抗继电器是以原点为圆心而作的圆，不论加入继电器电压与电流的相位差如何，动作阻抗不变，即阻抗的相角大小对继电器能否动作没有影响，因此，全阻抗继电器没有方向性。

具有这种特性的继电器，都可以采用两个电压幅值比较或两个电压相位比较的方式构成。

幅值比较式全阻抗继电器的动作特性如图 3-6（a）所示。其启动的条件可用阻抗的幅值来表示，即：

$$|Z_{set}| \geqslant |Z_m| \tag{3.3}$$

将式（3.3）两边乘以电流 $\dot{I}_m$，就可以得到式（3.4）：

$$|Z_{set}\dot{I}_m| \geqslant |Z_m\dot{I}_m| \tag{3.4}$$

由于 $\dot{I}_m Z_m = \dot{U}_m$，因此，可得到式（3.5）：

$$|\dot{U}_m| \leqslant |\dot{I}_m Z_{set}| \tag{3.5}$$

式（3.5）可看作两个电压幅值的比较，式中，$\dot{I}_m Z_{set}$ 表示电流在某一个恒定阻抗 Z_{set} 上的电压。

相位比较式全阻抗继电器的动作特性如图 3-6（b）所示。其启动条件可以表示为

$$-90° \leqslant \arctan\frac{Z_{set}-Z_m}{Z_{set}+Z_m} = \theta \leqslant 90° \tag{3.6}$$

3.2.4 方向阻抗继电器

方向阻抗继电器的特性是以整定阻抗 Z_{set} 为直径而通过坐标原点的一个圆，如图 3-7 所示，圆内为动作区，圆外为不动作区。当加入继电器的短路电压和短路电流之间的相位差 ϕ 为不同数值时，该继电器的启动阻抗也将随之改变。当 ϕ 等于整定阻抗 Z_{set} 的阻抗角时，继电器的启动阻抗达到最大，等于圆的直径，此时，阻抗继电器的保护范围最大，工作最灵敏，因此这个角度称为继电器的最大灵敏角。当保护范围内部发生故障时，$\phi = \phi_m$（为被保护线路的阻抗角），因此应该使继电器的最大灵敏角等于 ϕ_m，以便继电器工作在最灵敏的条件下。

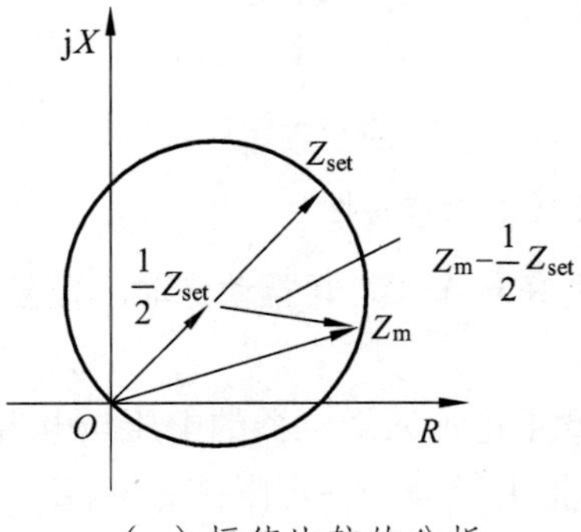

（a）幅值比较的分析

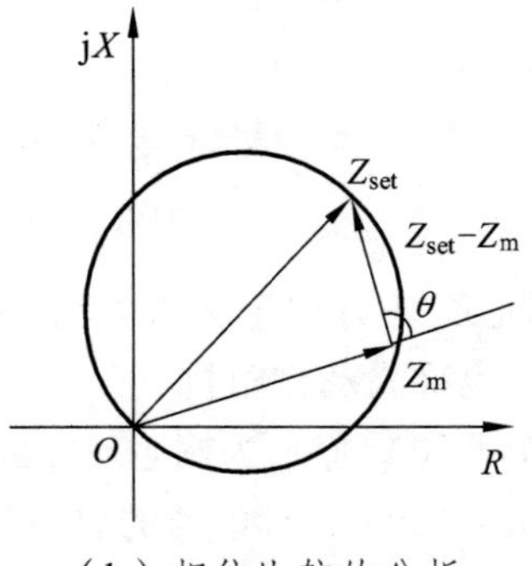

（b）相位比较的分析

图 3-7　方向阻抗继电器的动作特性

当反方向发生短路时，测量阻抗 Z_m 位于第三象限，继电器不能动作，因此它本身具有方向性，故称为方向阻抗继电器。方向阻抗继电器也可以由幅值比较或相位比较方式构成。

图 3-7（a）为幅值比较式方向阻抗继电器的动作特性，其启动的条件可用阻抗的幅值来表示，即：

$$\left|\frac{1}{2}Z_{set}\right| \geqslant \left|Z_m - \frac{1}{2}Z_{set}\right| \tag{3.7}$$

将式 3.7 两边同乘以电流 $\dot{I}_m$，即可得到两个电压的幅值比较式

$$\left|\frac{1}{2}\dot{I}_m Z_{set}\right| \geqslant \left|\dot{U}_m - \frac{1}{2}\dot{I}_m Z_{set}\right| \tag{3.8}$$

图 3-7（b）为相位比较式方向阻抗继电器的动作特性，其启动条件可以表示为

$$-90° \leqslant \arctan\frac{Z_{set} - Z_m}{Z_m} = \theta \leqslant 90° \tag{3.9}$$

分式上下同乘以电流 $\dot{I}_m$，即可得到用两个比较相位的电压表示的启动条件：

$$-90° \leqslant \arctan\frac{\dot{U}_k - \dot{U}_y}{\dot{U}_y} \leqslant 90° \tag{3.10}$$

3.2.5　偏移特性的阻抗继电器

偏移特性阻抗继电器的特性是当正方向的整定阻抗为 Z_{set} 时，同时向反方向偏移一个 αZ_{set}，其中 $0<\alpha<1$，继电器的动作特性如图 3-8 所示。

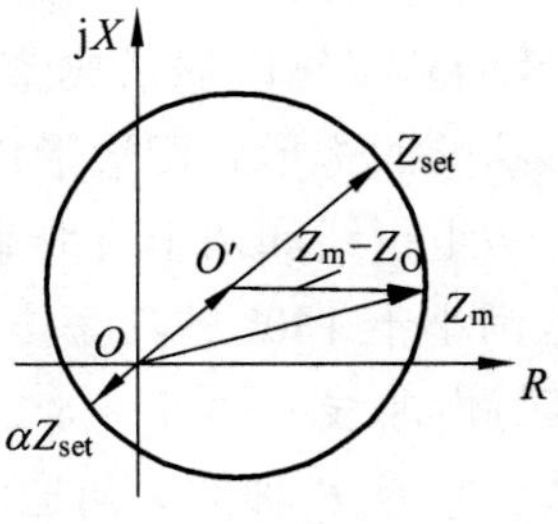

（a）幅值比较式的分析

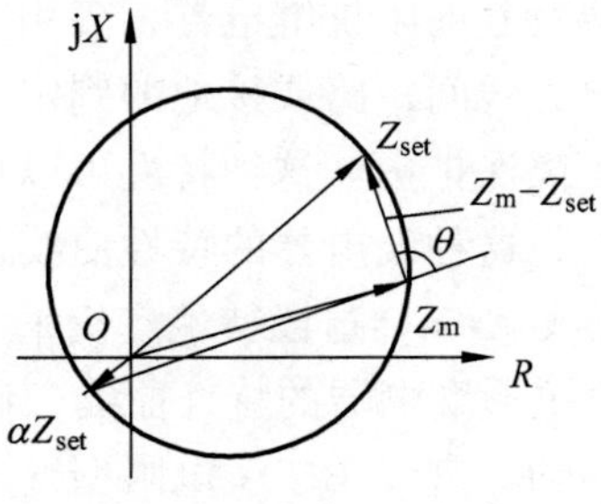

（b）相位比较式的分析

图 3-8　具有偏移特性的阻抗继电器

圆内为动作区，圆外为不动作区。圆的直径为 $|Z_{set} + \alpha Z_{set}|$，圆心的坐标为 $Z_0 = 1/2(Z_{set} - \alpha Z_{set})$，圆的半径为 $|Z_{set} - Z_0| = 1/2(Z_{set} + \alpha Z_{set})$。

图 3-8（a）为幅值比较式偏移特性阻抗继电器的动作特性，其启动的条件可用阻抗的幅值来表示，即：

$$\left|\frac{1}{2}(Z_{set} + \alpha Z_{set})\right| \geqslant \left|Z_m - \frac{1}{2}(Z_{set} - \alpha Z_{set})\right| \tag{3.11}$$

将式 3.11 两边同乘以电流 $\dot{I}_{\mathrm{m}}$，即可得到两个电压的幅值比较式：

$$-90° \leqslant \arctan\frac{\dot{I}_{\mathrm{m}}Z_{\mathrm{set}}-\dot{U}_{\mathrm{m}}}{\dot{U}_{\mathrm{m}}+\alpha\dot{I}_{\mathrm{m}}Z_{\mathrm{set}}} \leqslant 90° \tag{3.12}$$

图 3-8（b）为相位比较式偏移特性阻抗继电器的动作特性，其启动条件可以表示为：

$$-90° \leqslant \arctan\frac{Z_{\mathrm{set}}-Z_{\mathrm{m}}}{Z_{\mathrm{m}}+\alpha Z_{\mathrm{set}}} = \theta \leqslant 90° \tag{3.13}$$

将分式上下同乘以电流 $\dot{I}_{\mathrm{m}}$，即可得到用两个比较相位的电压表示的启动条件：

$$-90° \leqslant \arctan\frac{\dot{I}_{\mathrm{m}}Z_{\mathrm{set}}-\dot{U}_{\mathrm{m}}}{\dot{U}_{\mathrm{m}}+\alpha\dot{I}_{\mathrm{m}}Z_{\mathrm{set}}} = \arctan\frac{\dot{D}}{\dot{C}} \leqslant 90° \tag{3.14}$$

通过上面的分析，从偏移阻抗继电器图 3-8 所示的动作特性圆可以看出，这种继电器的动作特性介于方向阻抗继电器和全阻抗继电器之间，动作特性向第三象限偏移了一个量。当正方向的整定阻抗为 Z_{set} 时，同时向反方向偏移一个 αZ_{set}，式中 $0<\alpha<1$，叫偏移度，一般 α 为 0.1 ~ 0.2，由此可以看出，当 $\alpha=1$ 时为全阻抗，当 $\alpha=0$ 时为方向阻抗，其启动阻抗 Z_{set} 既与 ϕ 有关，但又没有完全的方向性，因此，一般称其为具有偏移特性的阻抗继电器。实际应用上通常采用 $\alpha=0.1\sim0.2$，以便消除方向阻抗继电器的死区。

3.2.6 具有直线特性阻抗继电器

由于圆特性阻抗继电器存在以下两个缺点：

（1）受短路点过渡电阻的影响较大。

（2）长距离重负荷线路时，躲负荷阻抗的能力差。

因此推出直线特性的阻抗继电器，多用于铁路上接触网接地短路（铁路上叫阻抗保护）、架空式电力线路电力线间短路或接地的判定。直线特性的阻抗继电器最典型的是四边形特性。它一般用在接地距离保护中。这种特性可以是各种形状的四边形，四边形以内为动作区，四边形以外为制动区，这种继电器的特性曲线通常是由一组折线和两个直线来合成。

图 3-9 中，折线 A-O-C 这段特性广泛采用动作范围小于 180° 的功率方向继电器来实现，直线 AB 是一个电抗形继电器的特性曲线，通常使其特性曲线下倾 5° ~ 8°，以防区外故障时出现超越，引起误动，直线 BC 属电阻型继电器特性，它与 R 轴的夹角通常取 70°，将上述三个特性的继电器组成与门输出，即可获得如图 3-9 所示的四边形特性。

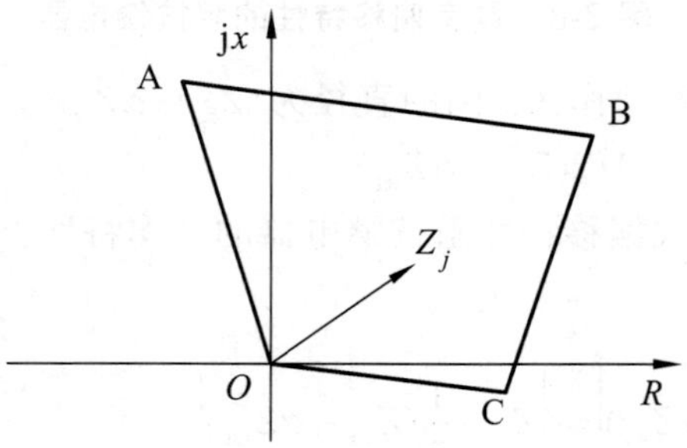

图 3-9　四边形特性的阻抗继电器

下面再讨论折线 A-B-C 段特性的实现方法，如图 3-10（a）所示，设顶点坐标由向量 Z_3 表示，折线的方向由 Z_1 和 Z_2 表示。当测量阻抗 Z_j 位于动作范围以内时，如图 3-10（b）所示，在 Z_1、Z_2 和 (Z_3-Z_j) 这三个向量中，任何两个相邻向量之间的夹角都小于 180°，而当测量阻抗 Z_j 位于动作范围以外时，则如图 3-10（C）所示，在上述三个向量中，总有一对相邻向量之间的夹角大于 180°。

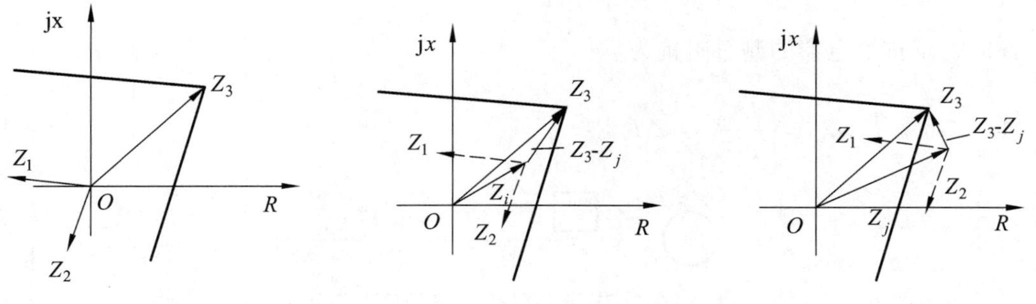

（a）折线的构成　　（b）Z_j 在动作范围内　　（c）Z_j 在动作范围外

图 3-10　对两个对折线的分析

3.3　阻抗继电器的接线方式

3.3.1　对距离保护接线方式的要求及接线种类

加入继电器的电压和电流应满足如下要求：

（1）继电器的测量阻抗应能够准确地判断故障地点，即与故障点至保护安装处的距离成正比。

（2）继电器的测量阻抗应与故障类型无关，即保护范围不随故障类型而变化。

阻抗继电器常用的接线方式有四类，如表 3-1 中所示。表中“Δ”表示相间电压或相电流差，“Y”表示相电压或相电流。

表 3-1　阻抗继电器的常用接线方式

接线方式 / 继电器	$\frac{\dot{U}_\Delta}{\dot{I}_\Delta}(0°)$		$\frac{\dot{U}_\Delta}{-\dot{I}_Y}(-30°)$		$\frac{\dot{U}_\Delta}{\dot{I}_Y}(30°)$		$\frac{\dot{U}_Y}{\dot{I}_Y+K3\dot{I}_0}$	
	$\dot{U}_J$	$\dot{I}_J$	$\dot{U}_J$	$\dot{I}_J$	$\dot{U}_J$	$\dot{I}_J$	$\dot{U}_J$	$\dot{I}_J$
J_1	$\dot{U}_{AB}$	$\dot{I}_A-\dot{I}_B$	$\dot{U}_{AB}$	$-\dot{I}_B$	$\dot{U}_{AB}$	$\dot{I}_A$	$\dot{U}_A$	$\dot{I}_A+K3\dot{I}_0$
J_2	$\dot{U}_{BC}$	$\dot{I}_B-\dot{I}_C$	$\dot{U}_{BC}$	$-\dot{I}_C$	$\dot{U}_{BC}$	$\dot{I}_B$	$\dot{U}_B$	$\dot{I}_B+K3\dot{I}_0$
J_3	$\dot{U}_{CA}$	$\dot{I}_C-\dot{I}_A$	$\dot{U}_{CA}$	$-\dot{I}_A$	$\dot{U}_{CA}$	$\dot{I}_C$	$\dot{U}_C$	$\dot{I}_C+K3\dot{I}_0$

3.3.2 反应相间短路阻抗继电器的 0°接线

1. 三相短路

以 J_1 为例分析之。如图 3-11 所示，设短路点至保护安装地点之间的距离为 L（km），线路每千米的正序阻抗为 $Z_1(\Omega)$，则保护安装地点的电压 $\dot{U}_{AB}$ 应为

$$\dot{U}_{AB}=\dot{U}_A-\dot{U}_B=\dot{I}_A Z_1 L-\dot{I}_B Z_1 L=(\dot{I}_A-\dot{I}_B)Z_1 L \tag{3.15}$$

此时，阻抗继电器的测量阻抗为

$$Z_{J_1}^{(3)}=\frac{\dot{U}_{AB}}{\dot{I}_A-\dot{I}_B}=Z_1 L \tag{3.16}$$

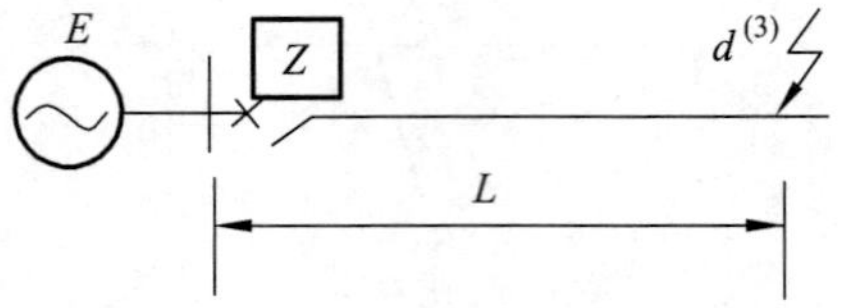

图 3-11　三相短路测量阻抗分析

结论：在三相短路时，三个继电器的测量阻抗均等于短路点到保护安装地点之间的正序阻抗，三个继电器均能正确动作。

2. 两相短路

如图 3-12 所示，设以 AB 两相短路为例，分析此时三个阻抗继电器的测量阻抗。对 J_1 而言

$$\dot{U}_{AB}=\dot{I}_A Z_1 L-\dot{I}_B Z_1 L=(\dot{I}_A-\dot{I}_B)Z_1 L \tag{3.17}$$

则

$$Z_{J_1}^{(2)}=\frac{\dot{U}_{AB}}{\dot{I}_A-\dot{I}_B}=Z_1 L \tag{3.18}$$

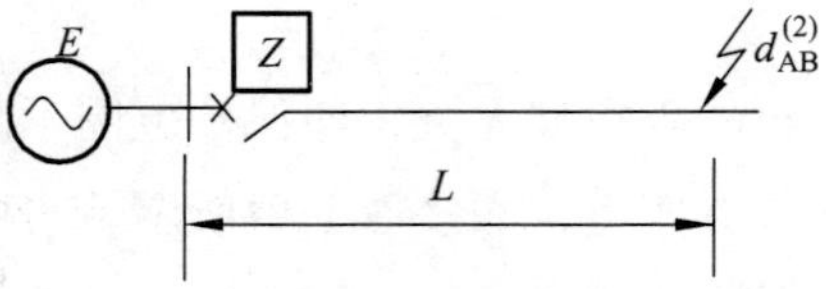

图 3-12　两相短路测量阻抗分析

结论：与三相短路时的测量阻抗相同。因此，J_1 能正确动作，J_2 和 J_3 不会动作。

同理，在 BC 或 CA 两相短路时，相应地分别有 J_2 和 J_3 能准确测量出 $Z_1 L$ 而正确动作。

3. 中性点直接接地电网中两相接地短路

如图 3-13 所示，设故障发生在 AB 相，它与两相短路不同之处是地中有电流流回，因此 $\dot{I}_A \neq -\dot{I}_B$。我们可以把 A 相和 B 相看成两个“导线——地”的送电线路并有互感耦合在一起，设 Z_L 表示每千米的自感阻抗，Z_M 表示每千米的互感阻抗，则保护安装地点的故障相电压应为

$$\dot{U}_A=\dot{I}_A Z_L L+\dot{I}_B Z_M L \tag{3.19}$$

$$\dot{U}_B = \dot{I}_B Z_L L + \dot{I}_A Z_M L \tag{3.20}$$

继电器 J_1 的测量阻抗为

$$Z_{J_1}^{(1.1)} = \frac{\dot{U}_{AB}}{\dot{I}_A - \dot{I}_B} = \frac{(\dot{I}_A - \dot{I}_B)(Z_L - Z_M)L}{\dot{I}_A - \dot{I}_B}$$

$$= (Z_L - Z_M)L = Z_1 L \tag{3.21}$$

其值与三相短路时相同，保护能够正确动作。

对相间短路距离继电器的 30° 接线方式，因应用很少分析从略。

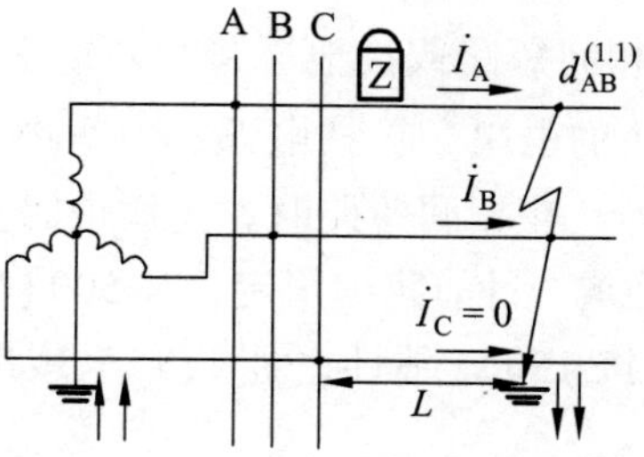

图 3-13　$d_{AB}^{(1,1)}$ 测量阻抗的分析

3.3.3　反应接地短路阻抗继电器的接线

单相接地故障时，只有故障相电压降低，电流增大，而任何相间电压都是很高的。因此应将故障相的电压和电流加入到继电器中，对 A 相阻抗继电器，接入继电器的电压为

$$\begin{aligned}\dot{U}_A &= \dot{U}_{d1} + \dot{U}_{d2} + \dot{U}_{d0} + \dot{I}_1 Z_1 L + \dot{I}_2 Z_2 L + \dot{I}_0 Z_0 L \\ &= \dot{I}_1 Z_1 L + \dot{I}_2 Z_2 L + \dot{I}_0 Z_0 L \\ &= (\dot{I}_1 + \dot{I}_2 + \dot{I}_0) Z_1 L - \dot{I}_0 Z_1 L + \dot{I}_0 Z_0 L \\ &= \dot{I}_A Z_1 L + \frac{Z_0 L - Z_1 L}{Z_1 L} \dot{I}_0 Z_1 L \\ &= (\dot{I}_A + 3K\dot{I}_0) Z_1 L \end{aligned} \tag{3.22}$$

式中，$K\dot{I}_0$ 称为零序补偿电流，$K = \frac{1}{3}\frac{Z_0 - Z_1}{Z_1}$，为常数；接入继电器的电流 $\dot{I}_j = \dot{I}_A + 3K\dot{I}_0$，则故障相阻抗继电器的测量阻抗为

$$Z_{JA}^{(1)} = \frac{\dot{U}_A}{\dot{I}_A + 3K\dot{I}_0} = Z_1 L \tag{3.23}$$

它能正确地测量从短路点到保护安装地点间的阻抗。为了反应任一相的单相接地短路，接地距离保护也必须采用三个阻抗继电器。这种接线方式同样能够正确反应两相接地短路和三相短路，此时接于故障相的阻抗继电器的测量阻抗均为 $Z_1 L$。

3.4* 影响距离保护的因素及措施

3.4.1 短路点过渡电阻对距离保护的影响

电力系统中的短路一般都不是金属性的，而是在短路点存在过渡电阻（可以简单地理解成不完全短路时存在电阻）。此过渡电阻的存在，将使距离保护的测量阻抗发生变化，一般情况下使测量阻抗变大，即使保护范围缩短。

1. 短路点过渡电阻的性质

短路点过渡电阻 R_g 是指当相间短路或接地短路时，短路电流从一相流到另一相或从相导线流入地的途径中所通过的物质的电阻，包括电弧、中间物质的电阻、相导线与地之间的接触电阻、金属杆塔的接地电阻等。在相间短路时，过渡电阻主要以电弧电阻构成；接地短路时，主要以铁塔及其接地电阻构成。目前我国规定：对 500 kV 线路接地短路的最大过渡电阻按 300 Ω 估计，对 330 kV 线路按 150 Ω 估计，对 220 kV 线路按 100 Ω估计，对 110 kV 线路按 50 Ω 估计。

2. 防止过渡电阻影响的方法

采用能容许较大过渡电阻而不致拒动的阻抗继电器，如接地距离保护采用四边型特性就是一例。过渡电阻增大会使测量阻抗出现电阻大，电抗小的现象，此时的阻抗特性靠近 x 轴。

3.4.2 电力系统振荡对距离保护的影响及振荡闭锁回路

当电力系统中发生同步振荡或异步运行时，各点的电压、电流和功率的幅值和相位都将发生周期性的变化。电压与电流之比所代表的阻抗继电器的测量阻抗也将周期性地变化。当测量阻抗进入动作区域时，保护将发生误动，因此必须采取相应的措施给予解决。在距离保护装置中，通常采用一种振荡闭锁回路（或装置），以防止系统振荡时误动。当系统振荡使两侧电源之间的角度摆到 $\delta=180°$ 时，保护所受到的影响与在系统振荡中心处三相短路时的效果是一样的，因此，就必须要求振荡闭锁回路能够有效地区分系统振荡和发生三相短路这两种不同情况。

1. 电力系统发生振荡和短路时的主要区别

（1）振荡时，电流和各点电压的幅值均作周期性变化，只在 $\delta=180°$ 时才出现最严重的现象；而短路后，短路电流和各点电压的值，当不计其衰减时，是不变的。此外，振荡时电流和各点电压幅值的变化速度较慢，而短路时电流是突然增大的，电压也突然降低，变化速度很快。

（2）振荡时，任一点电流与电压之间的相位关系都随 δ 的变化而变化；而短路时，电流和电压之间的相位是不变的。

（3）振荡时，三相完全对称，电力系统中没有负序分量出现；而短路时，会长期（在不对称短路过程中）或瞬间（在三相短路开始时）出现负序分量。

根据以上区别，振荡闭锁回路从原理上可分为两种：一种是利用负序分量的出现与否来实现；另一种是利用电流、电压或测量阻抗变化速度的不同来实现。我们现在主要利用第一种方案。

2. 构成振荡闭锁回路时应满足的基本要求

（1）系统发生振荡而没有故障时，应可靠地将保护闭锁，且振荡不停息，闭锁不应解除。

（2）系统发生各种类型的故障（包括转换性故障要求），保护应不被闭锁而能可靠地动作。

（3）在振荡过程中发生故障时，保护应能正确地动作。先故障而后又发生振荡时，保护不致无选择性地动作。

现在我们对用负序（和零序）分量元件启动的振荡闭锁回路来进行分析。

负序电压过滤器：从三相不对称电压中取出其负序分量的回路称为负序电压过滤器。由两个电阻-电容阻抗臂构成的负序电压过滤器的原理接线如图 3-14 所示。当在其输入端 a、b、c 加入三相电压时，应要求在它的输出端只有负序电压输出，为此，就必须在考虑过滤器接线时，使正序和零序电压没有输出。

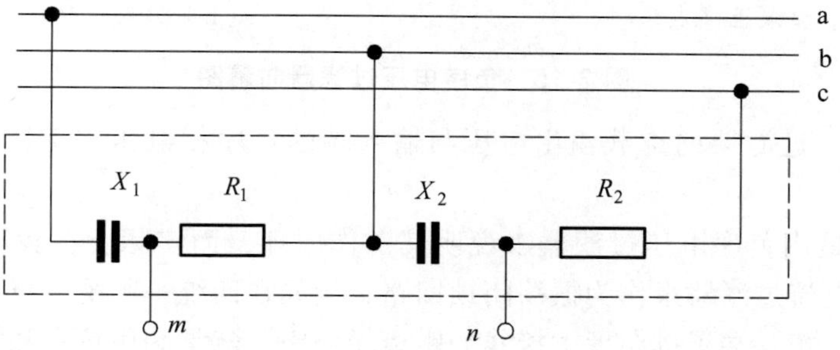

图 3-14

在三相电压中，零序电压大小相等相位相同，因此，在线电压中没有零序电压分量。在输入端采用线电压，就可以消除零序电压的影响，使它不可能在输出端出现。

正序分量线电压 $\dot{U}_{ab1}$、$\dot{U}_{bc1}$、$\dot{U}_{ca1}$ 是沿着顺时针的方向依次落后 120°。因此，如果能用一个移相电路，例如使 $\dot{U}_{ab1}$ 向超前方向移动 30°，再使 $\dot{U}_{bc1}$ 向滞后方向移动 30°，然后将两者相加，则输出电压等于零，也就是用此方法能消除正序电压的影响。

基于上述原则，在图 3-15 的接线中，如果选择两臂参数的关系为

$$\left.\begin{aligned} R_1 &= \sqrt{3}X_1 \\ R_2 &= \frac{1}{\sqrt{3}}X_2 \end{aligned}\right\} \tag{3.24}$$

则当输入端有正序电压加入时，其向量图如图 3-15（a）所示，在 *m-n* 端的输出电压为

$$\dot{U}_{mn1} = \dot{U}_{R1} + \dot{U}_{X2} = \frac{\sqrt{3}}{2}\dot{U}_{ab1}e^{j30^\circ} + \frac{\sqrt{3}}{2}\dot{U}_{bc1}e^{-j30^\circ} = 0 \tag{3.25}$$

当输入端有负序电压加入时，其向量图则如图 3-15（b）所示，由于负序线电压的相位关系和正序电压相反，因此，在 m-n 端的空载输出电压为

$$\dot{U}_{mn2}=\dot{U}_{R1}+\dot{U}_{X2}$$

$$=\frac{\sqrt{3}}{2}\dot{U}_{ab2}e^{j30^{\circ}}+\frac{\sqrt{3}}{2}\dot{U}_{bc2}e^{-j30^{\circ}}$$

$$=\frac{3}{2}\dot{U}_{ab2}e^{j60^{\circ}}=1.5\sqrt{3}\dot{U}_{a2}e^{j30^{\circ}} \tag{3.26}$$

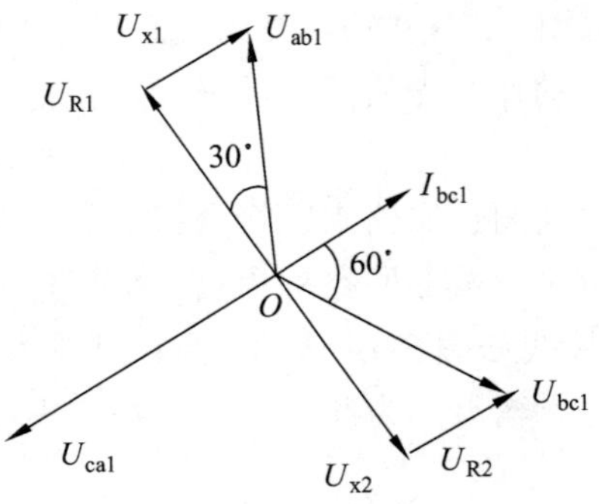

（a）加入正序电压

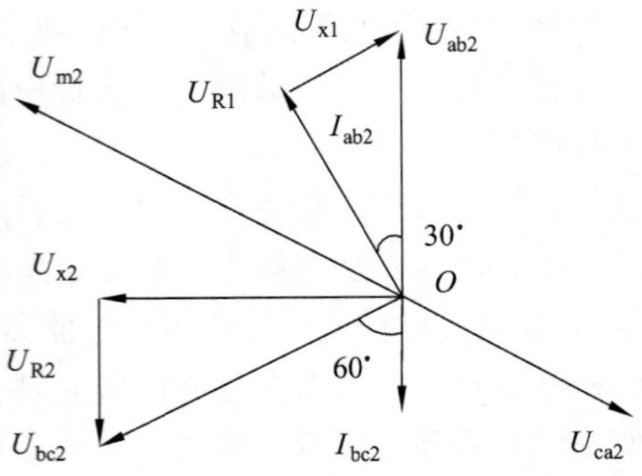

（b）加入负序电压

图 3-15　负序电压过滤器向量图

此结果表明，过滤器的空载输出电压与输入端的负序相电压成正比，且相位较 U_{a2} 超前 30°。

我们在这里是用负序电压过滤器来说明其工作原理，而实际上在我们的距离保护装置中，常采用负序电流过滤器来作为振荡闭锁回路，例如在四统一（统一技术标准、统一原理接线、统一符号、统一端子排布置）接线的距离保护中，就是利用负序和零序电流增量启动的振荡闭锁元件。这就是我们在前面已经提到过的距离保护原理框图中的启动元件。它只要在系统中有负序分量，就能动作，而且灵敏度很高。很显然，这种启动元件又是构成距离保护的另一个核心元件。

3.4.3　电压回路断线对距离保护的影响

当电压互感器二次回路断线时，距离保护将失去电压，这时阻抗元件失去电压而电流回路仍有负荷电流通过，可能造成误动作。对此，在距离保护中应装设断线闭锁装置。

对断线闭锁装置的主要要求是：

（1）当电压互感器发生各种可能导致保护误动作的故障时，断线闭锁装置均应动作，将保护闭锁并发出相应的信号。

（2）当被保护线路发生各种故障，不因故障电压的畸变错误地将保护闭锁，以保证保护可靠动作。

1. 区分以上两种情况的电压变化的办法

看电流回路是否也同时发生变化。断线信号装置大都是由反应于断线后所出现的零序电压构成的，其原理接线如图 3-16 所示。

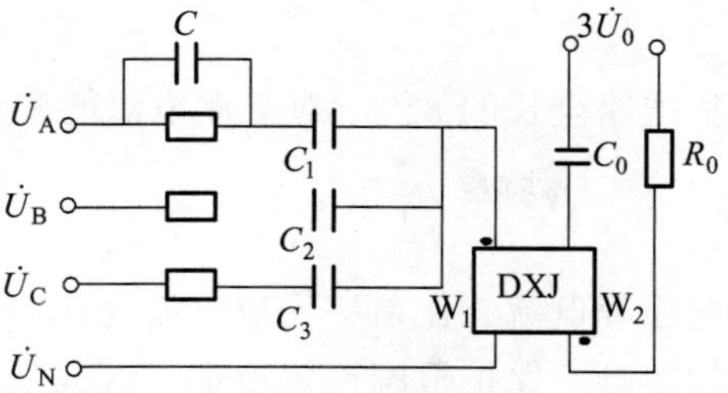

图 3-16 电压回路断线信号装置原理接线图

当电压回路断线时，断线信号继电器动作，一方面将保护闭锁，一方面发出断线信号。

思考：这种反应于零序电压的断线信号装置，如图 3-17，在系统中发出接地故障时也会动作。怎么办？

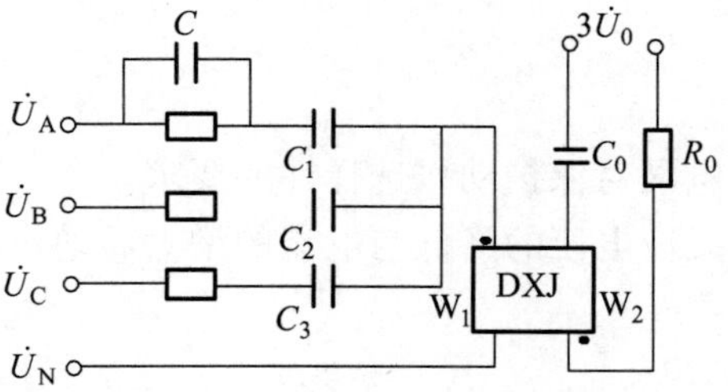

图 3-17 电压回路断线信号装置原理接线图

2. 解决方法

将 KS 的另一组线圈 W_2 经 C_0 和 R_0 接于电压互感器二次侧开口三角形的输出电压上，当系统中出现零序电压时，两组线圈 W_1 和 W_2 所产生的零序电压大小相等，方向相反，合成磁通为零，KS 不动作。

3.5 距离保护的评价及应用

距离保护是以距离测量元件为基础构成的保护装置。其动作和选择性取决于本地测量参数（阻抗、电抗、方向）与设定的被保护区段参数的比较结果，而阻抗、电抗又与输电线的距离成正比，故名距离保护。距离保护主要用于输电线的保护，一般是三段式或四段式。第一段保护线路的 70% ~ 80%，第二段保护余下的 10% ~ 20% 并作相邻母线的后备保护。第三段带方向或不带方向，有的还设有不带方向的第四段，作本线及相邻线段的后备保护。整套距离保护包括故障启动、故障距离测量、相应的时间逻辑回路与电压回路断线闭锁，有的还配有振荡闭锁等基本环节以及对整套保护的连续监视等设置。

1. 距离保护的评价

从对继电保护所提出的基本要求来评价距离保护，可以作出如下几个主要评价：

1）选择性

在多电源的复杂网络中能保证动作的选择性。

2）快速性

距离保护的第一段能保护线路全长的 85%，对双侧电源的线路，至少有 30% 的范围保护要以Ⅱ段时间切除故障。

3）灵敏性

由于距离保护同时反应电压和电流，比单一反应电流的保护灵敏度高。距离保护一段的保护范围不受运行方式变化的影响。保护范围比较稳定。二、三段的保护范围受运行方式变化影响。

4）可靠性

由于阻抗继电器构成复杂，距离保护的直流回路多，振荡闭锁、断线闭锁等使接线复杂，可靠性较电流保护低。

2. 距离保护的优缺点

1）主要优点

（1）能满足多电源复杂电网对保护动作选择性的要求。

（2）阻抗继电器是同时反应电压的降低与电流的增大而动作的，因此距离保护较电流保护有较高的灵敏度。

2）主要缺点

（1）不能实现全线瞬动。

（2）阻抗继电器本身较复杂，调试比较麻烦，可靠性较低。

3. 应用

根据对距离保护的综合分析，距离保护还是优点大于缺点，因此在 110 kV 及以上的大电流接地系统中，距离保护和电流保护一样，也是首选保护之一。

第 4 章　电网的差动保护

4.1　电网的纵联差动保护

线路纵差动保护是利用比较被保护元件始末端电流的大小和相位的原理来构成输电线路保护的。当在被保护范围内任一点发生故障时，它都能瞬时切除故障。

4.1.1　纵联差动保护的工作原理

被保护线路上发生短路和被保护线路外短路，线路两侧电流大小和相位是不相同的，因此比较线路两侧电流大小和相位，可以区分是线路内部短路，还是线路外部短路。电网的纵联差动保护反应被保护线路首末两端电流的大小和相位，保护整条线路，全线速动，纵联差动保护原理接线如图 4-1（a）所示。

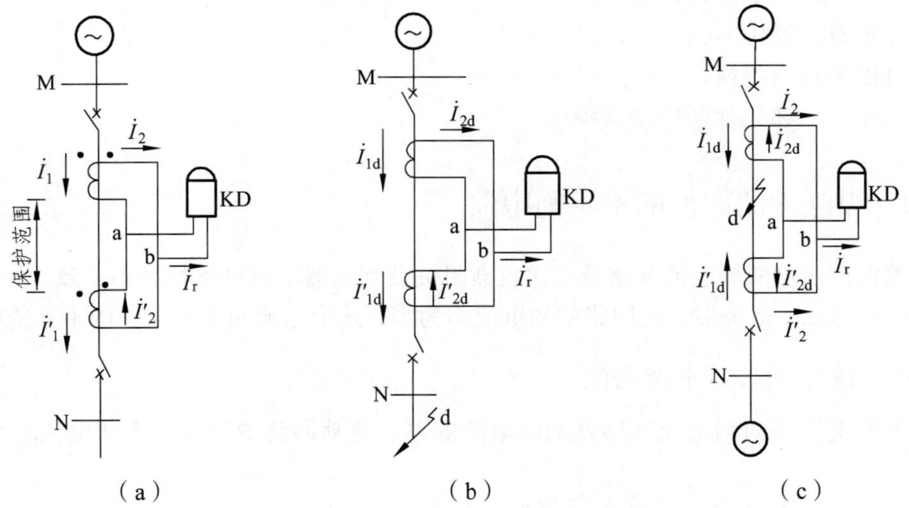

图 4-1　纵联差动保护原理接线图

流入继电器的电流为 $I_2—I_2'$，即为电流互感器二次电流的差。

差回路：继电器回路。

1. 正常运行，如图 4-1（a）

流入差回路的电流

$$\dot{I}_{\rm j}=\dot{I}_2-\dot{I}_2'=\frac{\dot{I}_1}{K_{\rm TA}}-\frac{\dot{I}_1'}{K_{\rm TA}'}\approx 0 \qquad (4.1)$$

2. 外部短路，如图 4-1（b）

流入差回路中的电流为

$$\dot{I}_{j}=\dot{I}_{2d}-\dot{I}'_{2d}=\frac{\dot{I}_{1d}}{K_{TA}}-\frac{\dot{I}'_{1d}}{K'_{TA}}\approx 0 \tag{4.2}$$

被保护线路在正常运行及区外故障时，在理想状态下，流入差动保护差回路中的电流为零。实际上，差回路中还有一个不平衡电流 I_{bp}。差动继电器 KD 的启动电流是按大于不平衡电流整定的，所以，在被保护线路正常及外部故障时差动保护不会动作。

3. 内部短路，如图 4-1（c）

流入差动保护回路的电流为

$$\dot{I}_{j}=\dot{I}_{2d}+\dot{I}'_{2d}=\frac{\dot{I}_{1d}}{K_{TA}}+\frac{\dot{I}'_{1d}}{K'_{TA}}=\frac{\dot{I}_{d}}{K_{TA}} \tag{4.3}$$

流入差回路的电流远大于差动继电器的启动电流，差动继电器动作，瞬时发出跳闸脉冲，断开线路两侧断路器。

4. 结论

（1）差动保护灵敏度很高。

（2）保护范围稳定。

（3）可以实现全线速动。

（4）不能作相邻元件的后备保护。

4.1.2 纵联差动保护的不平衡电流

由于被保护线路两侧电流互感器二次负载阻抗及互感器本身励磁特性不一致，在正常运行及保护范围外部发生故障时，差回路中的电流不为零，这个电流叫差动保护的不平衡电流 I_{bp}。

1. 稳态情况下的不平衡电流

该不平衡电流为两侧电流互感器励磁电流的差。差动回路中产生不平衡电流最大值为

$$I_{bp\cdot max}=\frac{K_{TA}\cdot K_{tx}\cdot I_{d\cdot max}}{n_{TA}} \tag{4.4}$$

式中 K_{TA}——电流互感器 10% 误差；

K_{tx}——电流互感器的同型系数，两侧电流互感器为同型号时，取 0.5，否则取 1；

$I_{d\cdot max}$——被保护线路外部短路时，流过保护线路的最大短路电流。

2. 暂态不平衡电流

在外部短路时暂态过程中差回路出现的不平衡电流，其最大值为

$$I'_{bp\cdot max}=K_{TA}\cdot K_{tx}\cdot K_{fz}\cdot I_{d\cdot max} \tag{4.5}$$

式中　K_{fz}——非周期分量的影响系数，在接有速饱和变流器时取 1，否则取 1.5 ~ 2。

4.1.3　纵联差动保护的整定计算

差动保护的动作电流按躲开外部故障时的最大不平衡电流整定：

$$I_{dz} = \frac{K_k \cdot K_{TA} \cdot K_{tx} \cdot K_{fz} \cdot I_{d \cdot max}}{n_{TA}} \tag{4.6}$$

按躲开电流互感器二次断线整定：

$$I_{dz} = \frac{K_k \cdot I_{fh \cdot max}}{n_{TA}} \tag{4.7}$$

灵敏度校验：保护范围内故障时的最小短路电流与差动保护动作电流之比。

$$K_{lm} = \frac{I_{d \cdot min}}{I_{dz}} \geqslant 2 \tag{4.8}$$

4.1.4　纵联差动保护的应用

纵联差动保护的优点是全线速动，不受过负荷及系统振荡的影响，灵敏度较高。但用于保护输电线时，还存在下列问题：

（1）需敷设与被保护线路等长的辅助导线，且要求电流互感器的二次负载阻抗满足电流互感器 10% 以内的误差。

（2）需装设辅助导线断线与短路的监视装置，在辅助导线断线时应将纵联差动保护闭锁。否则，辅助导线断线后，在区外发生故障时会造成无选择性动作。辅助导线短路后会造成区内故障拒动。

4.1.5　光纤纵联差动保护

光纤纵联差动保护实际上是一种纵联差动保护，只不过将两侧的电气量先转换成为数字信号，再通过光纤进行双侧通信，对两侧的电气量进行比较。而一般的差动保护主要比较两侧的电流差，用控制电缆形成差流回路，为防止 CT 二次回路负载太大，差流回路的电缆不可能很长。但是光纤差动不存在这个局限性。光纤差动保护目前一般应用在很重要的线路中作为主保护，并且可以保护线路的全长。

由于光纤纵差保护能较完美地实现保护的选择性及灵敏性，因此地铁供电系统内部的 35 kV 线路（不包括变电所母线至变压器的馈电线路）的主保护采用光纤纵联差动保护。定时限过流保护可作为线路故障的后备保护及母线故障的主保护，能够实现对供电一次设备的保护。现将纵差保护动作时限设为 0 s，则不会造成其他保护装置（后备保护有时限）的误动作，从而保证保护的选择性。

以光纤作为信号传递媒介的通道称为光纤通道，光纤电流纵联差动保护是以光纤通信作为通道的电流纵差保护。光纤作为继电保护的通道介质具有不怕超高压与雷电电磁干扰、对电场绝缘、频带宽和衰耗低等优点。

光纤纵联差动保护是通过光纤通道将测量信号从一侧传送到另一侧的。光纤纵联差动保护简称为光纤保护，是以光纤通信作为通道的电流纵差保护。如图 4-2 所示，基本光纤通信系统主要由光发射机、光纤、中继器、光接收机等设备构成。光纤通道中间增设一个或者多个光中继设备。光纤通道就是光缆，能够传输调制好的光信号。其中光发射机包括电调制器和光调制器，它把电信号转变为光信号；光接收机包括光探测器和电解调器，它把光信号转变为电信号。

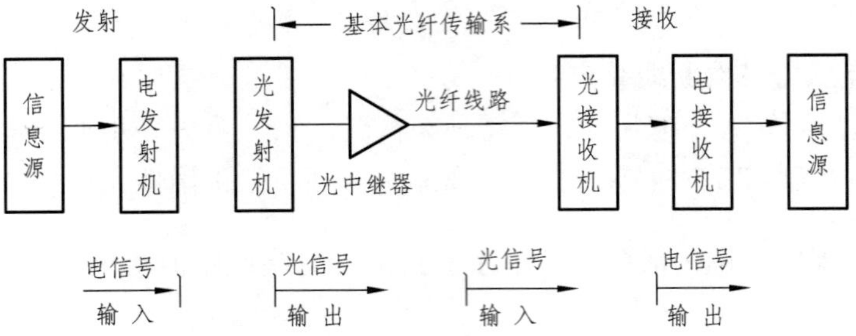

图 4-2　光纤通信系统

光纤通信广泛采用 PCM 调制方式。当被保护线路很短时，通过光缆直接将光信号送到对侧，在每半套保护装置中都将电信号转变为光信号送出，又将所接受的光信号变为电信号供保护使用。由于光与电之间互不干扰，光纤作为继电保护的通道介质具有不怕超高压与雷电电磁干扰、对电场绝缘、频带宽和衰耗低等优点，所以光纤保护没有导引线保护的问题，在经济上也可以与导引线保护竞争。随着光纤通信技术的飞速发展和广泛应用，线路光纤纵差保护实现双向传输（共两根缆芯）的投资逐渐降低，逐步取代导引线保护已成为现实，从而使其得到大量的应用而成为电流纵差保护的主要方式。

4.1.6　影响线路光纤纵差保护动作性能的因素

线路光纤纵差保护在实际运用过程中需解决各种各样的具体问题。影响线路光纤纵差保护的因素如下。

1. 电流互感器的误差和不平衡电流

同型号的电流互感器性能也不可能完全一致，如：电流互感器之间存在误差；电流互感器励磁电流的影响也会带来误差；保护装置采样回路的误差；保护装置不同步造成的误差。以上误差都会引起不平衡电流。不平衡电流增大会影响差动保护的灵敏度。

2. 长距离输电线路的电容性电流

较长的线路由于电容电流的存在，即使无内部故障时也有差流存在。分布电容不仅影响故障暂态过程中计算出的电流相量精度，更主要的是电容电流的存在使线路两端的测量电流不再满足基尔霍夫电流定律，从而直接影响了差动保护的灵敏度和可靠性。

3. 电流互感器的饱和

保护用电流互感器要求在规定的一次电流范围内，二次电流的综合误差不超出规定值。对于有铁心的电流互感器，形成误差的最主要因素是铁心的非线性励磁特性及饱和程度。电流互感器的饱和可分为大容量短路稳态对称电流引起的饱和，以及短路电流中含有的非周期分量和铁心剩磁引起的暂态饱和。区外故障时，电流互感器发生饱和会影响差动保护的正确动作。

4. 电流互感器的二次回路断线

对于线路保护，线路一侧的电流互感器二次回路发生断线不会导致差动保护误动；遇区外故障时，差动保护可能会误动。

5. 光纤通道的可靠性

光纤差动保护对光纤通道的依赖性强，要求通道不中断、误码率要低、通道不能自环或交叉、双向传输延时要相等。复用光纤要与通信部门配合，需进一步加强配合和管理。

以上问题解决得好与坏，直接影响光纤纵差保护动作的正确性，也是衡量各供应商的线路光纤纵差保护装置性能先进性的依据。

4.2* 平行线路横联差动方向保护

4.2.1 横联差动方向保护的工作原理

横差方向保护：是用于平行线路的保护装置，它装设于平行线路的两侧。其保护范围为双回线的全长。横差方向保护的动作原理是反应双回线路的电流及功率方向，有选择性地瞬时切除故障线路。

1. 正常运行及外部发生短路

正常运行及外部发生短路时，两线路中的电流相等。两电流互感器差回路中的电流仅为很小的不平衡电流，小于继电器的启动电流，电流继电器不会启动。

2. 内部故障时

内部故障时，在线路 XL－1 的 d 点发生短路，M 侧电流继电器中的电流，如图 4-3 所示。

$$\dot{I}_{\text{j}}=\frac{1}{n_{\text{TA}}}(\dot{I}_{\text{dxl}-1}-\dot{I}_{\text{dxl}-2}) \tag{4.9}$$

当 $I_{\text{j}}>I_{\text{dz}}$ 时，电流继电器 1 动作。

功率方向继电器 2 承受正方向功率动作，功率方向继电器 3 承受负功率不动作，因而跳开 1QF。

线路 N 侧流过差回路中的电流

$$\dot{I}_{\text{j}}=\frac{2}{n_{ta}}\dot{I}'_{\text{dxl-1}} \tag{4.10}$$

当 $I_{\text{j}}>I_{\text{dz}}$ 时，电流继电器动作。

功率方向继电器 2′承受正功率，接点闭合，跳开 3QF 瞬时切除故障线路 XL—1 横差保护退出工作，非故障线路 XL—2 继续运行。

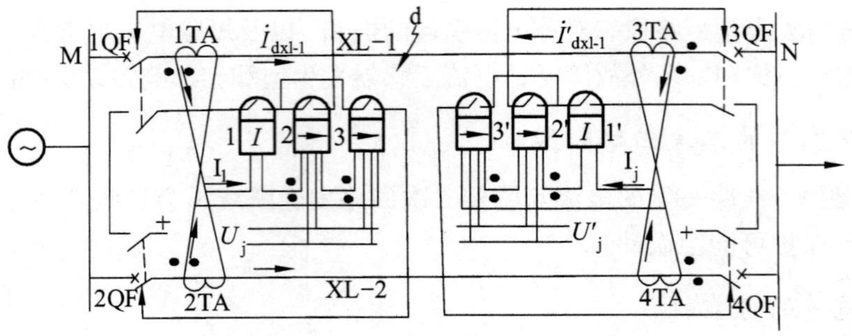

图 4-3 横差方向保护原理图

4.2.2 横联差动方向保护的相继动作区和死区

1. 相继动作区

相继动作：线路两侧保护装置先后动作切除故障的方式。
相继动作区：产生相继动作的范围。

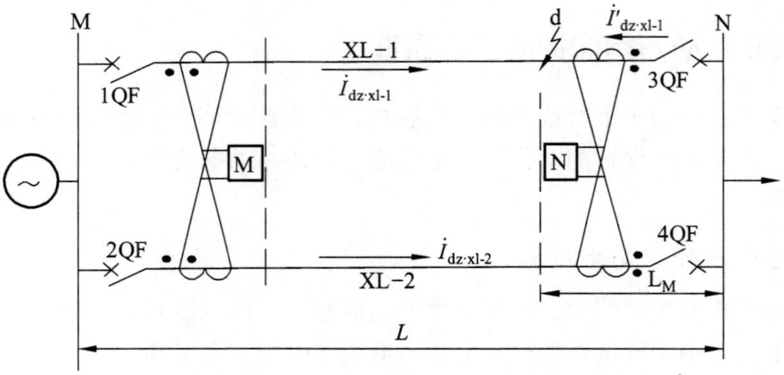

图 4-4 横联差动方向保护相继动作区示意图

2. 相继动作区长度的计算

假设相继动作区的临界点 D 的短路电流与 N 侧母线上的短路时的短路电流相等：

$$\dot{I}_{dN}=\dot{I}_{dz\cdot xl-1}+\dot{I}'_{dz\cdot xl-1} \tag{4.11}$$

M 侧保护中启动元件的一次动作电流为

$$\dot{I}_{dz\cdot M}=\dot{I}_{dz\cdot xl-1}-\dot{I}_{dz\cdot xl-2} \tag{4.12}$$

依据电压平衡方程式

$$\dot{I}_{dz\cdot xl-1}Z_1(L-L_M)=\dot{I}'_{dz\cdot xl-1}Z_1L_M+\dot{I}_{dz\cdot xl-2}Z_1L$$

$$(\dot{I}_{dz\cdot xl-1}-\dot{I}_{dz\cdot xl-2})L=(\dot{I}_{dz\cdot xl-1}+\dot{I}'_{dz\cdot xl-1})L_M$$

$$L_M=\frac{\dot{I}_{dz\cdot M}}{\dot{I}_{dN}}L \tag{4.13}$$

相继动作区的长度用百分数表示：

$$L_M\% = \frac{L_M}{L} \times 100\% = \frac{\dot{I}_{dz \cdot M}}{\dot{I}_{dN}} \times 100\% \tag{4.14}$$

两侧保护相继动作区的总长度不得大于被保护线路总长的 50%。

3. 死区

功率方向继电器采用 90° 接线，但当出口发生三相短路时，母线残压为零，功率方向继电器不动作，这种不动作的范围称为死区。死区在本保护出口，在对侧保护的相继动作区内。在死区内发生三相短路，两侧横差保护都不能动作。死区的长度不允许大于被保护线路全长的 10%。

4.2.3 横联差动方向保护的整定计算

1. 电流继电器的动作电流

（1）按躲开外部短路最大不平衡电流整定

$$I_{dz} = K_k I_{bp \cdot max} = K_k (I'_{bp \cdot max} + I''_{bp \cdot max}) \tag{4.15}$$

式中 $I'_{bp \cdot max}$——电流互感器 10%误差引起的最大不平衡电流 $I'_{bp \cdot max} = K_{TA} \cdot K_{fz} \cdot K_{tx} \cdot I_{d \cdot max}$；

$I''_{bp \cdot max}$——两回输电线路参数不同引起的最大不平衡电流。

电流继电器的启动电流

$$I_{dz \cdot j} = \frac{I_{dz}}{n_{TA}} \tag{4.16}$$

（2）躲开单回线运行时的最大负荷电流

$$I_{dz \cdot j} = \frac{K_k}{K_h} I_{fh \cdot max} \tag{4.17}$$

2. 灵敏度校验

在相同灵敏系数点发生故障时，要求保护的灵敏度为 2，即

$$K_{lm} = \frac{I_{d \cdot M}}{I_{dZ \cdot M}} = \frac{I_{d \cdot N}}{I_{dZ \cdot N}} \geqslant 2 \tag{4.18}$$

4.2.4 横联差动方向保护的优缺点及应用范围

优点：能够迅速而有选择性地切除平行线路上的故障，实现起来简单、经济，不受系统振荡的影响。

缺点：存在相继动作区，当故障发生在相继动作区时，切除故障的时间增加 1 倍。保护装置还存在死区。需加装单回线运行时线路的主保护和后备保护。

应用：适用于 66 kV 及以下的平行线路上。

第 5 章　变压器保护

城市轨道交通的安全正常运行，离不开变压器的可靠运作与合理配合，在大部分轨道交通系统中，根据变压器的技术参数和适用范围，分别将其设置在城市轨道交通主变电所系统、牵引变电系统、变配电系统三部分。在各部分中，根据功能不同，大致将变压器分为主变压器，隔离变压器，接地变压器，动力（配电）/跟随变压器和整流变压器。本章针对变压器的常见故障及不正常运行状态，介绍了油浸式变压器以及干式变压器的保护配置。

5.1　变压器的原理

5.1.1　变压器的作用和原理

变压器是利用电磁感应定律把一种电压等级的交流电能转换成同频率的另一种电压等级的交流电能的电气设备。由于变压器是利用电磁原理工作的，因此它的结构原则是：两个或两个以上互相绝缘的绕组套在一个共同的铁心上，它们之间有磁的耦合。

变压器以磁场为媒介，通常两个绕组中一个接到交流电源，称为一次绕组，简称一次侧。另一个接到负载，简称二次侧。当一次侧接到交流电源时，在外施电压下，一次绕组中有交流电流流过，并在铁心中产生交变磁通，其频率和外施电压的频率一样，这个交变磁通同时交链一次、二次绕组，根据电磁感应定律，便在一次、二次绕组内产生感应电动势。

如图 5-1 中，在闭合的铁心上，绕有两个互相绝缘的绕组，N_1 为一次侧绕组的匝数，N_2 为二次侧绕组的匝数。当交流电压 U_1 加到一次侧绕组后，有电流 I_1 通过该绕组，在铁心中产生交变磁通 $\varPhi$ 。交变磁通穿过一次侧绕组，同时也穿过二次侧绕组，两个绕组生分别产生感应电动势 E_1 和 E_2 。如果二次侧绕组与外电路的负荷接通，便有电流 I_2 流入负荷，即二次侧绕组有电能输出。其中 $E_1/E_2 = N_1/N_2$

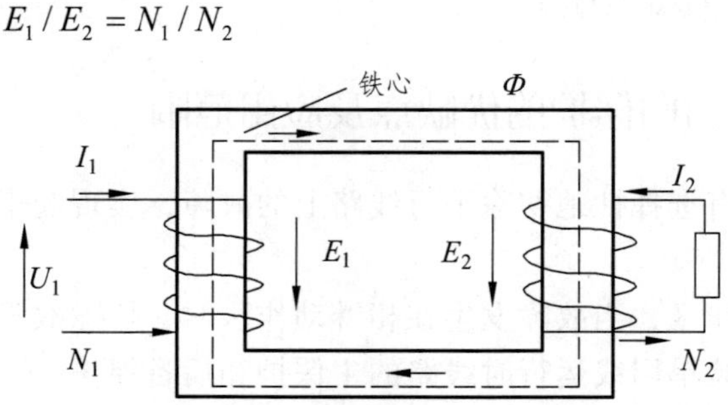

图 5-1　单相变压器原理图

5.1.2 变压器的参数

变压器的型号：型号表示变压器的结构特点、额定容量和高压侧的电压等级等，如图 5-2 所示。

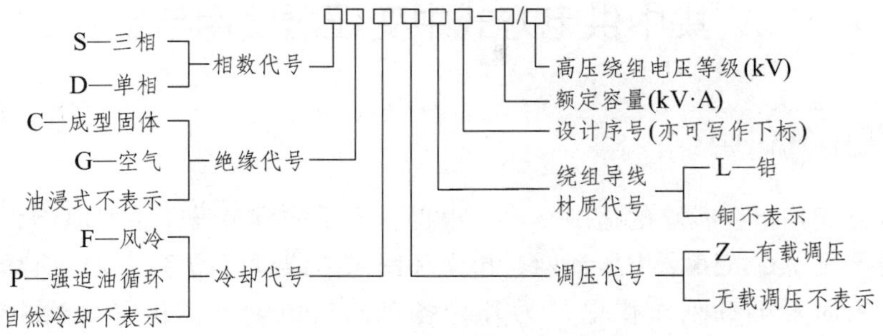

图 5-2 变压器的型号

例如，变压器型号 SL9-800/10，“S”表示“三相”，“L”表示绕组采用“铝线”，无冷却代号则为自然冷却方式，无绝缘代号则表示油浸式，故该变压器是“三相铝绕组油浸式自冷变压器”，设计序号为 9，额定容量为 800 kVA，高压绕组电压等级为 10 kV。变压器型号 S9-100/10，表示一台三相铜绕组油浸式自冷变压器，设计序号为 9，额定容量为 100 kVA，高压绕组电压等级为 10 kV。SZ-31500/110 表示三相有载调压，额定容量为 31 500 kVA，高压绕组电压等级为 110 kV 电力变压器。

在型号后可加注防护型代号，TH 为湿热型；TA 为干热型。例如，SZ-31500/110 表示三相有载调压，额定容量为 31 500 kVA，高压绕组额定电压为 110 kV 电力变压器。

额定容量：指变压器在额定电压、额定电流下连续运行时，能输送的容量。

变压器按其额定容量可分为：小型变压器（1 600 kVA）、中型变压器（1 600 ~ 6 300 kVA）、大型变压器（8 000 ~ 63 000 kVA）和特大型变压器（大于 63 000 kVA）。城轨变电所中一般使用 40 000 kVA 左右的油变做为主变压器，牵引变与配电变的容量多为 20 000 kVA 左右的干式变压器。

额定电压：指变压器长时间运行时能承受的工作电压，一般以 kVA 表示。

额定电流：指变压器在额定容量下，允许长期通过的线电流。

空载电流：主变压器一次绕组接入额定电压，二次绕组开路时，流过一次绕组的电流，称之为空载电流 I_o，通常以其与额定电流 I_e 之比的百分数表示，一般只有 I_e 的 1% ~ 5%，大型变压器在 I_e 的 1% 以下。

空载损耗（铁损）：对应与变压器空载运行状态下，变压器产生的有功功耗，称之为变压器的空载损耗 P_o。空载损耗由两部分组成，即空载电流 I_o 流经一次绕组在其电阻 R_1 上的有功功率和磁通在铁心中引起的损耗，由于 I_o 很小，I^2R_1 可以忽略不计。因此，空载损耗主要为铁心中引起的损耗，故空载损耗又称为铁损。

负载损耗（铁损）：当变压器一次绕组接到额定电压上，二次绕组接上负载时，在一、二次绕组内就有负载电流 I_2' 和 I_2，变压器就进入负载运行状态。负载电流经过一、二次绕组时，在其导线内产生的电阻损耗称为变压器的负载损耗。实际上的负载损耗还包括导线的涡流损耗、环形损耗、引线损耗等附加损耗。

阻抗电压：指变压器二次绕组短路，一次绕组上所施加的电压，使一次绕组达到绕组额定电流值时的电压与一次绕组额定电压的百分比值。

5.2 集中供电方式中变压器使用与配合

5.2.1 集中式供电

集中供电方式是指在线路的适中站位，根据总容量的要求设置主变电所，由发电厂或城市变电所进线形成 AC 35 kV 中压环网，再由环网供沿线设置的牵引变电所降压整流为直流电 1 500 V，从而对电动列车供电。另外，各车站机电设备需由降压变电所降压为 AC 380 V/220 V 对动力、照明等供电。除北京地铁外，全国其余地铁公司的大部分线路采用的是集中供电方式。全线每座车站均设置降压变电所，在有牵引变电所的车站合建为牵引降压混合变电所，在没有牵引变电所的车站应设置独立的降压变电所，在规模较大的地下车站设置跟随式降压变电所。

5.2.2 变压器的使用与配合

在轨道交通主变电所系统、牵引变电系统、变配电系统中，配电变压器的使用范围最广，数量最多，也是唯一在三个系统都能找到的变压器。每个降压变电所都设置两台动力变压器，分别接在两段 35 kV 单母线上，两段单线采用断路器分段形式，配电变压器将 AC 35 kV 中压电降为 AC 380 V/220 V 低压电，向车站和区间的各种动力和照明设备供电。在跟随所中，跟随变压器将以同样形式再接一对，这样便可增加全所二次负荷的负载容量。

整流变压器安设在牵引变电系统中，在保持上述接线前提下，两台整流变压器，直接接在同段 35 kV 单母线上，将 35 kV 母线电压降为 1 180 V 电压，再通过整流，输出 DC 1 500 V 电压，保证地铁运行供电。对于这两种变压器多数城轨系统都采用树脂绝缘的干式变压器，一般采用空气自然冷却，也可配置风冷系统。

主变压器设置在主所内系统，每座主变电所设两台，两台主变压器为分列运行，互为备用，每台主变压器容量满足其供电范围内的牵引负荷一、二级负荷用电需求。主变电所将来自于城市电网的高压电源，降压为城轨使用的中压，供给牵引供电系统和变配电系统。主变电所中的主变压器一般采用有载调压的降压变压器，其容量应能满足：正常运行时，每台主变压器容量应承担其供电区域内的全部一、二、三级负荷的供电；当一台主变压器退出运行时，由另一台主变压器承担本所供电区域的一、二级负荷供电，以前多采用油浸式变压器，但由于油浸式变压器的维护复杂，部分地铁公司（如苏州）采用干式变压器作主变压器，深圳地铁的部分线路由于主所在地下采用了 GIT（气体变压器）为主变压器。

AC 110 kV 侧采用线路变压器组接线，AC 35 kV 侧采用单母线分段接线，设母线分段开关，正常运行时母线分段开关打开。主变压器的连接组别有下面三种：

（1）YY：谐波比例高，二次侧有中性点，有零序，需配 SVG 与有源滤波消谐，兰州地铁等少数几家采用。

（2）YDY：二次侧 D 绕组悬空消除三次谐波，二次侧 Y 绕组带负载，输出 35 kV 线电压，有中性点，有零序，变压器复杂，广州等多家公司采用。

（3）YD：二次侧 D 绕组带负载，消谐，无中性点，需配接地变，无锡等多家公司采用。

牵引变：每个牵引所内的两台牵引变使用延边三角 + YD 的接法，两个牵引变分别为一个左行，一个右行。

配电变：DY 接法。

接地变：只针对无中性点的 35 kV（10 kV）中压网络，ZY 接法，生成中性线，为系统提供足够的零序电流和零序电压，使接地保护可靠动作。

5.2.3 变压器作用

主变压器：主变压器的作用是将从城市电网引进的 AC 110 kV 电源降压为 AC 35 kV 电源供入轨道 35 kV 环网。

接地变压器：电网中主变压器配电电压侧一般为 Z 形接法，没有可供接地电阻的中性点。接地变压器就是为提供足够的零序电流和零序电压，使接地保护可靠动作，人为建立一个中性点，以便在中性点接入接地电阻。

动力（配电）/跟随变压器：将 AC 35 kV 环网电源降压为 AC 400 V 站用电源，为各站和主所的二次负荷提供电能。

整流变压器：将 AC 35 kV 环网电源降压为 AC 1 180 V，再经过整流器整流，为地铁运行提供 DC 1 500 V 电源。

5.3 变压器的故障和不正常运行状态

变压器故障对电力系统的安全连续运行会带来严重影响，特别是大容量变压器的损坏，对系统的影响更为严重。目前地铁主变电所中的主变压器广泛使用的是油浸变压器。

对变压器的运行工作状态的分析是建立变压器保护的基础。变压器的运行工作状态一般分为正常工作状态、不正常工作状态及故障状态。

油浸式变压器不正常工作状态，主要有外部短路引起的过电流、过负荷、油箱漏油引起的油位下降、冷却系统故障、变压器油温升高、外部接地短路引起中性点过电压、绕组过电压和频率降低引起过励磁等。

油浸式变压器故障分为油箱内故障和油箱外故障。油箱内故障主要有绕组的相间短路、接地短路、匝间短路以及铁心烧损等。油箱内故障产生的高温电弧，不仅会损坏绝缘、烧毁铁心，而且由于绝缘材料和变压器油受热分解产生大量气体，有可能会引起变压器油箱爆炸。所以继电保护应尽可能快地切除这些故障。

油箱外故障主要有套管和引出线上的相间短路及接地短路。当变压器外部故障时，线圈中将流过较大短路电流，会使变压器温度上升。变压器长时间过负荷运行，也将引起线圈和铁心过热。因此，由外部短路而引起的过电流和长时间过负荷都将影响变压器的正常运行。

5.4 变压器保护配置

5.4.1 变压器保护的基本要求

对变压器保护的基本要求有三方面：

（1）在变压器发生故障时应将它与所有电源断开。

（2）在母线或其他与变压器相连的元件发生故障，而故障元件本身断路器未能断开的情况下，能使变压器与故障部分分开。

（3）当变压器过负荷、油面降低、油温过高时，应能发出报警信号。

对应以上要求，变压器保护应配置主保护、相邻元件短路故障的后备保护及异常报警的保护。同时应配有非电量保护。

5.4.2 油浸式变压器的保护配置

变压器继电保护的任务就是反应上述故障或异常运行状态，并通过断路器切除故障变压器，或发出信号告知运行人员采取措施消除异常运行状态。变压器保护配置如下：

（1）瓦斯保护。反应油箱内故障和油面下降。容量为 800 kVA 及以上的室外油浸式变压器、容量为 400 kVA 及以上的室内油浸式变压器，按规定应装设瓦斯保护。当油箱内故障产生轻微瓦斯或油面下降时，应瞬时动作于信号；当产生大量瓦斯时，应动作于断开变压器各侧断路器。

（2）比率差动以及纵差动保护和电流速断保护。反应变压器绕组和引出线的相间短路、中性点直接接地侧绕组和引出线的接地短路、绕组匝间短路，保护瞬时动作于断开变压器的各侧断路器。但是对于变压器内部的部分短路故障，如绕组很少的匝间短路故障，绕组的开焊故障，纵差动保护和电流速断保护是反映不了的，即存在保护死区。对于 10 MVA 及以上单独运行的变压器应装设差动保护；对于 10 MVA 以下变压器且过流时限大于 0.5 s 时应装设电流速断保护，当灵敏度不能满足要求时应装设差动保护。

（3）相间短路后备保护。反应外部相间短路引起的过电流和作为气体保护、纵差保护或电流速断保护的后备保护。例如，过电流保护、低电压启动的过电流保护、复合电压启动的过电流保护、负序过电流保护等。保护动作后应带时限动作于跳闸。

（4）零序保护。用于反应变压器高压侧（或中压侧），以及外部元件的接地短路。变压器中性点直接接地运行，应装设零序电流保护；变压器中性点可能接地也可能不接地运行，应装设零序电流、电压保护。

（5）过负荷保护。反应变压器过负荷。过负荷保护应接于一相电流上，带时限动作于信号。在无经常值班人员的变电所，必要时过负荷保护可动作于跳闸或断开部分负荷。

（6）过励磁保护。反应 500 kV 及以上变压器过励磁。由于现代大型变压器的额定磁密近于饱和磁密，频率降低或电压升高时容易引起变压器过励磁，导致铁心饱和，励磁电流剧增，铁心温度上升，严重过热会使变压器绝缘劣化，寿命降低，最终造成变压器损坏。

（7）除了上述反应电气量特征的保护以外，变压器通常还装设反应油箱内油、气、温度等特征的非电量保护，主要包括变压器本体和有载调压部分的油温保护、变压器的压力释放保护、变压器带负荷后启动风冷的保护、过载闭锁带负荷调压的保护等。

5.4.3 干式变压器的保护配置

瓦斯保护动作机理是由于内部短路产生电弧，电弧将击穿绝缘油，产生瓦斯气体。因此，瓦斯保护对于油浸式变压器来说是有意义的。与油浸式变压器不同的是，对于干式变压器，根本没有绝缘油的存在，谈不上瓦斯保护。但是对于干式变压器，需要加强的是温度保护，以确保变压器线圈绝缘状况。因此干式变压器一般设置了两个层次的温度保护：低温报警、高温跳闸，具体温度值的设定可根据变压器厂家的说明来进行。

对于油浸式变压器，也有温度保护，但大多数是采用带电接点的温度计来实现的，信号也只是动作于报警，精度较差。干式变压器的温度保护直接采用埋在线圈内部的测量元件来实现，通过测温装置不但可以输出报警或者跳闸信号，还可以通过数字表指示当前温度，精度要高得多。

干式变压器配置有变压器柜门闭锁保护。

（1）干式变压器的外壳有 4 个（或两个）行程开关输出的常开接点全部串联到高压的合闸回路里，即任何一个门没有关闭到位，变压器无法合闸送电。行程开关的常闭接点并联，任何一个动作可发出信号。

（2）高压开关（或 GIS）的接地刀闸（接地状态时）的常闭接点，串联到变压器外壳上的带电指示器的电源里，接地刀闸接地后常闭带电后门打开。

因此干式变压器主要配置的保护有：电流速断保护、温度保护、过电流保护、零序电流保护、过负荷保护、过励磁保护、冷却器失灵保护、门打开跳闸等。

下面以某地铁为例，简要说明一下动力变压器与整流变压器配置的保护。

1. 动力变压器保护功能设置

1）非电量保护（温度保护）

（1）超温报警：

绕组单相（A/B/C 其中一相）温度超过 130°；

铁心温度超过 130°。

（2）超温跳闸：

绕组温度超过 150°（注意：需要两相及以上都超温）；

铁心超温未设置保护跳闸；

变压器开门报警。

2）电量保护

动力变压器保护种类设置如表 5-1 所示。

表 5-1 动力变压器保护种类设置

序号	保护名称	对应保护装置名称	整定值	延时/s	动作情况	保护单元型号
1	速断	相瞬时过电流高定值 1	3.89	0.05	跳闸	F650
2	过流	相瞬时过电流低定值 1	0.72	0.25	跳闸	F650
3	零序过流	外接零序瞬时过电流 1	0.25	0.25	跳闸	F650
4	过负荷	相延时过电流高定值 1	0.23	60	报警	F650

2. 整流变压器保护功能设置

1）非电量保护（温度保护）

整流变压器温度保护（与动力变压器类似）设置如表 5-2 所示。

表 5-2 整流变压器温度保护设置

序号	保护名称	整定值	保护动作情况	备注
1	铁心温度报警	130°	只报警	
2	绕组超温报警	130°	报警	
3	绕组超温跳闸	150°	跳闸	需两相都高于 150° 时才跳闸

2）电量保护

整流变压器保护种类的设置如表 5-3 所示。

表 5-3 整流变压器保护种类设置

序号	保护名称	对应保护装置名称	整定值	延时/s	动作情况	保护单元型号
1	速断	相瞬时过电流高定值 1	4.99	0.05	跳闸	F650
2	过流	相瞬时过电流低定值 1	1.63	0.25	跳闸	F650
3	零序过流	外接零序瞬时过电流 1	0.54	0.25	跳闸	F650
4	重过负荷	相延时过电流高定值 1	1.36	60	跳闸	F650
5	轻过负荷	相延时过电流低定值 1	0.68	7 200	报警	F650

5.5 变压器的电量保护原理

5.5.1 比率差动保护

比率差动的含义是差动保护比率制动，但当区外故障时，有可能出现强大超量程电流流过线路两端的两个流互，这样两个流互由于一次侧的饱和的不同会造成对同样的超量程电流测出不一样的值，这种二次侧差流的存在会引起保护的误动，这时，保护单元应能闭锁保护功能，这称之为制动，当区外故障造成的穿越性电流越大时，闭所越灵敏，这就是比率制动的含义。比率制动保护反映变压器内部相间短路故障、高（中）压侧单相接地短路及匝间层间短路故障，该保护需要考虑励磁涌流和过励磁运行工况，同时也要考虑 TA 断线、TA 饱和、TA 暂态特性不一致的情况。

由于变压器联结组不同和各侧 TA 变比的不同，变压器各侧电流幅值相位也不同，差动保护首先要消除这些影响。该保护装置利用数字的方法对变比和相位进行补偿，以下说明均基于已消除变压器各侧电流幅值相位差异的基础之上。

1. 比率差动动作方程

当 $I_{res} \leqslant I_{res.0}$， $I_{op} > I_{op.0}$

当 $I_{res.0} < I_{res} \leqslant 6I_e$， $I_{op} \geqslant I_{op.0} + S(I_{res} - I_{res.0})$

当 $I_{res} > 6I_e$， $I_{op} \geqslant I_{op.0} + S(6I_e - I_{res.0}) + 0.6(I_{res} - 6I_e)$ （5.1）

I_{op} 为差动电流， $I_{op.0}$ 为差动最小动作电流整定值， I_{res} 为制动电流， $I_{res.0}$ 为最小制动电流整定值，S 为比率制动系数整定值，各侧电流的方向都以指向变压器为正方向。

对于两侧差动：

$$I_{OP} = |\dot{I}_1 + \dot{I}_2| \tag{5.2}$$

$$I_{res} = \frac{|\dot{I}_1 - \dot{I}_2|}{2} \tag{5.3}$$

$\dot{I}_1$， $\dot{I}_2$ 分别为变压器高、低压侧电流互感器二次侧的电流。

对于三侧及以上数侧的差动：

$$I_{OP} = |\dot{I}_1 + \dot{I}_2 + \cdots + \dot{I}_k| \tag{5.4}$$

$$I_{res} = \max[|\dot{I}_1|, |\dot{I}_2|, \cdots, |\dot{I}_k|] \tag{5.5}$$

式中： $3 \leqslant K \leqslant 4$， $\dot{I}_1, \dot{I}_2, \cdots, \dot{I}_k$ 分别为变压器各侧电流互感器二次侧的电流。

2. 比率差动动作特性

比率差动动作特性如图 5-3 所示：

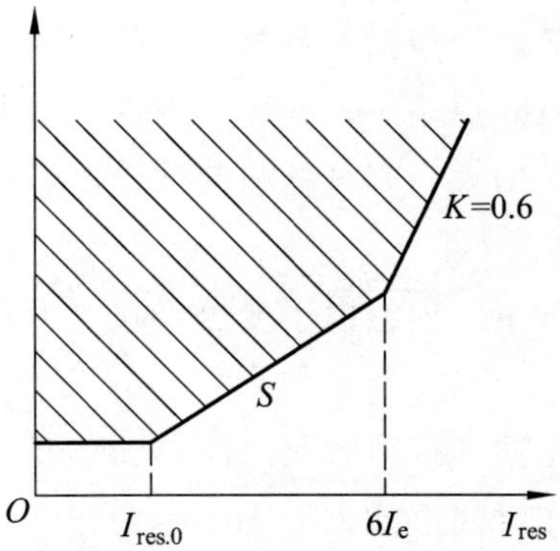

图 5-3 比率差动动作特性

动作区：在 $I_{res.0}$ 范围内，由于电流小于最小制动电流，因此在此范围内，只要电流大于最小动作电流 $I_{op.0}$，差动保护动作；当电流大于 $I_{res.0}$ 点时，由于电流大于最小制动电流，此时保护开始进行比率制动运算，曲线抬高，此时只有当电流在比率制动曲线以上时比率差动保护才会动作。因此，图中阴影部分，即差动保护的动作区。

制动区：当电流在落在曲线以下而大于最小动作电流的时候，由于受比率制动系数的制约，保护不动作，这个区域就是差动保护的制动区。

比率制动系数 S：就是图 5-3 中斜线的斜率，一般整定为 0.2 ~ 0.6。

5.5.2 纵差动保护或电流速断保护

纵差动保护：对于容量为 6 300 kVA 及以上的变压器、发电厂用工作变压器和并列运行的变压器、10 000 kVA 及以上的发电厂厂用备用和单独运行的变压器，应装设纵差动保护。纵差动保护是变压器的电气主保护，由于变压器在电力系统中占有重要地位，纵差动保护必须满足如下要求：

（1）能反应保护区内各种相间和接地短路故障。

（2）动作速度快，一般动作时间不能大于 30 ms。

（3）在变压器空载合闸或外部故障切除后电压恢复期间产生励磁涌流时不应误动作。

（4）在变压器过励磁时，纵差动保护不应该动作。

（5）发生外部故障时电流互感器饱和应可靠不动作。

（6）保护区内故障时，电流互感器饱和，纵差动保护不应拒动或延时动作。

（7）保护区内发生短路故障，在短路电流中含有谐波分量时，纵差动保护不应拒动或延时动作。

电流速断保护：用于对于容量为 10 000 kVA 以下的变压器，当后备保护的动作时限大于 0.5 s 时，应装设电流速断保护。

对于 2 000 kVA 以上的变压器，当电流速断保护的灵敏性不能满足要求时，也应装设纵差动保护。纵差保护用于反应电力变压器绕组、套管及引出线发生的短路故障，其保护动作于跳开变压器各电源侧断路器并发相应的信号。

电力变压器可能发生的内部故障包括：各侧绕组的相间短路故障，中性点直接接地的变压器的单相接地短路，绕组的匝间短路等。变压器内部的各种短路都将产生电弧，引起主绝缘烧毁，绝缘油分解，内部油压增大，有可能引起油箱爆炸起火。因此，对变压器内部故障应尽快切除。

纵差动保护是变压器的电气主保护，由于变压器在电力系统中占有重要地位，纵差动保护必须满足如下要求：

（1）能反应保护区内各种相间和接地短路故障。

（2）动作速度快，一般动作时间不能大于 30 ms。

（3）在变压器空载合闸或外部故障切除后电压恢复期间产生励磁涌流时不应误动作。

（4）在变压器过励磁时，纵差动保护不应该动作。

（5）发生外部故障时电流互感器饱和应可靠不动作。

（6）保护区内故障时，电流互感器饱和，纵差动保护不应拒动或延时动作。

（7）保护区内发生短路故障，在短路电流中含有谐波分量时，纵差动保护不应拒动或延时动作。

5.5.3 变压器纵联差动保护的基本原理

差动保护分为纵联差动和横联差动，变压器保护中应用的是纵联差动保护（以下简称为差动保护），差动保护是依据被保护设备两端电流的向量差构建的保护，其原理接线如图 5-4 所示。

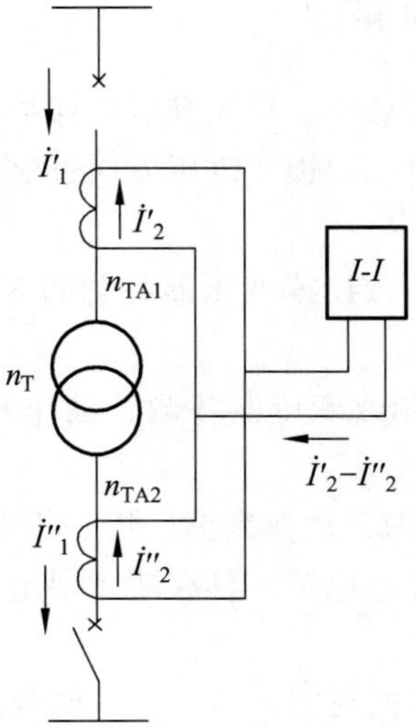

图 5-4 差动保护原理接线图

在双绕组变压器两侧装设电流互感器，互感器根据极性接成电流差的形式。流入差动元件的电流为 $\dot{I}'_2-\dot{I}''_2$，当变压器正常运行或者是电流互感器之外故障时 $\dot{I}'_2-\dot{I}''_2=0$，差动保护不动作；当差动保护区内故障时，$\dot{I}'_2-\dot{I}''_2>0$，差动保护动作，发出跳闸信号，变压器两侧断路器分闸，对变压器起到保护作用。

由于变压器高压侧和低压侧的额定电流不同，所以必须适当选择两侧电流互感器的变比，使得在正常工作时和外部故障时两侧的二次电流相等。即

$$\dot{I}'_2=\dot{I}''_2=\frac{\dot{I}'_1}{n_{TA1}}=\frac{\dot{I}''_1}{n_{TA2}} \tag{5.6}$$

即

$$\frac{n_{TA2}}{n_{TA1}}=\frac{\dot{I}''_1}{\dot{I}'_1}=n_T \tag{5.7}$$

式中，n_{TA1} 为高压侧电流互感器的变比；n_{TA2} 为低压侧电流互感器的变比；n_T 为变压器的变比。

因此这种按相实现的差动保护，其电流互感器变比的选择原则是两侧电流互感器变比的比值等于变压器的变比。差动速断逻辑框图如图 5-5 所示。

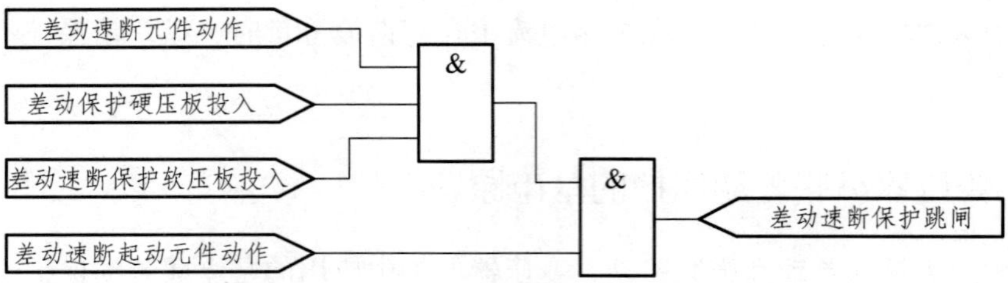

图 5-5 差动速断逻辑框图

5.5.4 复合电压闭锁过流保护

为了提高变压器过流保护的灵敏度，扩大其后备保护的作用范围，通常过流保护要经过复合电压闭锁，即负序电压和低电压闭锁。复压方向过流保护是由过流元件、复压元件和方向元件组成。

低电压元件，电压取自本侧的 YH 或变压器各侧的 YH。动作判据：动作值小于低电压元件整定值。

负序电压元件，电压取自本侧或变压器各侧，动作判据：动作值大于负序电压元件整定值。

过流元件，电流取自本侧的 LH，动作判据：任一相电流大于过流定值。

方向闭锁的复合电压闭锁的过流保护，具有两时限出口：第一时限出口跳分段开关；第二时限跳主变各侧开关。

零压闭锁零序电流保护，具有两时限出口：第一时限出口跳分段开关；第二时限跳主变各侧开关。

复合电压闭锁过流保护逻辑框图如图 5-6 所示。

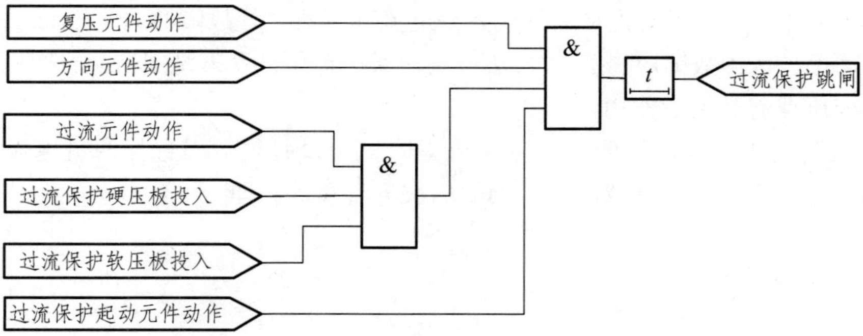

图 5-6 复合电压闭锁方向过流保护

电力系统出现故障时常伴随的现象是电流的增大和电压的降低，过流保护就是通过系统故障时电流的急剧增大来实现的。但是由于大型设备、机械的启动也会造成电流的瞬间增大，有可能造成开关的误动，为了防止其误动，在保护中增加低电压元件，将 PT 电压引入保护装置中，构成低电压闭锁过流，只有在“电流的增大和电压的降低”这两个条件同时满足时才出口跳闸。在将过流保护用于变压器的后备保护用时，再增加一个负序电压元件，作为一个闭锁条件，这样就构成了复合电压闭锁过流。

5.5.5 相间短路的后备保护

相间短路的后备保护用于反应外部相间短路引起的变压器过电流，同时作为瓦斯保护和纵差保护（或电流速断保护）的后备保护，其动作时限按电流保护的阶梯形原则来整定，延时动作于跳开变压器各电源侧断路器，并发相应信号。一般采用过流保护、复合电压启动过电流保护或负序电流单相低电压保护等。

5.5.6 变压器零序保护

变压器零序保护适用于 110 kV 及以上电压等级的变压器。主变压器零序保护由零序电流、零序电压、间隙零序电流元件构成。根据变压器中性点接地方式的不同，设置不同的保护形式。

1. 变压器中性点直接接地时的保护

变电站单台或并列运行的变压器中性点接地运行时，其接地保护一般采用零序电流保护，可从变压器中性点处零序电流互感器上取得零序电流。正常情况下，零序电流互感器中没有电流，当发生接地短路时，有零序电流通过，使零序保护动作。一般零序电流保护方式由两段构成。

2. 中性点可接地也可不接地运行的变压器零序保护

为了限制短路电流并保证系统中零序电流的大小和分布不受系统运行方式变化的影响，变电站中通常只有部分变压器的中性点接地。变压器中性点不接地的运行方式有时根据需要也可以切换为中性点接地运行方式。

对于全绝缘变压器，除了装设零序电流保护作为变压器中性点直接接地运行时的保护外，还应增设零序电压保护，作为变压器中性点不接地运行时的保护。

中性点设有放电间隙的分级绝缘变压器，除了装设零序电流保护作为变压器中性点直接接地运行的保护外，还应增设零序电流电压保护，作为变压器中性点不接地运行时的保护。变压器中性点接地运行时，零序电流保护投入；变压器中性点如不接地运行，当电网发生单相接地故障且失去中性点时，中性点将出现零序电压，放电间隙击穿，间隙零序电流启动，跳开变压器，将事故切除，避免间隙放电时间过长。万一放电间隙拒动，则零序电压启动将变压器切除。

对中性点不设放电间隙的分级绝缘变压器，其中性点绝缘水平较低。为了防止中性点绝缘在工频过电压作用下损坏，当发生接地故障时，应采用零序电压保护先断开中性点不接地的变压器，后采用零序电流保护断开中性点接地的变压器。

对大电流接地系统中的变压器装设的接地零序电流保护，作为变压器主保护的后备保护及相邻元件接地短路的后备保护，如图 5-7 所示。正常情况下，$3I_0 = 0$，TA 中没有电流通过，零序电流保护不动作发生接地短路时出现零序电流，当它大于保护的动作电流时，电流继电器 KA 动作，经 KT 延时后，跳开变压器两侧断路器。零序电流保护的动作电流应大于该侧出线零序电流保护后备段的动作电流。保护的动作时限也要比后者大一个 Δt。

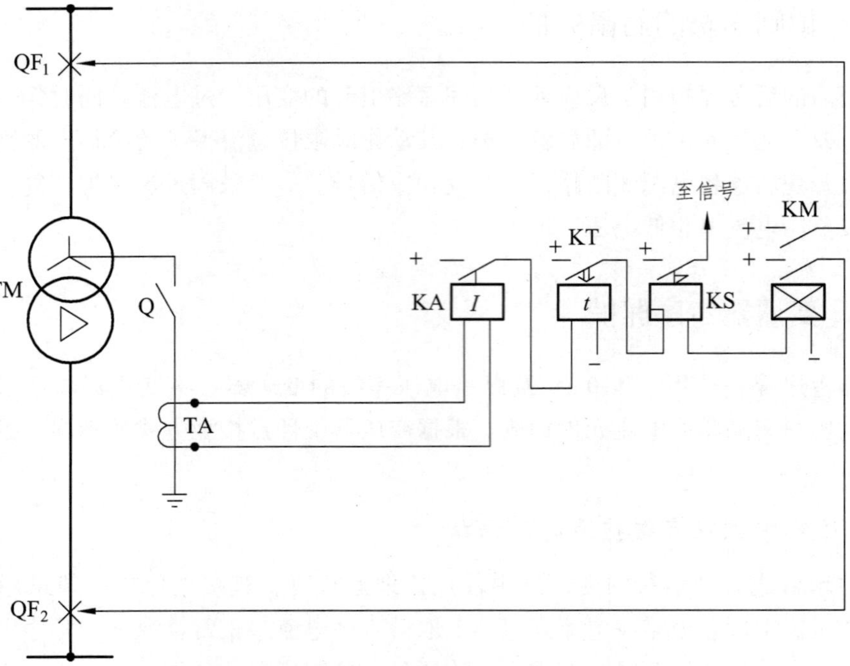

图 5-7　变压器零序电流保护原理接线图

5.5.7　过负荷保护

对于 400 kVA 以上的变压器，当数台并列运行或单独运行并作为其他负荷的备用电源时，应装设过负荷保护。过负荷保护通常只装在一相，其动作时限较长，延时动作于发信号。

（1）对双绕组升压变压器，装于发电机电压侧。

（2）对一侧无电源的三绕组升压变压器，装于发电机电压侧和无电源侧。

（3）对三侧有电源的三绕组升压变压器，三侧均应装设。

（4）对于双绕组降压变压器，装于高压侧。

（5）仅一侧电源的三绕组降压变压器，若三侧的容量相等，只装于电源侧；若三侧的容量不等，则装于电源侧及容量较小侧。

（6）对两侧有电源的三绕组降压变压器，三侧均应装设。

装于各侧的过负荷保护，均经过同一时间继电器作用于信号。

5.6　变压器的非电量保护原理

5.6.1　非电量保护的作用

非电量保护的作用如下：

（1）从变压器本体来的非电量信号（如轻瓦斯信号等）经过装置重动后给出中央信号、远方信号、事件记录三组接点，同时装置本身的 CPU 也可记录非电量动作情况。

（2）直接跳闸的非电量信号直接启动装置的跳闸继电器。

（3）对于需要延时跳闸的非电量信号，由装置经过设定的定值（延时时间）之后启动装置的跳闸继电器。

5.6.2 瓦斯保护

油浸式变压器的主保护除了差动保护，还有瓦斯保护（重瓦斯），瓦斯保护是一种非电气量保护。

非电气量保护是相对于变压器的电气量保护而言的，通过监测变压器的非电气量状态参数（如瓦斯气体、油温、油位等）及变压器辅助设备（如冷却器）的状态，判断变压器的运行状态和外部环境，从而达到保护的目的。

油浸式变压器是利用变压器油作为绝缘和冷却介质的，变压器油箱内部故障产生的电弧或内部某些部件发热时，使绝缘材料和变压器油分解产生气体（含有瓦斯成分），这些气体自油箱流向油枕上部，故障越严重，产生的气体越多，流向油枕的气流速度越快，油箱内部压力越大。利用气体上升、油面下降和气体压力构成的保护装置，称为气体保护，也称为瓦斯保护。

瓦斯保护分为轻瓦斯和重瓦斯。轻瓦斯主要反映变压器内部轻微故障和变压器漏油，动作于信号；重瓦斯主要反映变压器内部严重故障，作用于跳闸。

瓦斯保护在变压器油箱内部故障时，有着其他保护所不具备的优点。例如，变压器绕组匝间短路时，产生的电流值可能不足以使其他保护动作，而瓦斯保护能够灵敏动作发出信号或调整。瓦斯保护虽然动作迅速，灵敏度高，但它不能反映油箱外的引线和套管上的任何故障，因此必须与变压器纵差保护（或电流速断保护）配合，共同作为变压器的主保护。

瓦斯保护装置的主要元件是瓦斯继电器。它是一种气体继电器，安装在变压器油箱与油枕之间的连接导油管中，如图 5-8 所示。这样油箱内的气体必须通过瓦斯继电器才能流向油枕头。

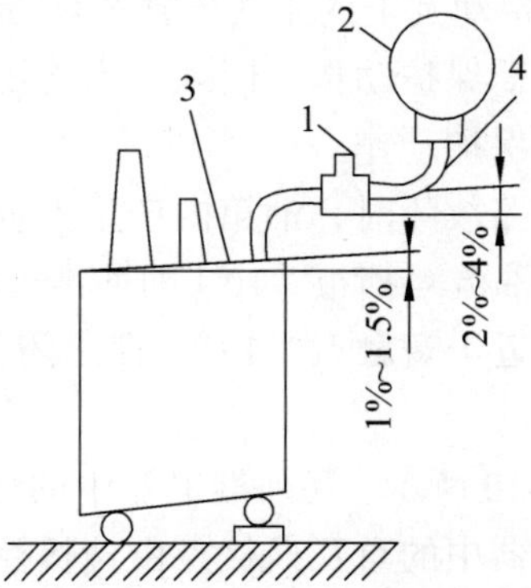

图 5-8 气体继电器安装示意图

1—瓦斯继电器；2—油枕；3—变压器顶盖；4—连接管道

为了使气体能够顺利地进入瓦斯继电器和油枕，变压器安装时应使顶盖沿瓦斯继电器方向与水平面保持 1% ~ 1.5% 的升高坡度，且要求导油管具有不小于 2% ~ 4% 的升高坡度。瓦斯继电器的形式较多，目前在我国电力系统中应用较广的是开口杯挡板式瓦斯继电器，其结构如图 5-9 所示。上部有一个附带永久磁铁 4 的开口杯（5），下部有一面附带永久磁铁（11）的挡板（10）。

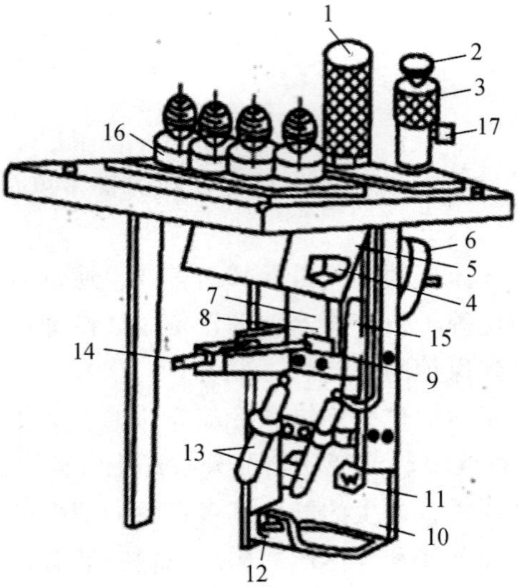

图 5-9　开口杯挡板式气体继电器

1—罩；2—顶针；3—气塞；4—永久磁铁；5—开口杯；6—重锤；7—探针；8—开口销；9—弹簧；10—挡板；11—永久磁铁；12—螺杆；13—干簧触点（重瓦斯用）；14—调节杆；15—干簧触点（轻瓦斯用）；16—套管；17—排气口

正常情况下，继电器内充满油，开口杯在油的浮力与重锤（6）的作用下，处于上翘位置，永久磁铁（4）远离干簧触点（15），干簧触点（15）断开。挡板（10）在弹簧（9）的保持下，处于正常位置，其附带的永久磁铁（11）远离干簧触点（13），干簧触点（13）断开。

当油浸式变压器油箱内发生轻微短路故障时，产生少量的气体由油箱进入继电器中，并聚集在其上部。随着气体量的增多，气体压力增加，迫使油面下降，上开口杯（5）逐渐露出油面，因失去平衡而绕轴落下，带动其上的永久磁铁（4）靠近上于簧触点（15），使之闭合，发出轻瓦斯动作信号，称为轻瓦斯保护动作。同理，当变压器油箱漏油比较严重时，也会出现上述相似的过程，引起轻瓦斯保护动作。

当变压器油箱内发生严重短路故障时，油箱内产生大量的气体，形成强烈油流，油流从油箱通过气体继电器冲向油枕，油流对挡板（10）的冲击力将克服弹簧（9）的作用力，挡板被冲动，带动永久磁铁（11）靠近干簧触点（13），使之闭合，重瓦斯动作，发出跳闸脉冲，断开变压器各侧的断路器。

瓦斯保护的原理接线如图 5-10 所示。瓦斯继电器中的轻瓦斯接点由开口杯控制，闭合后延时发出轻瓦斯信号。瓦斯继电器中的重瓦斯接点由挡板控制，动作后发出重瓦斯信号，并接通变压器各侧断路器的跳闸回路。

为防止瓦斯保护在变压器换油、瓦斯继电器试验、变压器新安装或大修后投入运行之初时误动作，出口回路设有切换片 XB，将 XB 断开，可使重瓦斯保护改为只发信号。

当变压器轻瓦斯保护信号动作后，应尽快查明原因，并做好记录。轻瓦斯动作的可能原因有以下几点：

（1）因变压器内部故障而产生少量气体。

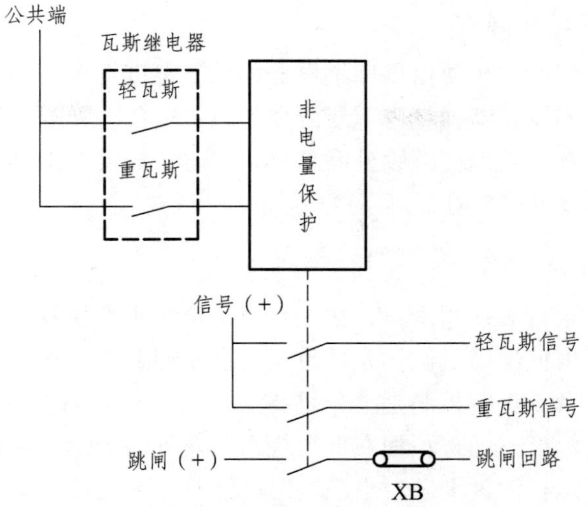

图 5-10　瓦斯保护的原理接线图

（2）因滤油、加油或冷却系统不严密，致使空气侵入变压器。

（3）因温度下降或漏油致使油位降低。

（4）二次回路故障误发信号。

（5）由于发生穿越性短路而引起。

轻瓦斯保护动作后的检查处理有以下几个方面：

（1）对变压器进行外部检查，油位、油温是否正常，有无异常漏油、喷油情况，有无检修人员工作，并注意表计有无变化，加强对变压器的监视。

（2）检查瓦斯继电器内是否充满油，若瓦斯继电器内存在气体时，则应从瓦斯继电器上部排气口收集气体，记录气量、鉴定气体的颜色及是否可燃，并取气样及油样进行色谱分析。若瓦斯继电器内的气体为无色，无臭而不可燃，色谱分析判断为空气，则变压器可继续运行。若气体是可燃的，色谱分析其含量超过正常值，则经常规试验给以综合判断，若判明变压器内部已有故障，则必须将变压器停运，以便分析动作原因和进行检查试验。

重瓦斯保护动作的处理步骤包括以下几个方面：

（1）对变压器外部进行全面检查，各部位有无漏油、喷油现象。

（2）取瓦斯气体进行分析判断。

（3）检查二次回路判断是否瓦斯保护误动。

（4）测量变压器绝缘电阻。

（5）经上述检查未发现问题，可对变压器进行零起升压试验，若良好则可投入运行。

（6）若发现有明显故障，则由检修人员进行处理。

（7）如果确定是重瓦斯保护误动作，可停用重瓦斯，但恢复送电时，差动保护必须投入。

5.6.3　温度保护

温度保护是专为变压器长时间过负荷而设置的，变压器长时间过负荷，线圈会发热，使变压器的温度升高，绝缘受到影响，当变压器的温度超过一定值时，温度保护会发出预告信号或跳闸信号。温度保护分为油浸风冷式变压器过热保护和干式风冷变压器过热保护。

1. 油浸式变压器过热保护

油浸式变压器过热保护，主要由温度继电器构成，温度继电器贴在变压器外壳上，监视变压器油的上层温度，当变压器油箱内上层温度超过 55 °C 时，温度继电器动作启动风扇电机，对变压器进行风冷却；当温度继续升高到 70 °C 时，温度继电器动作于跳闸，发出变压器过热信号。当温度低于 45 °C 时，风扇停转。

2. 干式变压器过温保护

干式变压器的安全运行和使用寿命，很大程度上取决于变压器绕组绝缘的安全可靠。绕组温度超过绝缘耐受温度使绝缘被破坏是导致变压器不能正常工作的主要原因之一，因此对变压器运行温度的监测及其报警控制是十分重要的。干式变压器过温保护，由温控器来实施，作用是监视变压器绕组温度。通过预埋在低压绕组最热处的 Pt100 热敏测温电阻检测温度信号。变压器负载增大，运行温度上升，当绕组温度达某一数值（此值可调，对 F 级绝缘干变一般整定为 110 °C）时，系统自动启动风机冷却；当绕组温度降低至某一数值（此值也可调，对 F 级绝缘干变一般整定在 90 °C）时，系统自动停止风机。

通过预埋在低压绕组中的 PTC 非线性热敏测温电阻采集绕组或铁心温度信号。当变压器绕组温度继续升高，若达到某一高温度值（此值也可根据工程设计调整，通常整定在 F 级绝缘所标称温度 155 °C）时，系统输出超温报警信号；若温度继续上升达某值（此值也可按工程设计调整，通常整定在 170 °C），变压器已不能继续运行，须向二次保护回路输送超温跳闸信号，使变压器迅速跳闸。

通过预埋在低压绕组中的 Pt100 热敏电阻测取温度变化值，直接显示各相绕组温度（三相巡检及最大值显示，并可记录历史最高温度），可将最高温度以 4 ~ 20 mA 模拟量输出，若需传输至远方（距离可达 1 200 m）计算机，可加配 RS232C 计算机接口。系统的超温报警、跳闸也可由 Pt100 热敏传感电阻信号动作，进一步提高温控保护系统的可靠性。

5.6.4 压力释放保护

1. 电力变压器压力释放保护原理

变压器压力释放保护作为变压器的非电气量保护，其保护原理是当油箱内有故障的时候，油箱本体上压力释放阀的微动开关动作接通变压器跳闸回路来实现对变压器的保护。即当故障点发生在变压器内部时，变压器油被汽化，产生大量的气体，同时由于变压器油的体积急剧膨胀，使变压器油箱内部压力迅速上升。当变压器油箱内部压力升高到变压器压力释放阀设定的压力时，变压器压力释放阀微动开关迅速闭合，同时变压器压力释放阀在 2 ms 内立即打开，使变压器油箱内的压力急剧下降。与此同时变压器压力释放阀微动开关迅速动作闭合，使变压器跳闸出口回路接通，跳开变压器各侧断路器。从而防止了变压器故障的进一步扩大。

2. 电力变压器压力释放保护动作的原因及处理建议

电力变压器出现压力释放动作信号一般就说明变压器内部发热，释放出气体，在瓦斯继电器内可见有气体，结合动作情况，可进行以下方面的检查：

1）造成电力变压器温度异常升高的原因

（1）变压器油位过低。

（2）变压器冷却器工作异常。

（3）变压器过负荷。

（4）变压器内部各接头发热。

（5）变压器铁心硅钢片间存在短路或涡流不正常现象。

（6）变压器温度表显示错误。

（7）变压器线圈匝间短路等。

2）处理建议

（1）若变压器冷油器正常，环境温度正常，但变压器负荷不变、温度不断上升或油温较同样负荷及冷却条件下高 10 °C，则可初步判断故障点处于变压器内部，运行值班人员应将故障变压器负荷降低或者将变压器相应开关断开，并通知相关人员提取变压器的油样进行化学分析。

（2）如果是变压器的冷却设备故障，又没有备用冷却设备时，相关人员应立即降低变压器所带负荷，使变压器温度降到电力变压器运行规程规定值以下。

（3）检查变压器冷却器的运行情况和变压器室通风情况，有备用冷却设备的应及时投入备用冷却设备。

（4）核对变压器温度表指示是否正常，检查变压器的负荷及周围环境温度。

3. 变压器压力释放保护现场运行注意事项

根据非电量保护管理规定及电力变压器运行规程中的要求，变压器压力释放保护宜作用于信号。同时，根据《防止电力生产重大事故的要求与措施》中的要求，当变压器压力释放阀的动作接点需要接入跳闸回路时，应当有防止变压器压力释放保护误动作的完备措施：即将同一变压器上两台变压器压力释放保护装置的动作接点互相串联，触点盒增加防雨、防潮及防尘措施。

为防止电力变压器压力释放保护误动作引起变压器误跳闸或造成主设备损坏，确保变压器安全运行，结合现场实际情况，对变压器压力释放保护投入建议如下：

（1）容量在 170 000 kVA 以下的变压器压力释放保护作用于信号，容量在 170 000 kVA 及以上的变压器压力释放保护作用于跳闸，但应将两台压力释放装置的动作触点互相串联接入跳闸回路，防止保护误动作。

（2）新投运变压器在调试期间变压器压力释放保护应投跳闸，调试完毕正常运行时根据第（1）条要求执行。

（3）容量在 170 000 kVA 以下的变压器若变压器差动保护（电流速断）、重瓦斯保护任一保护退出时，压力释放保护投跳闸。

（4）变压器的运行有特殊要求时将变压器压力释放保护跳闸压板投入。

5.6.5 冷却器全停保护

1. 电力变压器冷却系统概述

变压器在运行过程中，由于负载电流经绕组或铁心必然引起绕组或铁心温升，同时由于环境温度的变化，尤其是在火热夏季，也会导致变压器油的温度升高。这些热量必须及时散逸出去，以免过热而造成绝缘损坏。对小容量变压器，外表面积与变压器容积之比相对较大，可以采用自冷方式，通过辐射和自然对流即可将热量散去。由于变压器的损耗与其容积成比例，所以随着变压器容量的增大，其容积和损耗将以铁心尺寸的 3 次方增加，而外表面积只依尺寸的 2 次方增加。因此，大容量变压器铁心和绕组应浸于绝缘油中，并辅以适当的冷却方式。

电力变压器常用的冷却方式一般分为三种：油浸自冷式、油浸风冷式、强迫油循环。

2. 电力变压器冷却器全停简述

在负荷和环境温度不变的情况下，电力变压器运行中一旦发生冷却器全停故障，绕温、油温均会急剧上升，将对变压器内部绝缘材料造成很大威胁，可能造成绝缘老化、击穿。如果处理不及时或者处理不当，甚至会造成变压器损坏乃至更大的电网事故。

电力变压器运行规程中明确规定：强油循环风冷和强油循环水冷变压器，当冷却系统故障切除全部冷却器时，通话带额定负载运行 20 min。如果 20 min 后顶层油温未达到 75 °C，则允许上升到 75 °C，但这种状态下运行的最长时间不得超过 1 h。

继电保护的基本任务是反应电气设备的不正常工作情况，并根据不正常工作情况和设备运行维护条件的不同（例如有无经常值班人员）发出信号，以便值班人员进行处理，或由装置自动地进行调整，或将那些继续运行会引起事故的电气设备予以切除。结合规程要求，现场风冷回路应实现以下功能：

（1）冷却器全停故障时须立即发出信号到监控系统，但并不直接作用于跳闸。

（2）冷却器全停故障发生后若未返回，经一定延时（20 min）后，若变压器顶层油温达到或高于指定温度（75 °C），则动作于跳闸，切除变压器。

（3）冷却器全停故障发生后若未返回的情况下，若变压器顶层油温一直低于指定温度（75 °C），则变压器运行 1 h 后动作于跳闸，切除变压器。

5.6.6 主变保护装置校验指导书

主变保护装置校验指导书格式如下。

<table>
<tr><td>任务书编号</td><td colspan="3"></td><td>作业类型</td><td colspan="2">一次设备停电作业</td></tr>
<tr><td>作业名称</td><td colspan="3">主变保护装置校验</td><td>作业班组</td><td colspan="2">变电检修工班</td></tr>
<tr><td>修程周期</td><td colspan="3">3 年检</td><td>定额作业时间</td><td colspan="2">10 h</td></tr>
<tr><td colspan="7">作业安全措施：
1. 严格遵守《××地铁变电所（站）安全工作规程》行车设备维修施工管理规定（五号线）》
2. 严格按照《工作票》要求做好各项安全措施
3. 坚持谁拆线谁恢复的原则、坚持谁投退保护谁恢复原则、坚持自控、互控、他控原则</td></tr>
<tr><td rowspan="4">材料定额</td><td>材料名称</td><td>型　号</td><td>定额数</td><td>材料名称</td><td>型　号</td><td>额定数</td></tr>
<tr><td></td><td></td><td></td><td></td><td></td><td></td></tr>
<tr><td></td><td></td><td></td><td></td><td></td><td></td></tr>
<tr><td></td><td></td><td></td><td></td><td></td><td></td></tr>
</table>

<table>
<tr><td colspan="5">人员要求及工时定额</td></tr>
<tr><td>最少人数定额</td><td>3 人</td><td>技能要求</td><td colspan="2">对保护装置熟悉及技能熟练</td></tr>
<tr><td>工时定额</td><td>10 小时/人</td><td rowspan="2">安全等级要求</td><td>三级以上</td><td>二级</td></tr>
<tr><td>最少定额工时</td><td>30 h</td><td>≥2 人</td><td>不限</td></tr>
<tr><td rowspan="4">仪器定额</td><td>名称</td><td>数量</td><td>配线</td><td>线夹</td></tr>
<tr><td>继电保护校验仪</td><td>2 台</td><td>2 套</td><td>2 套</td></tr>
<tr><td></td><td></td><td></td><td></td></tr>
<tr><td></td><td></td><td></td><td></td></tr>
<tr><td>工具定额</td><td colspan="4">螺丝批 1 套、斜口钳 1 把、尖嘴钳 1 把、剥线钳 1 把、压线钳 1 把、万用表 1 块、内六角 1 套、电工刀 1 把、活动扳手 2 把、接线端子若干、手电筒 1 把</td></tr>
</table>

作业项目、程序：

1. NSR691R 差动保护校验

（1）检查 NSR691R 装置外观、输入输出插排、通信接线是否正常。

（2）根据保护定值单、保护校验报告核对 NSR691R 装置整定值、保护、其他功能投退的正确性，抄填在保护校验报告上。

（3）拆除 1#主变保护屏后 1D1、1D2、1D3（高压侧 CT）、1D13、1D14、1D15（低压侧 CT）连接片。

（4）差动速断保护校验：

➢ 将继保仪 A 相输出接至 1D1、N 相接至 1D4，信号返回线接在差动保护跳高压侧开关出口 61D2、61D8（跳低压侧开关出口为：62D2、62D8）；

➢ 加差动速断整定电流值 3.64A，跳高、低压侧开关（带开关跳闸仅做一次）；

➢ 查看中央信号盘、NSR691R 面板核对信号正确性；

➢ 重复以上步骤，依次完成高、低压侧其余各相的校验。

（5）比率差动保护校验

➢ 在“I_d, I_r”菜单处选择分相差动测试，测试项目为“比率制动”

动作方程 $I_d = |K_1 * I_1 + K_2 * I_2|$；

制动方程 I $I_r = I_d = |K_1 * I_1 - K_2 * I_2| / K$；

制动系数 $K_{zd} = \Delta I_d / \Delta I_r$, $K_1 = 1.0$, $K_2 = 0.45$, $K = 2.0$

➢ 在“固定 I_r”菜单处设置测试项目为“比率差动”，I_r 变化范围：0～3.7 A，步长：0.1 A，I_d 动作门槛：0.23 A，I_d 速断定值：3.64，搜索起点：0.00，终点：100%，搜索精度：0.010 A

➢ 启动保护装置，读取动作值及保护动作曲线，并与实际对照。其中 $I_{d1} = 0.23$, $I_{d2} = 1.36$, $K_{dz1} = 0.5$, $K_{dz2} = 0.75$，I_d 差动速断：3.64。

2. NSR695R 主变 110 kV 侧后备保护校验

（1）检查 NSR695R 装置外观、输入输出插排、通信接线是否正常

（2）根据保护定值单、保护校验报告核对 NSR695R 装置整定值、保护、其他功能投退的正确性，抄填在保护校验报告上。

（3）拆除 1#主变保护屏后 2D1、2D2、2D3（高压侧 CT）连接片；

➢ 查看中央信号盘、NSR695R 面板核对信号正确性；

➢ 重复以上步骤，依次完成高压侧其余各相的校验。

（4）过载闭锁有载调压装置校验

将继保仪 A 相输出接至 2D1、N 相接至 2D4，信号返回线接在过载闭锁有载调压出口 2D32、2D33；

加过负荷整定电流值 0.32 A，延时 0.1 s 后闭锁有载调压装置操作；
查看中央信号盘、NSR695R 面板核对信号正确性；
重复以上步骤，依次完成高压侧其余各相的校验。
（5）过流 1 段保护校验
➢ 将继保仪 A 相输出接至 2D1、N 相接至 2D4，信号返回线接在过流一段保护出口 61D2、61D8（跳低压侧开关出口为：62D2、62D8）；
➢ 加过流一段整定电流值 0.58 A，延时 1.5 s 后跳高、低压侧开关（带开关跳闸仅做一次）；
➢ 查看中央信号盘、NSR695R 面板核对信号正确性；
➢ 重复以上步骤，依次完成高压侧其余各相的校验。
（6）恢复以上步骤拆除的 CT、跳闸出口、保护控制字投退等临时措施，再次确定定值及保护控制字的正确性。
3. NSR695R 主变 33 kV 侧后备保护校验
（1）检查 NSR695R 装置外观、输入输出插排、通信接线是否正常
（2）根据保护定值单、保护校验报告核对 NSR695R 装置整定值、保护、其他功能投退的正确性，抄填在保护校验报告上。
（3）拆除 1#主变保护屏后 3D1、3D2、3D3（低压侧 CT）连接片。
（4）过负荷保护校验：
➢ 将继保仪 A 相输出接至 3D1、N 相接至 3D4；
➢ 合上高、低压侧开关；
➢ 加过负荷整定电流值 0.64 A，延时 5 s 后报过负荷报警（仅报警，不跳闸）；
➢ 查看中央信号盘、NSR695R 面板核对信号正确性；
➢ 重复以上步骤，依次完成低压侧其余各相的校验。
（5）过流 1 段保护校验：
将过流 2 段、过流 3 段、过流 4 段保护、过负荷保护控制字改为“否”；
合上高、低压侧开关；
将继保仪 A 相输出接至 3D1、N 相接至 3D4，信号返回线接在 3D33、3D34（闭锁备自投）；
加过负荷整定电流值 3.3 A，延时 0.7 s 后闭锁备自投出口（仅闭锁备自投，不跳闸）；
查看中央信号盘、NSR695R 面板核对信号正确性；
重复以上步骤，依次完成低压侧其余各相的校验。
（6）过流 2 段保护校验：
➢ 将过流 2 段控制字改为“是”，过流 1 段、过流 3 段、过流 4 段保护、过负荷保护控制字改为“否”；
➢ 合上高、低压侧开关；
➢ 将继保仪 A 相输出接至 3D1、N 相接至 3D4，信号返回线接在 62D2、62D8（跳低压侧开关）；
➢ 加过负荷整定电流值 3.3 A，延时 0.9 s 后过流 2 段出口跳低压侧开关；
➢ 查看中央信号盘、NSR695R 面板核对信号正确性；
➢ 重复以上步骤，依次完成低压侧其余各相的校验（带开关跳闸只做一次）。
（7）过流 3 段保护校验（低电压闭锁过电流保护及负序电压闭锁过电流保护没有退出的情况下）：
➢ 将过流 3 段控制字改为“是”，过流 4 段保护、过负荷保护控制字改为“否”；
➢ 合上高、低压侧开关；
➢ 将继保仪 A 相输出接至 3D1、N 相接至 3D4，信号返回线接在 3D33、3D34（闭锁备自投），拆除低压侧母线 PT 电压输入线 3D18、3D19、3D20，接入继保仪电压输入 A、B、C、N 相至 3D18、3D19、3D20、3D21；
➢ 加过流 3 段保护电流值 0.91 A，延时 1 s 后闭锁备自投出口（仅闭锁备自投，不跳闸）；
➢ 加过流 3 段保护电流值 0.91 A，低电压闭锁定值 U＞70 V，延时 1 s 后无闭锁备自投出口。加负序电压 3.5 V（三线电压中，加其中一相电压值比其他两相大 10.5 V 以上），闭锁备自投出口；
➢ 查看中央信号盘、NSR695R 面板核对信号正确性；

➢ 重复以上步骤，依次完成低压侧其余各相的校验。

（8）过流 4 段保护校验（低电压闭锁过电流保护及负序电压闭锁过电流保护没有退出的情况下）：

➢ 将过流 4 段控制字改为“是”，过流 3 段保护、过负荷保护控制字改为“否”；

➢ 合上高、低压侧开关；

将继保仪 A 相输出接至 3D1、N 相接至 3D4，信号返回线接在 62D2、62D8（跳低压侧开关），拆除低压侧母线 PT 电压输入线 3D18、3D19、3D20，接入继保仪电压输入 A、B、C、N 相至 3D18、3D19、3D20、3D21；

➢ 加过流 4 段保护电流值 0.91 A，延时 1.2 s 后保护跳闸出口，跳低压侧开关（不跳高压侧开关）；

加过流 4 段保护电流值 0.91 A，低电压闭锁定值 U＞70 V，延时 1.2 s 后无保护跳闸出口。加负序电压 3.5 V（三相电压中，加其中一相电压值比其他两相大 10.5 V 以上），保护出口跳闸（跳低压侧开关）；

➢ 查看中央信号盘、NSR695R 面板核对信号正确性。

（9）零序过电流 1 段保护校验：

➢ 将零序过流 2 段、3 段控制字改为“否”；

➢ 合上高、低压侧开关、母联 300 A 开关；

➢ 将继保仪 A 相输出接至 3D7、N 相接至 3D8，信号返回线接在 3D33、3D34（闭锁备自投）；

➢ 加零序过电流 1 段保护电流值 0.375 A，延时 1.5 s 后保护跳闸出口，跳母联 300 A 开关（不跳高压侧开关），闭锁备自投；

➢ 查看中央信号盘、NSR695R 面板核对信号正确性；

➢ 重复以上步骤，依次完成低压侧其余各相的校验。

（10）零序过电流 2 段保护校验：

➢ 将零序过流 1 段、3 段控制字改为“否”，零序过电流 2 段保护改为“是”；

➢ 合上高、低压侧开关、母联 300 A 开关；

➢ 将继保仪 A 相输出接至 3D7、N 相接至 3D8，信号返回线接在 62D2、62D8（跳低压侧开关）；

➢ 加零序过电流 2 段保护电流值 0.375 A，延时 2 s 后保护跳闸出口，跳低压侧开关（不跳高压侧开关）；

➢ 查看中央信号盘、NSR695R 面板核对信号正确性。

（11）零序过电流 3 段保护校验：

➢ 将零序过流 1 段、2 段控制字改为“否”，零序过电流 3 段保护改为“是”；

➢ 合上高、低压侧开关、母联 300 A 开关；

➢ 将继保仪 A 相输出接至 3D7、N 相接至 3D8，信号返回线接在 62D2、62D8（跳低压侧开关）；

➢ 加零序过电流 3 段保护电流值 0.375 A，延时 2 s 后保护跳闸出口，跳母联、低压侧、高压侧开关；

➢ 查看中央信号盘、NSR695R 面板核对信号正确性。

（12）不接地时零序过电压第 2 时限保护校验：

拆除低压侧母线 PT 电压输入线 3D18、3D19、3D20，接入继保仪电压输入 A、B、C、N 相至 3D18、3D19、3D20、3D21；

➢ 加零序电压 U＞15 V，报警。

4. NSR641R 母联备自投保护校验

（1）检查 NSR641R 装置外观、输入输出插排、通信接线是否正常。

（2）根据保护定值单、保护校验报告核对 NSR641R 装置整定值、保护、其他功能投退的正确性，抄填在保护校验报告上。

（3）拆除主变保护屏后 PD1、PD2、PD3（低压侧 PT）连接片。

（4）合上高压侧、低压侧开关。

（5）三相加 57.74 V 电压，等待备自投充电后，断三相电压输入，跳低压侧开关，合上母联开关。

5. 33 kV 进线 301 A/302 A 开关保护校验

（1）检查 REF542 装置外观、输入输出插排、通信光纤接线、HMI 面板连接是否正常。

（2）根据保护定值单核对 REF542 装置整定值正确性，抄填在保护校验报告上。

（3）拆除 REF542 装置电流模拟量输入回路与 CT 二次回路连接连片（X4：1、X4：4、X4：7）及（X4：31、X4：32、X4：33）保护校验装置（仪器）与 REF542 装置电流模拟量输入回路连接：输入端（X4：1、X4：4、X4：7），返回端（X4：31、X4：32、X4：33）连接保护校，验装置（仪器）与 REF542 装置跳闸出口回路（进出线 X3：3 与 X3：13），检查接线的正确性及连接是否牢固。

（4）确认三工位开关在中间位（隔离开关、地刀在分位），合上断路器，断开断路器操作电源（控制回路 MCB）。

（5）开启保护校验装置（仪器），输入模拟量至 REF542 装置：

➢ 模拟电流从小到大逐渐增大，从定值最小的保护到定值最大保护依次校验；

➢ 校验完小定值的保护后，退出该保护，校验下一大定值保护，依次类推；

➢ 完成保护动作值校验后，加动作值的 1.2 倍电流值校验保护动作时间；

➢ 保护动作后，核对保护动作出口、报警跳闸信号、联锁联跳（如果有）等功能是否与设计相符；

➢ 退出与投入保护时，必须统一永久保存，避免出现因临时保存而出现多投或者少投保护。

（6）所有保护校验完成后，投入作业时退出的保护，检查保护投退情况及保护定值与保护整定通知单一致。

（7）拆除保护校验装置（仪器）与 REF542 装置跳闸出口回路连接，恢复作业前接线状态，确认接线正确无误、无松动。

（8）合上断路器操作电源，输入模拟电流量，直至 REF542 装保护置整定值最小的保护动作，跳闸出口，开关分闸。

（9）拆除保护校验装置（仪器）与 REF542 装置电流模拟量输入回路连接，恢复 REF542 装置电流模拟量输入回路与 CT 二次回路连接连片，确认接线正确无误、无松动。

6. 非电量保护

（1）本体重瓦斯保护：短接 xxx，跳变高、变低开关。

（2）本体轻瓦斯保护：短接 xxx，报警。

（3）油温高报警：短接 xxx，报警。

（4）压力释放报警：短接 xxx，报警。

（5）有载油位异常报警：短接 xxx，报警。

（6）本体油位异常报警：短接 xxx，报警。

（7）有载重瓦斯保护：短接 xxx，跳变高、变低开关。

（8）油温高跳闸：短接 xxx，报警。

（9）绕组温度高报警：短接 xxx，报警。

（10）绕组温度高跳闸：短接 xxx，报警。

（11）冷却系统故障报警：短接 xxx，报警。

7. 作业完毕

检查保护定值、保护投退情况、保护出口接线、电流输入端子正确、正常。（一人恢复、一人检查、工作领导人最后复查）。

备　注：

主变设置：差动保护、110 kV 后备保护、33 kV 后备保护、非电量保护。

33 kV 进线开关设置：高定值过流保护、弧光保护、零序保护。

33 kV 母联开关设置：备自投装置。

参考标准：

《GDY－QW－JG－GD－01 变电设备维修规程》

《DL/T 995—2006 继电保护和电网安全自动装置检验规程》

《GBT 7261-2008 继电保护和安全自动装置基本试验方法》

《GB/T14285-2006 继电保护及安全自动装置技术规程》

第 6 章　直流系统保护

6.1　城市轨道交通供电直流系统

6.1.1　直流系统保护发展历程

直流系统的继电保护的核心是理解交流供电系统继保与直流供电系统继保的差异。对于交流系统，交流电的三个描述量：幅值、相位与频率的变化均可反映故障量的出现，如相间电流短路会引起电流幅值的变化，接地故障一般会引起幅值与相位的双重变化，频率的变化会触发低周减载功能的启动等。而直流系统只有一个描述量：幅值，也就是说只能用幅值（一般是电流）的变化来判定故障是否发生，而且由于交流电弧较直流电弧易于熄灭，故直流故障的危害更大，必须在极短的时间内切除故障线路。

同时，地铁列车启动时的电流幅值与远端非金属性短路时的电流幅值数量级相当，当电流变大时，继保单元仅通过电流幅值的绝对大小无法判别到底是机车启动（正常情况）造成的还是短路（故障情况）造成的，必须引入电流上升的快慢来进行判别。短路时电流上升的速度比机车启动时更快，且短期内不会存在下降的可能，而地铁列车启动时，电流会在到达高点后逐渐下降。

这样，对于直流保护单元来说，能在极短时间内检测出电流变化的趋势（曲线）是极为重要的。

地铁交通发展初期，在直流牵引供电系统保护方面还没有性能好、可靠性高的保护装置，一般仅靠电流速断和过电流保护来切断短路故障，效果往往很不理想。传统的直流牵引系统二次保护系统，都是由电磁式继电器所构成。在这种保护系统中，使用了大量的中间继电器、时间继电器、重合闸继电器等分立元器件。由于使用的元器件数量和品种多，使得系统接线复杂，给系统调试以及修改接线带来困难。因其潜在故障点多，故降低了整个系统的安全可靠性。同时，还由于对各种继电器每年必须进行动作值、返回值、动作时间等项校验，维护时还要打磨继电器接点、检测接点的开闭特性、检查和清扫二次线等，因而维护、计表工作十分繁重。

随着电子技术、计算机技术的发展，人们采用微处理器实现了直流电的高频采样（10 000 次/秒以上）及快速模数转换，从而实现了电流上升率和电流增量保护，极大地提高了直流牵引供电系统保护装置的可靠性和准确率。目前，最先进的保护方法是：采用直流变送器将电流量按比例变送给继保单元；继保单元中的 DSP 芯片负责进行信号处理需求、复杂的数学函数处理算法（判别保护是否动作）；继保单元中的 ARM 则用于实现网络连接、系统控制。这样大大提高了可靠性、保护性能以及直流牵引供配电的自动化程度。

现在地铁公司一般使用先进而成熟的国外技术产品，以瑞士赛雪龙（Secheron）、德国西门子（Siemens）、意大利 MS 三大品牌为主。在国内各地的工程建设中，因各地的实际情况不同，所采用的保护装置也不相同，如南京地铁采用了 Secheron 公司的 SEPCOS 保护单元，广州地铁采用了 Siemens 公司的 DPU96（升级为 PRO&BA）保护单元，上海地铁采用了 Adtrans 的 DCP106 保护单元等。而我国的四方继保、712 所大力研发，开发出了具有我国特色的、全新的地铁直流保护系统，这些保护单元现正在北京、武汉等地铁公司进行挂载实验，已拿到了高等级的型式实验报告（type test report），但是目前存在的主要困难是：一般直流保护与直流快速开关作成整体，而直流快速开关尚未国产化，难以找到很好的配套厂家，而地铁公司一般是直流快速开关与保护成套买，在不远的将来，随着国产直流快速开关的成熟，国产直流保护设备一定会投入使用。需要说明的是，现场与文献中常将断路器与开关柜混为一谈，实际上开关柜就是将断路器与保护单元放在一个柜子里，而在直流系统中的断路器采用的是直流快速开关。

SEPCOS 是瑞士 Secheron（赛雪龙）公司研制的远方控制和保护系统，其一般配套于赛雪龙直流快速开关（断路器）中，用于城市轨道交通系统、铁路系统等。它的控制和保护系统是基于几个微处理器的多功能的系统。可用于保护和控制直流牵引变电所中的馈线柜，正、负极柜和整流器。SEPCOS 控制和保护系统是一个独立的、模块化的、可扩展的、可编程的系统。SEPCOS 控制和保护系统具有多种控制和保护功能，满足电力牵引网络需要的 4 组功能：提高保护性的模拟输入量测量和保护功能、控制功能、记录功能和通信功能。

DPU96 是 Siemens 公司开发的，其配套于 Siemens 公司直流快速开关（断路器）中，可以由 DC 110 V 电源供电，同时又可以输出 DC 24 V 电源给隔离放大器供电，用于直流牵引供电系统综合保护和控制领域的系列产品。该系列产品包括下列单元：DPU96-PU 中央处理仪、DPU96-BA 直流隔离放大器、DPU96-VD 分压器和 DPU96-SW-PC 应用软件。直流隔离放大器和分压器配合使用，用于电流和电压值的测量，同时又能起到电气隔离的作用。电流值测量的采样间隔为 100 μs。电压值测量的采样间隔为 200 μs。在信号处理中，采用 8 个连续测得的电流值和电压值获得平均值，以光纤信号的形式传送给中央处理仪，同时又以 ± 10 V 模拟信号传送给指示仪表（电流表或电压表）。采用平均值作为测量值屏蔽了瞬时电流脉冲的干扰，分压器的测量范围为 DC 0 ~ 3 000 V。直流隔离放大器与分压器配合可测量下列数据：馈线电流、馈线电压、线路测试电压和线路测试电流。直流隔离放大器和分压器均为绝缘封装，固定安装于直流开关柜高压室的标准安装轨上。

广州地铁三号线北延段（以下简称三北线）供电系统的 DC 1 500 V 馈线开关柜采用西门子 SITRAS® 8MF 系列开关柜，使用的是 DPU96 的升级版 Sitras 单元。Sitras Pro 由以下模块构成：Sitras Pro CU（中央单元）、Sitras Pro HMI（人机界面）、Sitras Pro BA（直流隔离放大器）、Sitras Pro SW（PC 用户软件）、Sitras Pro CM（电缆监视模块）（选配）。

MS 继保单元配套 GE（美国通用电器）开关柜，现有北京、广州、昆明、贵阳的地铁公司新线采用。

6.1.2 城市轨道交通供电直流系统供电方式

图 6-1 显示了一个典型的牵引变电所的电气主接线图，该所将主变电所来的交流高电压（典型值：35 kV）经整流机组（包括变压器及整流器）降压、整流为直流 1 500 V，再经直流

开关柜向接触网供电。我国上海和广州地铁的直流牵引供电系统均是如此，北京地铁采用的是第三轨受流器（上海和广州地铁则是架空接触网），其馈电电压为 750 V。由于 750 V 馈电电压供电距离短、杂散电流大，现在多采用 1 500 V。图中还显示了采用双边供电的上行接触网的分区段示意图（下行亦相同），一个供电区由相邻的 2 个牵引变电所同时供电，这种双边供电的方式提高了供电的可靠性，同时分区段的方式使故障被隔离在某个区段以内，而不致影响其他供电区段，因而被广泛采用。本文中所讨论的保护原理均基于 1 500 V 架空接触网双边供电方式。

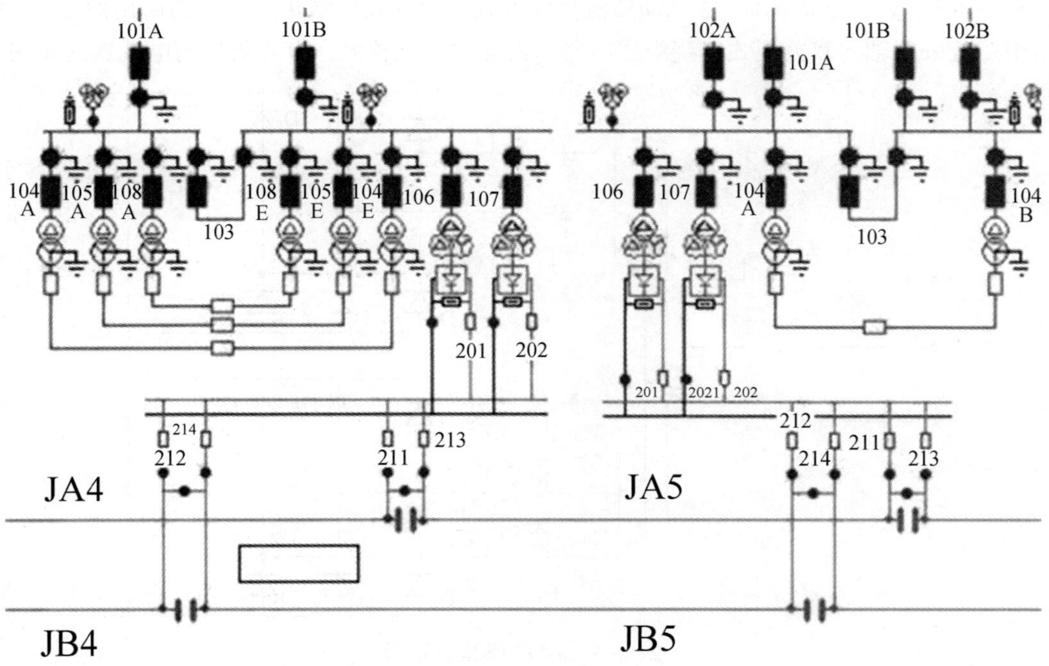

图 6-1　典型牵引变电所电气主接线参考图

整个直流系统的供电实际上就是将一路（106 柜进来）三相交流电整流成 12 脉波直流电，通过 201 开关柜（进线柜）输送至直流母线上，另一路（107 柜进来）三相交流电整流成另一组 12 脉波直流电，通过 202 开关柜（进线柜）输送至直流母线上。这样，直流母线上可以得到 24 脉波直流电（见图 6-2）。通过 211、213 柜馈至上行，通过 212、214 柜馈至下行，最后通过机车、钢轨回流到负极。

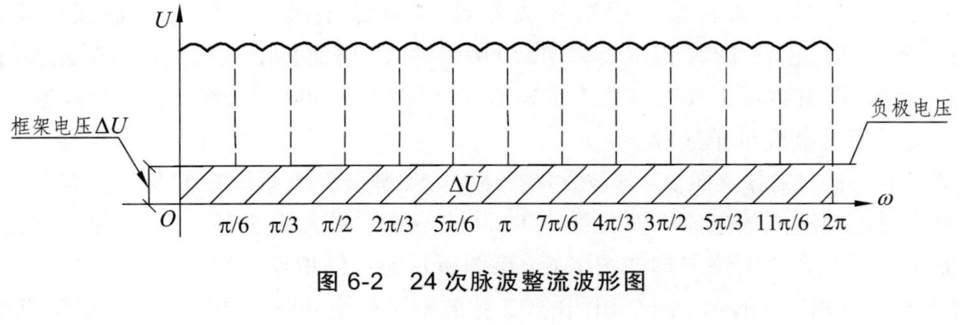

图 6-2　24 次脉波整流波形图

1. 24 脉波整流机组说明

1）12 脉波整流机组

为减轻一次侧交流线电压的畸变程度，增加直流输出电压的脉波数以减低波电压，图 6-3 为 12 脉波牵引整流电路的结构示意图，其一次侧共用一个星形接线绕组，二次两个绕组分别作星形和三角形连接，形成 12 脉波整流所需要的 30° 相位差。实际中常采用三绕组或四绕组的特种结构变压器，绕组连接方式为 Y/△-Y，△/△-Y 和 Y-Y/Y-△，△-Y/△-△，利用二次侧或一次、二次侧星形与三角形两绕组间各相间电压依次形成 30° 相移，以及上述各相间电压的倒相（180° 相位差），从而构成 12 脉动整流接线方式。目前我国城市轨道交通所用的 12 脉波整流机组一般采用轴向双分裂式三绕组变压器，设计的漏抗较大，有等效平衡电抗器的作用。

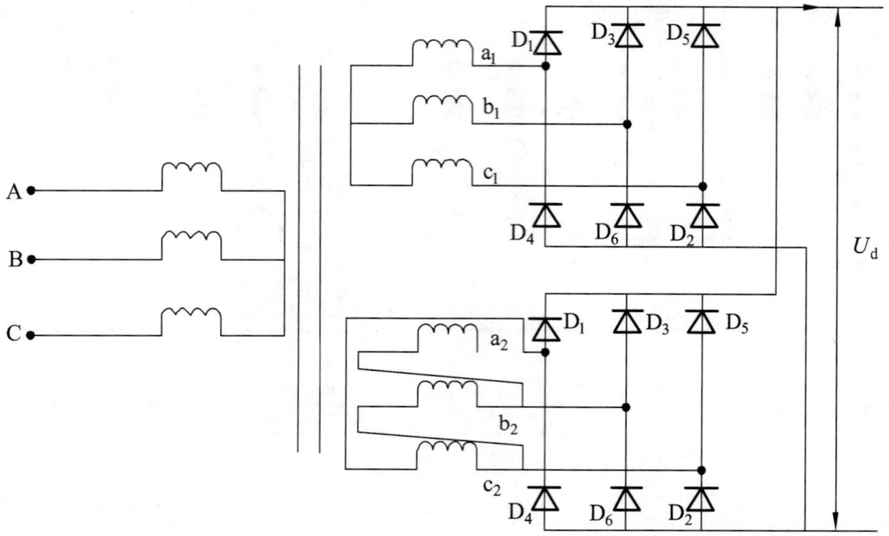

图 6-3　12 脉波整流电路

整流变压器绕组以△/△-Y 接线方式为例，12 相整流电路接线方式如上所示，对应的电压相量关系如下图所示。从图中可以看出，当不考虑平衡电抗器的作用时，相当于两组相位差为 30° 的三相桥整流电路交替向直流负载供电，在一个工频周期内每个桥臂整流管导电时间为 π/3，整流后的直流电压每工频周期有 12 次脉动，形成 12 相整流。但缺点是这种情况下每桥臂整流管不能有效利用。

2）24 脉波整流机组

如前文所示，牵引变电所设两套整流机组，并接于同一段母线。每套整流机组采用三相桥 12 脉波整流方式，两套整流机组构成等效 24 脉波整流。整流变压器接线型式采用 Dy5d0/Dy7d2（相位正移 7.5° /相位负移 7.5°）接线形式。整流机组进线侧通过断路器与 35 kV 母线相连；整流机组阀侧正极通过直流快速断路器与 DC 1 500 V 母线相连，负极通过手动隔离开关与负极柜的负极母排连接。

这就是原来的 12 脉波向 24 脉波发展。等效 24 脉波整流系统在抑制谐波方面可取得良好的效果，对电网造成的电流谐波含量比 12 脉波整流下降大约 50%。由 24 脉波整流机组构成的直流牵引供电系统电路原理如图 6-4（该图所示为武汉地铁 10 kV 到 DC 750 V，35 kV 到 DC 1 500 V 也相同）所示。两个相同的 12 脉波整流机组并联工作并不会改变整流脉波数，只有当两个机组的整流变压器的网侧绕组分别移相为 + 7.5° 和 – 7.5°，并联工作时，才能形成等效 24 脉波整流。目前在不改变整流器等其他设备的基础上，为了实现两台整流变压器在网侧 ± 7.5° 的移相，通常变压器一次侧三角形绕组上加延长绕组。

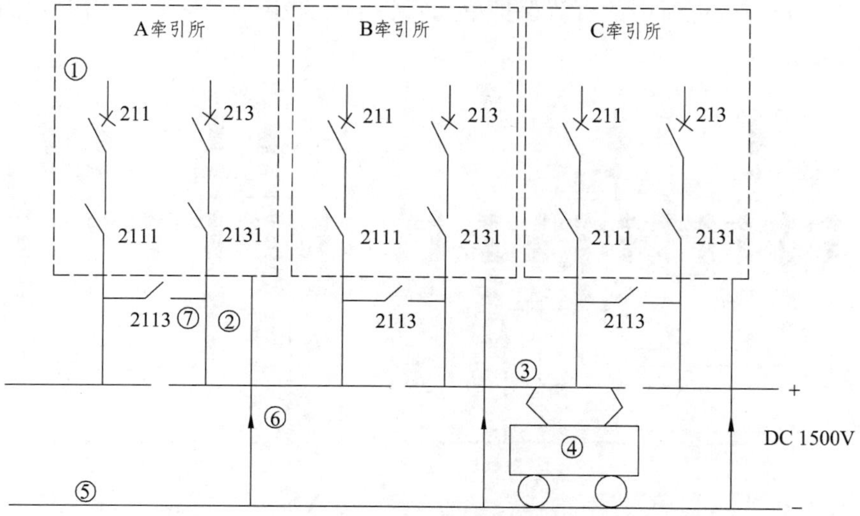

图 6-4　牵引供电系统示意图

①—牵引变电所；②—馈电线；③—接触网（轨）；④—电动列车；⑤—钢轨；⑥—回流线；⑦—电分段

2. 牵引供电系统概况

图 6-5 为一个典型的牵引变电所的电气主接线图，该所将主变电所来的 AC 35 kV 电压经整流机组（包括变压器及整流器）降压、整流为 DC 1 500 V，再经直流开关柜向接触网供电。正常情况下，一个供电区由相邻的 2 个牵引变电所同时供电（车辆段及正线首末端除外），这种双边供电的方式提高了供电的可靠性，同时分区段的方式使故障被隔离在某个区段以内，而不致影响其他供电区段，因而被广泛采用。

牵引变电所、接触网（或接触轨）、馈电线、回流线、轨道、电分段等共同构成了牵引供电系统。牵引变电所的作用是提供一定区域内的牵引电能；接触网（或接触轨）的作用是通过列车的受电器（受电弓或集电靴）向列车提供电能；馈电线的作用是向接触网输送电能；回流线的作用是使牵引电流返回牵引所；轨道是牵引电流回流的电路，在利用跨座式单轨电动车组时，需沿线路专门敷设单独的回流线；电分段的作用是便于检修和缩小事故范围。

采用双边供电时，当牵引变电所 B 故障退出运行时，A 所和 B 所之间、B 所和 C 所之间的接触网供电区域就成为单边供电，此时可合上 B 所的越区隔离开关 2113，构成对受影响区域的大双边供电。

6.2　城市轨道交通供电直流系统的主保护

6.2.1　直流系统保护的配置

牵引变电所内的直流保护系统必须在系统发生故障时快速、准确地切除故障，同时又要避免列车正常运行时一些电气参数的变化引起保护装置误跳闸。后备保护的存在增加了故障切除的可靠性，同时也增加了与主保护配合的难度，所以保护的配置也不宜过多。不同的牵引变电所其电气特性不同，运行要求不同，所以保护装置的整定值不同，甚至保护的配置亦不相同。通常，牵引变电所内的直流保护单元安装于开关柜中，一个单元内可配置多种保护逻辑。如图 6-5 所示。

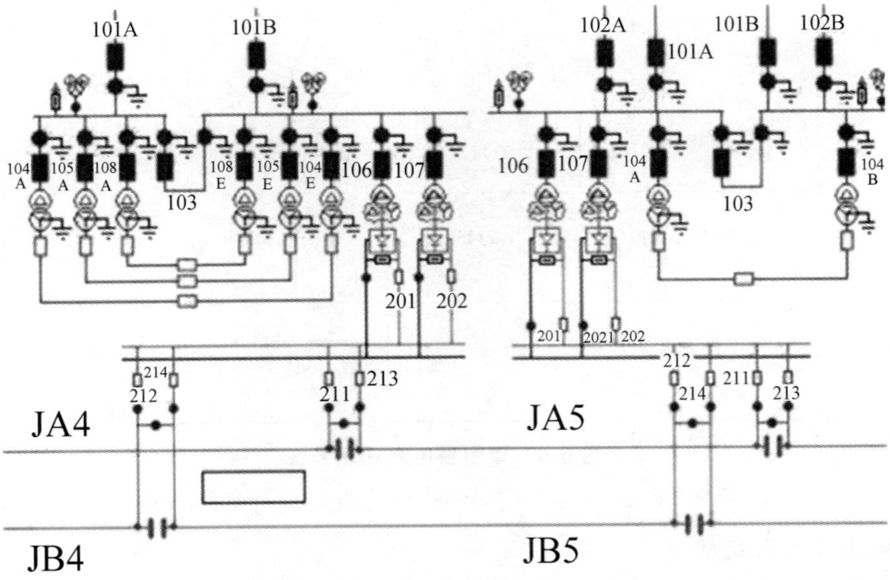

图 6-5　牵引变电所主接线图

1）馈线柜（图中对应 211，212，213，214 开关柜）

（1）大电流脱扣保护（over-current protection）。

（2）电流上升率及电流增量保护（di/dt protection）。

（3）定时限过流保护（definite-time over-current protection）。

（4）低电压保护（under-voltage protection）。

（5）双边联跳保护（transfer intertrip protection）。

（6）接触网热过负荷保护（cable thermal overload protection）。

（7）自动重合闸（automatic re-closure）。

2）进线柜（图中对应 201，202 开关柜）

（1）大电流脱扣保护（over-current protection）。

（2）逆流保护（reverse current protection）。

3）负极柜：

框架保护（frame fault protection）。

全所 1 500 V 直流设备设电流型框架保护两套，电压型框架保护一套，安装于负极柜内。其中，整流器、负极柜设一套电流型框架保护，直流 1 500 V 开关柜设一套电流型框架保护。

4）轨道电压限制装置

轨道电压限制保护。

需要说明的是，现在很多公司的馈线柜中不再配置大电流脱扣保护。

6.2.2 直流系统保护的原理

牵引变电所内直流系统的故障形式主要有：短路故障、过负荷故障、过压故障等，最常见的也是危害最大的是短路故障。从本质上讲，短路故障有两种类型，一种是正极对负极短路；另一种是正极对大地短路。所内配置的多数保护都是为了切除前一种故障，框架保护则是为了切除后一种故障。

对于前一种故障，多数是由于架空接触网对钢轨短路所引起的，短路点离牵引变电所的距离决定了短路电流的大小。远端短路故障电流的峰值与列车启动时的电流峰值相近，甚至小于该电流（如图 6-6 所示）。所以，远端短路故障电流与列车启动电流的区分，是牵引变电所直流保护的难点。另外，列车受电弓过接触网分段时，也会有一个峰值较高的电流出现。

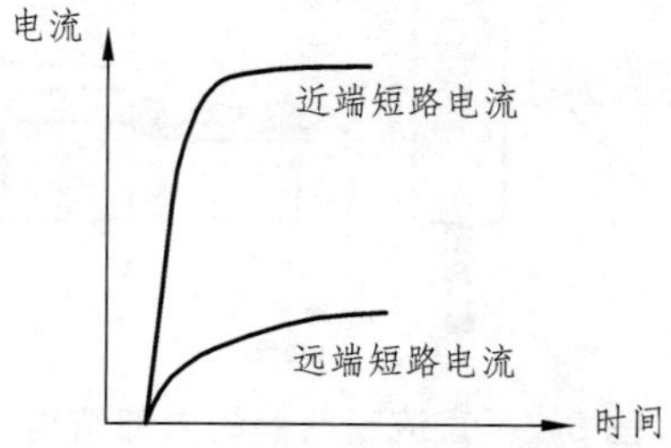

图 6-6　近/远端短路电流特性示意图

以下介绍牵引变电所内的主要的直流保护的工作原理。

1. 大电流脱扣保护

大电流脱扣保护是断路器本体保护，与交流保护中的速断保护类似，用以快速切除金属性近端短路故障。这种保护是依靠断路器中流过的短路电流（一般会超过 8 000 A），用电磁力拉开脱扣器来实现分闸，脱扣器拉开时要克服反拉弹簧的力量，这样，可以通过调节螺栓的上下移动来改变反拉弹簧的长度以达到调整大电流脱扣定值的目的。它不用继保单元发出指令。它是直流断路器内设置的固有保护，没有延时性，通过断路器内设置的脱扣器实现。当通过断路器的电流超过整定值时，脱扣器马上动作，使断路器跳闸。直流断路器的内部结构如图 6-7 所示。

例如：武汉地铁采用的直流高速开关本体大电流脱扣保护所采用的 UR36 断路器本体自带的保护功能没有延时性，固有分闸时间为 4 ms，可快速切除近端的金属性短路故障，通过断路器内置的脱扣器实现跳闸。整定范围应大于最大负荷下列车正常启动电流，小于近端最大短路电流。与机车保护相配合，躲过机车断路器的大电流脱扣保护，机车定值一般取 4 ~ 5 kA。单边供电时，应能可靠切除末端电弧性短路故障电流，要求整定值小于末端电弧性短路故障电流，具体值需要计算。在大双边供电情况下，上述条件不一定满足。上海 9 线断路器本体保护整定为 9 kA，也有 10 kA，11 kA，具体数据要根据上述整定原则和计算结果确定。

一般来说，该保护的整定值要通过计算和短路试验得出，整定值要比最大负荷下列车正常启动的电流大，也要比最大短路电流小。大电流脱扣保护属于直流快速断路器自带的本体保护，采用电磁脱扣的原理，用于切断大的短路电流。如发生三轨对钢轨近端直接短路等故障情况，所产生的大的短路电流将对供电系统造成巨大损坏，必须在短路电流达到峰值前切

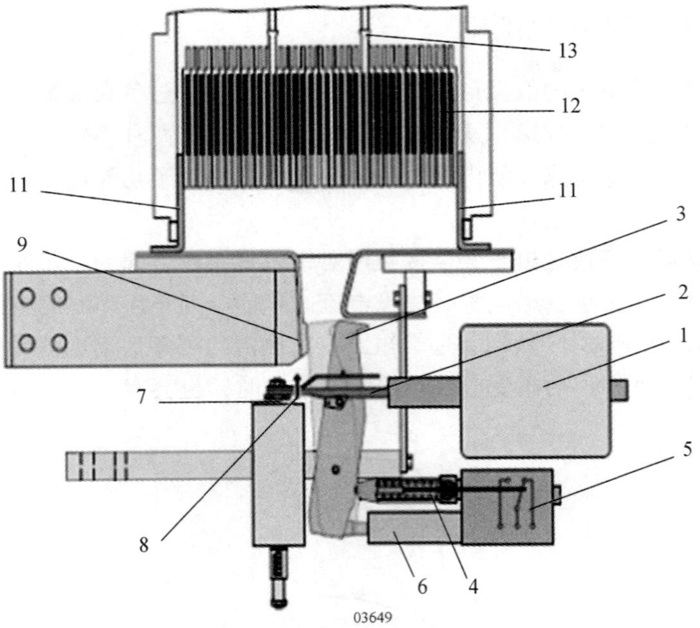

图 6-7　直流断路器的内部结构

1—合闸线圈；2—拨叉；3—动触头；4—分闸弹簧；5—辅助触点；6—缓冲器；
7—脱扣器；8—锁扣；9—静触头；11、12、13—灭弧罩组件

除，保护地铁设备的安全。供电区间发生近端短路时，电流上升率 di/dt 很大，一般来讲，大电流脱扣保护快速动作以确保短路电流在达到稳态值之前将其快速切断，如果短路故障发生在中远端，di/dt 较小，大电流脱扣保护动作时间将延长，对供电设备不利，因此一般作为近端短路的主保护。如瑞士 Secheron（赛雪龙）公司的直流断路器，在其内设有一个跳闸装置（由一个钢片层压的固定引铁和一个可移动引铁组成），可移动引铁与一弹簧微调螺钉相连接，用于调节跳闸动作值，另外还有一个动铁心用于触发跳闸。在过流（短路或过载）的情况下，主回路中的绕组在固定引铁内产生一个磁场，动铁心受这个磁场的作用，通过一个杠杆推动棘爪，从而释放动触头，使断路器跳闸。跳闸动作值可以通过改变磁路的位置，也就是空气气隙的大小而改变。电流脱扣保护可以通过调节螺栓整定动作电流的大小。整定刻度标示在整定装置的顶上，调节螺栓用一个 M6 螺栓锁定。

2. 电流上升率保护及电流增量（DDL 保护）

电流上升率保护及电流增量（DDL 保护）是广泛使用的中远端短路主保护，它在多数情况下能正确区分列车正常运行电流和中远端短路电流，主要用于切除大电流脱扣保护不能切除的故障电流较小的中、远端短路故障，各品牌保护单元在这个保护上的原理都不相同，但核心机理相同。

电流上升率及电流增量保护由电流上升率（di/dt）与电流增量（ΔI）两个判据组成。其简述如下：保护单元不断通过变送器测量开关柜通过电流的变化率，如电流出现一个快速的增长，例如超过整定值 A（启动值）：35 A/ms 时，保护单元开始启动记录，记下此时的电流的绝对值（如 1 500 A）。接着，保护单元不断测量（每秒 10 000 次以上，现今单元多高于每秒 20 000 次）电流变化率及电流的绝对值，并将电流的绝对值与启动时的记录值

1 500 A 相减，得到一个电流的增量 ΔI。当规定时间内（如 20 ms 内），$\mathrm{d}i/\mathrm{d}t$ 一直高于 F（返回值，一般等于或略小于 A，如 30 A/ms），则跳闸，如果在 20 ms 内，一旦检测到 ΔI 高于整定值（如 4 000 A），则跳闸。如整个过程中 $\mathrm{d}i/\mathrm{d}t$ 小于 F，则将装置的本次记忆清零，这称之为保护返回。

在实际中，各公司在定这个逻辑时，会在电流上升率突然变小时延时一段极小时间再测量电流上升率，以修正测量误差，来确保跳闸正确。下面以西门子 DUP96 装置说明 DDL 的逻辑。为方便理解，将保护分为瞬时跳闸元件与延时跳闸元件说明，每个元件就是一段逻辑程序。

1）瞬时跳闸元件（核心是 ΔI 超限跳闸）

瞬时跳闸元件根据电流是否持续增大来判断故障的存在，它能在近端短路电流上升到峰值以前迅速跳闸。以电流的变化率 $\mathrm{d}i/\mathrm{d}t$ 是否超过定值 A 作为启动的判据，启动后则计算每个采样点的 $\mathrm{d}i/\mathrm{d}t$ 和 ΔI 瞬时值。ΔI 即电流增量，它是相对于保护启动时刻的电流的变化量。跳闸的判据如下：

（1）$\mathrm{d}i/\mathrm{d}t$ 一直大于定值 A，则以 ΔI 是否超过定值 C 作为跳闸的唯一判据，一旦检测到 ΔI 超定值，立即跳闸（图 6-8 的曲线 3），这是 ΔI 超限跳闸。

（2）某一时刻，$\mathrm{d}i/\mathrm{d}t$ 小于定值 A，保护并不立即返回，但从此刻开始，ΔT_2（一般选 1 ~ 2 ms）时间内，继续进行 $\mathrm{d}i/\mathrm{d}t$ 和 ΔI 瞬时值的采样，这就是前文所说的再测量，以确认：

a）ΔI 超过定值，保护仍然要立即跳闸（图 6-8 的曲线 5，5 内有两段时间的 $\mathrm{d}i/\mathrm{d}t$ 小于定值 A，但两段时间均小于 ΔT_2）。

b）若 ΔI 未超过定值 C，$\mathrm{d}i/\mathrm{d}t$ 也一直小于 A，则保护返回（图 6-8 的曲线 4）。

c）若 ΔI 未超过定值 C，$\mathrm{d}i/\mathrm{d}t$ 在某一时刻又大于 A，则回到判据（1）。

所以图 6-8 中的阴影为跳闸区，电流曲线 2、3、5 跳闸，1、4 返回。

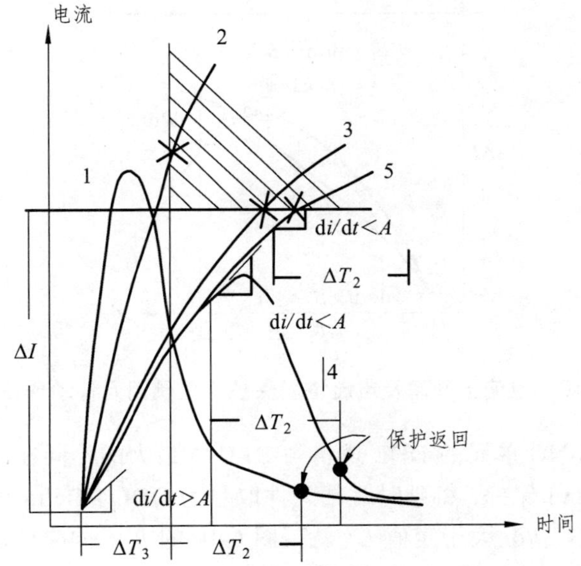

图 6-8　电流上升率及电流增量保护瞬时跳闸元件动作时序图

瞬时跳闸元件的保护定值整定非常关键，首先必须计算出列车在启动、过接触网电分段、近端短路等各种情况下的电流变化曲线，以确定 C、A、ΔT_2 的值，其中最重要的是电流增量定值 C 的选取，C 值选得过大会降低灵敏度，选得过小又会引起保护误跳闸。对于一些极端的非短路情况（机车过分段时，两个分段有电位差），电流可能上升得比短路情况还快，而且峰值也很高，但通常经过几毫秒的延时后电流就开始下降（图 6-8 的曲线 1）。此时定值较难选取，可以考虑增加一个 ΔT_3 的定值，使电流从保护启动开始，到 ΔT_3 时刻，电流已经经过了迅速上升到峰值又下降到较低水平的过程，在这一段时间内保护不作 ΔI 的判断（图 6-8 曲线 1），以躲过这种极端的情况。ΔT_3 的值通常很小，只有几或十几毫秒，上海地铁 9 号线的 ΔT_3 选取 1 ms，即在 1 ms 内，ΔI 即使达到了 4 000 A 也不跳闸而等 ΔT_3 后再来确认。图 6-9 为 DPU96 装置说明书内对瞬时跳闸的逻辑说明。

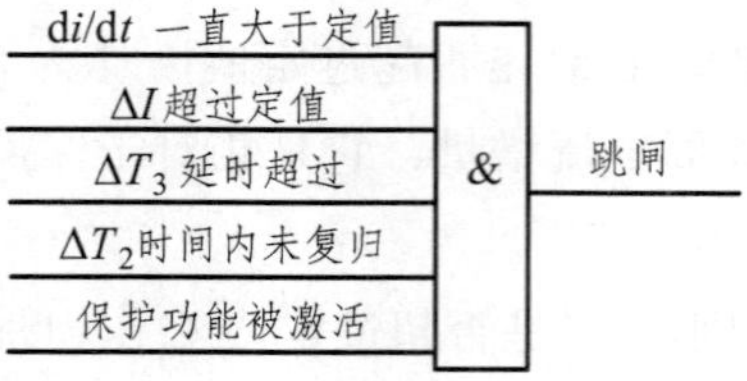

图 6-9　DPU96 装置瞬时跳闸逻辑图

2）延时跳闸元件

延时跳闸元件主要起到识别远端短路电流并跳闸的作用。同样以电流的变化率 di/dt 是否超过定值 B 作为启动的判据，启动后则计算每个采样点的 di/dt 瞬时值，在相对于保护启动时刻的 ΔT_1（一般选 20 ~ 40 ms）时间内，di/dt 的值必须一直超过定值 B，保护才能在启动后 ΔT_1 时刻跳闸（图 6-10 曲线 2），否则保护返回（图 6-10 曲线 1）。延时跳闸保护返回后，瞬时跳闸保护也必须返回。

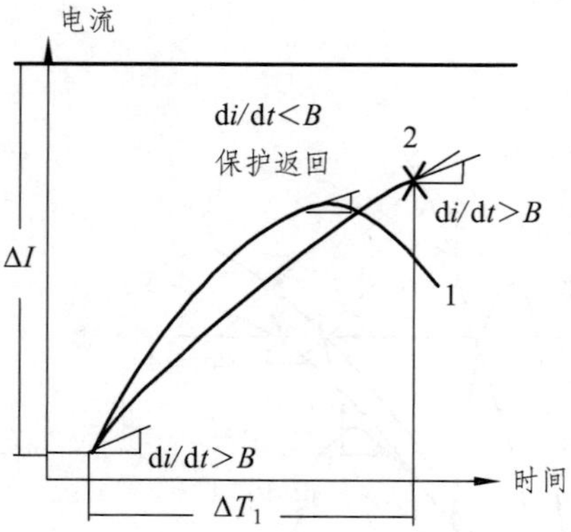

图 6-10　电流上升率及电流增量保护延时跳闸元件动作曲线图

赛雪龙的 SEPCOS-NG 单元的 DDL 逻辑与 DPU96 最大的不同在于说明书中将瞬时跳闸元件取名为 DDL + Delta I 保护，将延时跳闸元件取名为 DDL + Delta T 保护，且 DDL + Delta T 保护的动作要在 ΔT_1 内 di/dt 大于定值 E（就是图 6-10 的 B），同时启动后 ΔT_1 时刻后 ΔI 值要高于 ΔI_{min}（一般取 2 000 A），保护才能跳闸，也就是多一个条件。

3. 定时限过流保护

定时限过流保护是电流上升率保护的后备保护，通常该保护的电流整定值I_{dmt}较小，一般按馈线最大负荷考虑，以达到切除远端短路故障的目的，其动作延时T_{dmt}也较长，以避开列车启动的时间，广州地铁二号线牵引供电系统中该保护设计的I_{dmt}为 3 000 A，延时T_{dmt}为 30 s。

当电流第一次超过定值时，保护启动。在延时T_{dmt}的时间段内电流一直超过定值，可认为是短路电流，触发跳闸。如果中间任一时刻电流没有超过定值，保护自动返回，等待下次启动。

4. 低电压保护

低电压保护的作用和定时限过流保护一样，作为电流上升率保护的后备保护，一般与其他保护形式互相配合，不作为单独的保护使断路器调跳闸。它的整定值U_{min}及延时T_{dmt}必须与列车正常运行时的运行情况互相配合,应考虑最大负载下列车的启动电流和启动持续时间，还要考虑在一个供电区内多部列车连续启动的情况。

当发生短路故障时，直流输出电压迅速下降很多，当输出电压$<U_{min}$，保护启动，在一定的延时内输出电压一直保持$<U_{min}$，则低电压保护发出动作信号。

5. 双边联跳保护

双边联跳保护对于采用双边供电的接触网，是广泛使用的一种保护手段，正如上文所介绍，在一个供电区内的接触网若由两个变电所对其供电，当其中一个所的直流馈线断路器因为某些保护跳闸的同时，会发出联跳指令，使为同一个供电区供电的直流馈线断路器都跳闸。

双边联跳保护能切除故障电流特别小的远端短路故障，跳闸命令是由感知到较大近端短路故障电流的相邻站发出的。只要给一段接触网供电的两个牵引站有一个正确跳闸，另一个立刻也会跳闸，因而可靠性很高，确保满足 GB 50517—92《地下铁道设计规范》的第 8.2.21 条“在事故状态下接触网短路电流的保护，应保证单边供电接触网区段一条馈线的开断和双边供电接触网区段两条馈线的开断”。下面介绍双边联跳保护的原理。

图 6-11 显示了一条接触网的两段，小双边供电时，左边一段由牵引变电所 A 和 B（简称 A 站和 B 站，下同）供电，右边一段则由 B 站和 C 站供电，当短路点发生在靠近 A 站的 c 位置时，A 站的大电流脱扣保护首先动作，而 B 站则由于短路电流小等因素，大电流脱扣和 di/dt 等保护均无法动作，位于 A 站的双边联跳保护则发出联跳命令，将 B 站的 213 开关跳开。

大双边供电时，当 B 站退出运行时，则 B 站越区隔离开关 2134 合上，双边联跳保护根据 B 站 2133 的位置判断另一端是由 C 站 213 开关供电，跳闸的对象则为 C 站 213 开关。

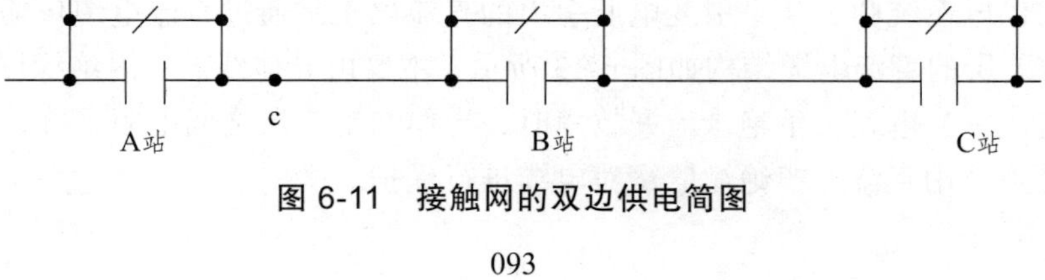

图 6-11 接触网的双边供电简图

6. 接触网热过负荷保护

接触网热过负荷保护的目的是消除热过负荷故障，而非短路故障，其工作原理主要是根据接触网电阻上流过的电流，计算出接触网的发热量，从而再根据接触网的热负荷特性及环境条件推算出接触网的电缆温度。当测量的电缆温度超过 T_{alarm} 给出报警，超过 T_{trip} 则跳开给该接触网供电的直流开关。开关跳开后，电缆逐渐冷却，当温度进一步下降，低于 $T_{reclosure}$，则重新合上直流开关。如图 6-12 所示。

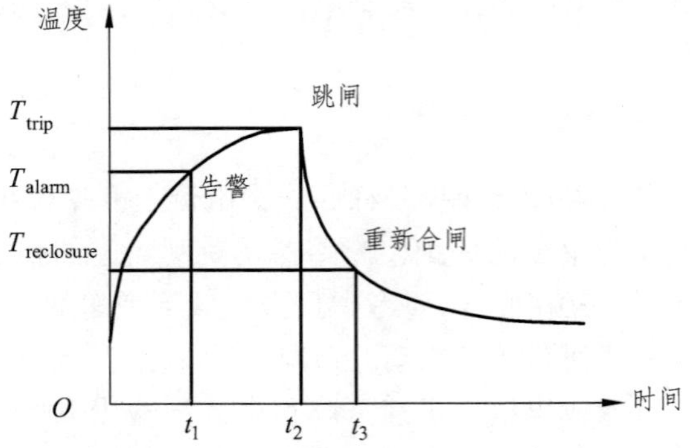

图 6-12　接触网热过负荷保护动作时序图

7. 逆流保护

当整流机组内部、整流机组至直流开关柜间电源电缆发生故障时，设置逆流保护可防止外界向上述故障点反送故障电流。"外界"是指同一段中压母线上的另一牵引整流机组及相邻牵引变电所。整流机组某一臂整流二极管击穿，且与其串联的熔断器未熔断。此故障电流较大，也可以通过中压断路器的过流保护（或是定时限过电流保护或是速断保护）动作跳闸，并联跳与本套整流机组相接的直流进线断路器，切断外界的反送故障电流。整流机组内部非整流二极管击穿造成的直流侧短路。如果是分散供电方式（北京），由于中压网络过流保护定值较小，则不必配置逆流保护。起因是当地供电部门限制了电源出口保护定值，不能按传统的短路计算、校验灵敏系数等方法确定下级配电的保护定值，所以整流机组的中压保护装置的保护范围延伸到了牵引变压器二次侧。整流机组内部电阻非常小，整流机组内部非整流二极管击穿造成的直流侧短路产生的故障电流传导至中压侧，故障电流的变化很小，也就是说仍可以通过中压断路器的过流保护动作跳闸。整流机组至直流开关柜间电源电缆发生故障。道理和上面基本相同，不再论述。

6.2.3　直流电缆绝缘监察保护与自动重合闸

1. 直流电缆绝缘监察保护

直流电缆绝缘监察保护是针对直流电缆发生绝缘泄漏故障时对电缆采取的一种保护。在地铁直流牵引供电系统中，从牵引变电所引出的直流电压是通过直流电缆传输到牵引供电系统的。带有铠装层的直流电缆结构如图 6-13 所示，主要由导体线芯、内绝缘层、外绝缘层和金属铠装层组成。当电缆发生绝缘泄漏故障时，导体与铠装层之间电阻下降，同时产生绝缘泄漏电流，必须采用直流电缆绝缘监察对电缆进行保护。

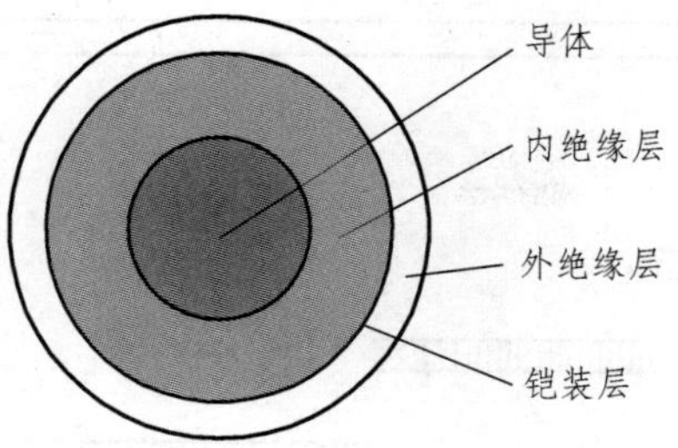

图 6-13　直流电缆断面结构示意图

图 6-14 为以 ADTRANCE 公司的直流馈线综合保护测控装置 DCP106 中的直流馈线电缆绝缘监察保护的安装方式。当 DCP106 发现直流电缆绝缘发生损坏时，则分断断路器。

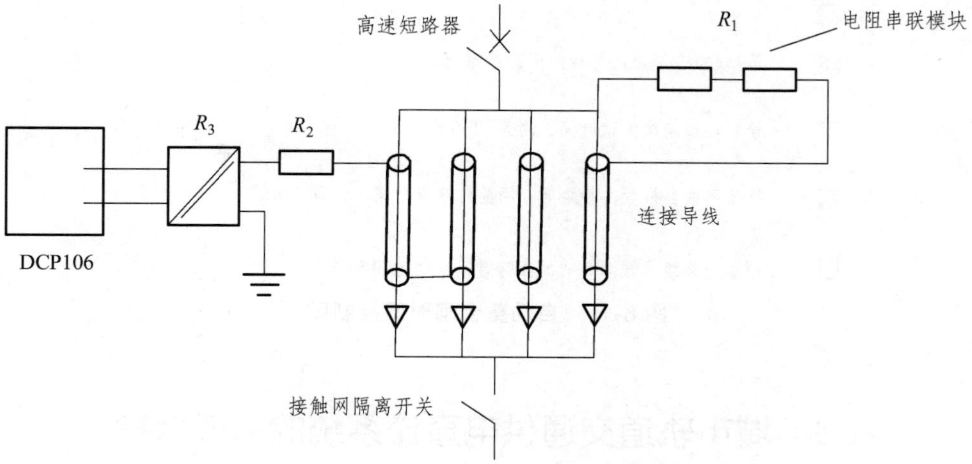

图 6-14　直流电缆绝缘监察保护接线图

2. 自动重合闸

GB 50157—92《地下铁道设计规范》[3]的第 8.2.22 条规定“直流馈线应设自动重合闸装置”。对于非永久性短路故障，自动重合闸无疑是提高供电质量的重要手段。但直流断路器的重合不允许带故障试合后加速跳闸，那样对断路器的寿命有较大的影响。因此必须在确认线路发生的是非永久性短路故障时才允许合闸。为保证不带故障合闸必须进行线路测试。测试方法是：开关跳开后 a s 开始，每隔 n s，将电压通过限流电阻加至接触网，检测是否仍然存在短路，连续检测 m 次。若每次都能检测到短路，则认为是永久性短路故障，重合闸装置返回。判断非永久性短路故障的条件则是连续检测到 k 次无短路，$1 \leqslant k \leqslant m$，$a$、$n$、$m$、$k$ 的大小可由用户修改。同交流开关一样，手动或遥控分闸后，重合闸不能动作。自动重合闸时间控制图如图 6-15 所示。

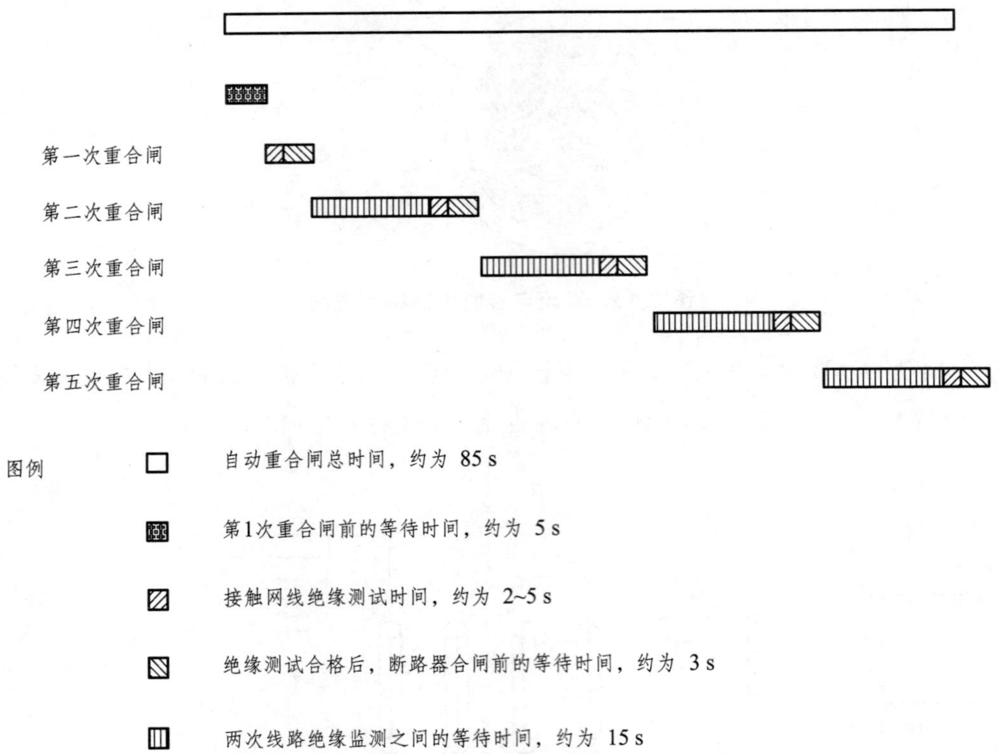

图 6-15　自动重合闸时间控制图

6.3　城市轨道交通供电直流系统的框架保护

6.3.1　框架保护定义

牵引变电所内的直流供电设备采用绝缘安装，主要包括 1 500 V 直流开关柜、整流器柜、负极柜等。当直流设备内的 1 500 V 正极对设备外壳发生泄漏时，如不及时切除，容易将故障扩大为 1 500 V 正极通过设备外壳对负极间的短路事故。而直流系统的短路电流非常大，正、负极短路时的短路电流可达几万安培，对直流设备将造成严重危害。直流框架保护的设置是为了防止直流开关带电设备对直流柜柜体发生泄漏或绝缘损坏闪络时，其余的直流保护起不到应有的作用时，对人身和设备产生伤害。框架泄漏保护是专门针对直流供电设备对正极与柜体发生故障时的保护措施。其保护原理是当正极对柜体外壳发生绝缘损坏时，能及时切除故障，保证系统的安全运行。

同时，框架保护还作为系统中的轨电位装置的后备而存在，城轨供电系统钢轨与大地是绝缘安装，会因为杂散电流的原因造成钢轨与大地有电位差，而钢轨电位又是机车电位，所以当轨电位过高时，会造成上车的旅客一只脚在车上，另一只脚在大地上时的危险。综上，框架保护的动作直接原因要么是正极碰框架，要么是轨电位过高，这都会造成人员的安全受到影响，所以框架保护动作的结果一般会造成多个牵引所（本所 + 上行一半 + 下行一半或本所）停电的事故。

6.3.2 框架保护概述

框架保护分为电流型框架保护和电压型框架保护。也有文献将之称为低阻框架保护与高阻框架保护。框架保护一般使用 PLC 编程实现。

1. 电流型框架保护

电流型框架保护是通过一个电流元件检测框架对地之间的电流（当正极与开关柜的框架绝缘能力降低时，框架会带电），当检测到的电流值达到整定时，电流型框架保护会启动。电流型框架保护通常分为整流器柜框架保护（如青岛地铁对应电流型保护元件 FP-1）和直流开关柜框架保护（如青岛地铁对应电流型框架保护元件 FP-2），跳开本站的两台整流变压器进线开关及本站的所有直流开关，并联跳邻站供同一区段的直流开关。

2. 电压型框架保护

电压型框架保护是通过一个电压保护元件检测框架对负极之间的电压，地铁系统中，开关柜框架接地，而直流的负极母线接钢轨，这实际测的是轨电位，当检测到的电压达到设定值，并达到设定延时后，电压型框架保护会启动，跳开本站的两台整流变压器进线开关及本站的所有直流开关，并联跳邻站供同一区段的直流开关（是否联跳一直有争论，现大部分公司电压型框架保护会联跳邻站供同一区段的直流开关）。并闭锁本所直流断路器重合闸。框架电压保护还与车站的钢轨电位限制装置相配合，作为钢轨电位限制装置的后备保护。

3. 框架保护元件安装位置

电流型框架保护元件 FP-1 和 FP-2 元件安装在负极柜当中，接在绝缘的开关柜外壳和变电所接地网之间。电压型框架保护元件也安装在负极柜当中，一端接于直流电源负极，另一端接设备外壳。

4. 框架保护动作的可能原因

（1）接触轨短路伴随框架泄漏。

（2）接触轨有闪络或局部持续放电伴随框架泄漏。

（3）鼠害或其他动物、物件引起框架泄漏。

（4）轨电位偏高引起框架电压动作。

（5）开关柜正极或电缆存在对框架的短路或放电现象。

（6）误操作或出清时遗留工器具引起正极对框架短路。

6.3.3 框架保护原理

当发生正极对框架的泄漏事故时，泄漏电流通过框架，流经框架电流检测元件、接地网、钢轨对地泄漏电阻、钢轨回到负极。当框架电流元件检测到泄漏电流达到整定值时，会向相应设备发送保护动作信号。当框架电压元件检测到框架和负极之间的电位达到整定值时，向相应设备发送保护动作信号。牵引供电系统框架保护及轨道电位保护如图 6-16 所示。

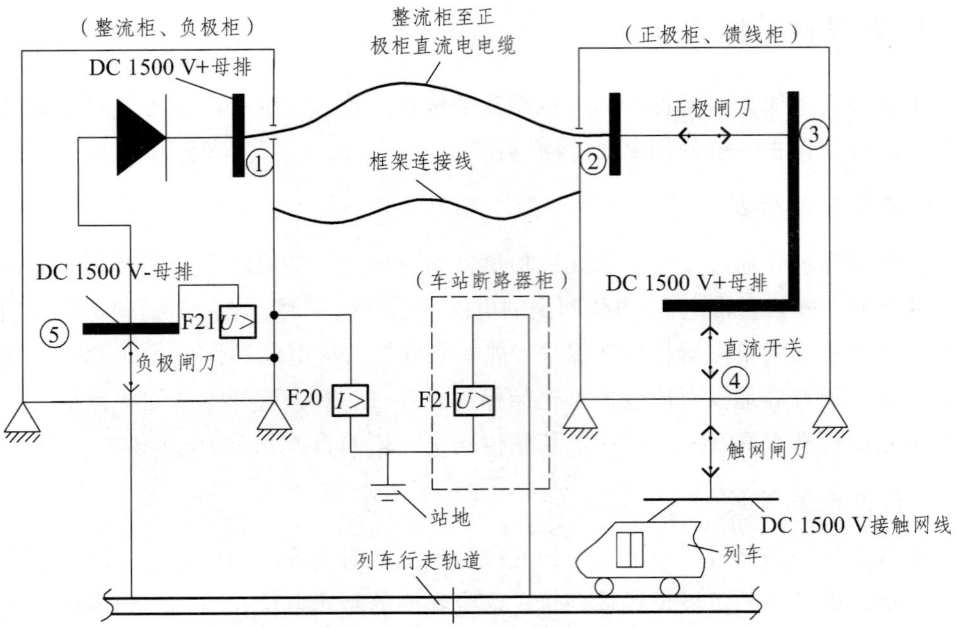

图 6-16　牵引供电系统框架保护及轨道电位保护示意图

青岛地铁采用一套框架泄漏保护装置（包括 FP-1、FP-2、框架电压元件），安装于负极柜当中，当发生框架电流泄漏事故时，相邻两牵引所之间的供电区段全部停电，会造成接触轨大范围失电，需通过单边供电或大双边供电为列车提供电能。由于只设置一套框架泄漏保护，误动作几率相对较低。

深圳地铁二号线采用三套框架泄露保护，两台整流器柜内分别设置一套框架泄露保护，由于空间有限，在每台整流器柜边侧增设一面柜体用于安装框架泄露保护装置，直流开关柜的框架保护原件安装于负极柜内。当整流器正极对外壳短路，接地电流达到设定值时，只联跳整流器对应的交流断路器和直流进线断路器，另一台整流机组初期可继续运行，或通过大双边、单边供电为列车提供电能，不会造成大范围停电。但是由于多增设了两台保护装置，误动作概率也上升了。三号线取消了三套框架泄露保护，用一套框架泄露保护实现三套的功能，主要思路是每台整流器柜和直流开关柜外壳通过串有分流器的电缆连接汇总到一点，再串一个总分流器后单点接地。每个分流器将检测到的电流信号输入到电流检测元件内，通过电流检测元件内部进行判断，总分流器检测的电流作用于跳闸。

1. 电流型框架保护

引起电流型框架保护的放电点归纳起来分为四类：

（1）放电点发生在整流器柜内。运行中引起这种放电的主要原因包括异物侵入（如老鼠等）、空气高湿度电离、直流电缆绝缘击穿等。

（2）放电点发生在 1 500 V 母排或直流开关母线侧取电部分的导体。运行中引起这种放电的主要形式为 1 500 V 母线尖端对外壳放电或因雨水侵入导致母线与框架绝缘击穿。

（3）放电点发生在直流开关柜后端的 1 500 V 电缆出线桩头上。运行中引起这种放电的主要原因包括异物入侵、因电缆高差引起雨水沿绝缘层倒流导致绝缘击穿。

（4）放电点发生在负极母排附近。运行中引起这种放电的主要原因包括异物入侵，电缆与框架绝缘击穿。

框架保护常见故障位置如图 6-17 所示。

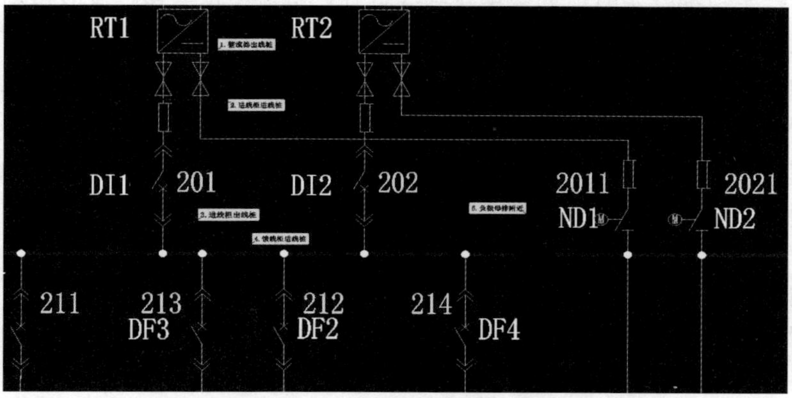

图 6-17　框架保护常见故障位置

下面以青岛地铁电流型框架保护为例，介绍保护定值的设置。

当电流检测元件 FP-1 或 FP-2 检测到框架泄漏电流大于 80 A 时，电流型框架保护启动。使本所牵引机组馈线断路器跳闸，所有直流快速断路器跳闸并闭锁，联跳相邻牵混所对应的直流馈线开关并闭锁重合闸。

表 6-1　电流型框架保护定值设定

检测项目	泄漏电流	设定值/A	动作
1#框架电流	I_F	80	跳闸
2#框架电流	I_F	80	跳闸

2. 电压型框架保护

青岛地铁电压型框架保护设置如表 6-2 所示。

当发生框架泄漏时，如果钢轨对地绝缘非常好，那么流经框架电流检测元件的电流可能达不到整定值 80 A，所以这时可认为框架电压保护作为电流型框架保护的后备保护，因为正极对框架的绝缘破坏会造成框架与负极的电位升高。

青岛地铁三号线北段将排流柜投入，相当于将钢轨对地泄漏电阻短接，泄漏电流主要通过排流柜而不是钢轨对地泄漏电阻回到负极，大大提高了电流型框架保护的灵敏性。但这样做使框架电压元件旁路失效，此时电压型框架保护可以退出。

通过电压测量元件检测设备外壳与负极之间的电压值，当电压值 $U>120$ V 时延时 15 s 报警，电压元件一端接于负极，另一端接设备外壳，测量两者之间的电压。

表 6-2　电压型框架保护定值设定

检测项目		设定值	单位	动作
框架电压	U	120	V	报警
	t	15	s	

6.3.4 钢轨电位限制装置

钢轨电位限制装置一端接钢轨，一端接变电所接地网，检测的是钢轨和地之间的电压。

当正极对框架泄漏发生时，如果钢轨绝缘良好，电流型框架保护没有启动，并且电压型框架保护失灵，此时钢轨电位限制装置检测到的电压为钢轨和框架之间的电压，通过钢轨电位装置三段动作闭合，使泄漏电流主要通过钢轨电位限制装置而不是钢轨对地泄漏电阻回到负极，此时电流能大到几十千安，使电流型框架保护能够迅速动作。

（1）当钢轨电位大于 120 V（安顺车辆段为 60 V）时钢轨电位限制装置延时 500 ms 动作，使钢轨与地相连，降低钢轨电位，并连续动作 3 次后钢轨电位仍然高于整定值，合闸后不再断开。

（2）当钢轨电位大于 250 V 时钢轨电位限制装置延时 100 ms 永久合闸。

（3）当钢轨电位大于 600 V 时钢轨电位限制装置晶闸管在 10 ms 之内导通，钳制钢轨对地电位，向接触器发出合闸命令，接触器永久合闸。

钢轨电位限制装置定值如表 6-3 所示。

表 6-3　钢轨电位限制装置定值

检测项目			设定值	单位	动　作
钢轨电位限制装置	Ⅰ段过电压	U>	120（60）	V	接触器闭合
		T	500	ms	
		N	3	次数	
	Ⅱ段过电压	U>>	150	V	接触器闭合
		T	100	ms	
	Ⅲ段过电压	U>>>	600	V	晶闸管无延时导通，接触器闭合，晶闸管断开

1. 钢轨电位限制装置动作特性

（1）当供电区段没有启动和运行的列车，且牵引直流系统运行正常情况下，钢轨对地电位为零；

（2）当供电区段有启动或运行的列车,或发生短路故障时，由于钢轨与地之间泄漏电阻的存在，使列车钢轨与地的电位升高,而牵引变电所的轨-地电位为负值，轨-地之间会产生较高的电压差。为保护车站旅客的人身安全，设置钢轨电位限制装置。当两牵引变电所供电区间有列车启动或运行时，轨-地电位如图 6-18 所示。

钢轨电位限制装置的电压检测及接触器主触点均接于钢轨（负极）和地之间，其整定值按 EN50122—1:12.97 标准中的人体耐受电压-时间特性曲线进行整定，当检测电压高于整定值时，钢轨电位限制装置动作，将钢轨与地短接，钢轨与地等电位，从而保护车站旅客人身安全。广州地铁二号线的钢轨电位限制装置有 3 段动作电值：U>，U>>，U>>>（具体参数可参考广州地铁公司相关资料），若检测电压大于 U>，钢轨电位限制装置延时动作；若检测电压大于 U>>，钢轨电位限制装置不带延时，在 100 ms 之内动作；若检测电压大于 U>>>

（600 V）时，钢轨电位限制装置中的高速开关——可控硅二极管快速（011 ms）导通，将钢轨与地短接。

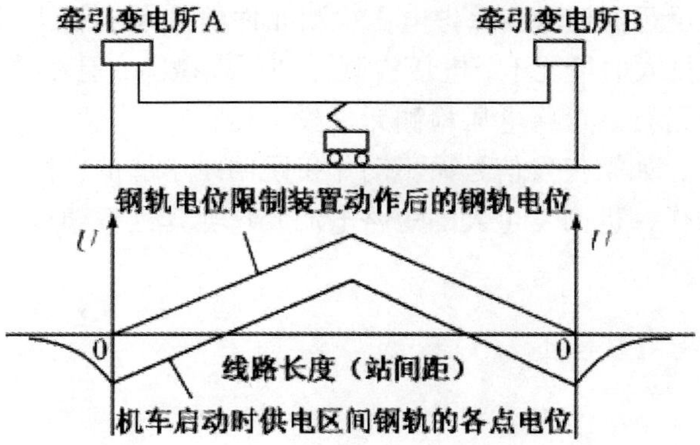

图 6-18　机车启动或运行时钢轨对地电位的分布示意图

2. 框架泄漏保护的电压检测元件与钢轨电位限制装置的作用比较

（1）相同点：两者测量的均是钢轨与地间电压。

（2）不同点：框架泄漏保护电压检测元件的作用是保护直流设备，动作于跳闸，只有排除故障，复归框架泄漏保护动作信号后，才能恢复供电，而钢轨电位限制装置的作用是使钢轨与地短接，使两者处于同一电位，保护人身安全，不动作于跳闸，供电系统继续运行。

列车启动及运行时，可能会引起轨—地电位升高，此时钢轨电位限制装置和框架泄漏保护的电压检测元件均启动，但由于直流系统是正常运行情况，框架保护不应动作，故应使框架泄漏保护电压检测元件的动作时间整定值比钢轨电位限制装置的动作时间整定值长（相同的测量电压条件下），两者的整定曲线如图 6-19 所示。

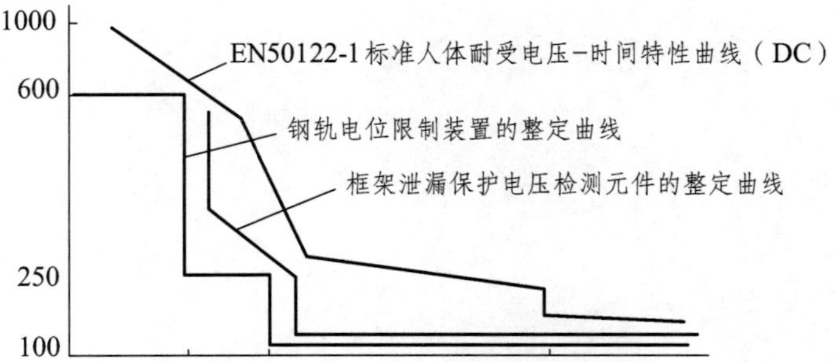

图 6-19　框架电压与轨电位限制装置的整定曲线

当直流设备的正极对柜体外壳发生短路故障时，钢轨电位限制装置和框架泄漏保护的电压检测元件均检测到一个瞬时的高电压。由于是直流系统发生故障，框架泄漏保护应先于钢轨电位限制装置动作。

国内其他地铁曾经有将电压型框架保护设置为跳闸，并且在钢轨对地电压急剧上升时，电压型框架保护动作的优先级高于钢轨电位限制装置。这种设置在电压型框架保护的整定曲线和轨电位装置整定曲线的交点处容易产生误动作。并且电压型框架保护容易扩大事故影响范围，所以现在大部分地铁都设定轨电位装置的整定值小于电压型框架保护整定值，这样做可以减小误动作几率，但也使电压型框架保护变成钢轨电位限制装置的后备保护。

因此，框架泄漏保护可保护系统和直流设备的安全，钢轨电位限制装置可保护人身安全这 2 种装置缺一不可。设置框架泄漏保护电压检测元件的投入/撤除开关，可满足各种条件下的运行要求，在排流柜投入的情况下，电压检测元件可以撤除；但在排流柜不投入的情况下，为确保系统安全可靠地运行，可将电压检测元件投入运行。

当框架保护动作后，如果仅发信号而不动作于跳闸是不够的，因为，钢轨电位限制装置会因地电位的升高而动作，进而发生大的短路电流，这会延迟框架保护的保护动作时间，对设备不利。

第 7 章　自动重合闸

7.1　自动重合闸的作用及要求

1. 自动重合闸定义

架空线路故障大都是“瞬时性”的故障，在线路被继电保护迅速动作控制断路器断开后，故障点的绝缘水平可自行恢复，故障随即消失。此时，如果把断开的线路断路器重新合上，就能够恢复正常的供电。

此外，也有“永久性故障”，输电线路有少数由线路倒杆、短线、绝缘子击穿或损坏等原因引起的永久性故障，在线路被断开之后，这些故障仍然存在。此时，如把线路断路器合上，线路还要被继电保护动作断路器再次断开。

因此，在电力系统中采用了自动重合闸装置，即当断路器由继电保护动作或其他非人工操作而跳闸后，能够自动控制断路器重新合上的一种装置。

2. 重合闸在电力系统中的作用

（1）大大提高供电的可靠性，减少线路停电的次数。

（2）对两侧电源线路，可提高系统并列运行的稳定性，从而提高线路的输送容量。

（3）在架空线路上采用重合闸，可以暂缓架设双回线路，以节约投资。

（4）对断路器本身由于机构不良或继电保护误动作而引起的误跳闸，也能起纠正的作用。

但是，当重合于永久性故障上时，它也将带来一些不利的影响，如：

（1）使电力系统又一次受到故障的冲击；

（2）使断路器的工作条件恶化（因为在短时间内连续两次切断短路电流）。例如，油断路器的工作情况比较严重。第一次短路时，电弧温度高，断路器动作，会提高油温，油的绝缘强度已经降低，重合于永久性故障的话，断路器再次跳开，此时，断路器的开断容量已经降到原来容量的 80% 左右，断路器的工作条件非常恶劣，导致断路器的使用寿命降低。

线路上装设重合闸后，重合闸本身不能判断故障是否属瞬时性，因此，如果故障是瞬时性的，则重合闸能成功；如果故障是永久性的，则重合后由继电保护再次动作断路器跳闸，重合不成功。运行实践表明，线路重合闸的动作成功率约在 60% ~ 90% 之间。可见，采用自动重合闸的应用非常广泛。

3. 对自动重合闸装置的基本要求

（1）正常运行时，当断路器由继电保护动作或其他原因而跳闸后，自动重合闸装置均应动作。

（2）由运行人员手动操作或通过遥控装置将断路器断开时，自动重合闸不应启动。

（3）继电保护动作切除故障后，自动重合闸装置应尽快发出重合闸脉冲。
（4）自动重合闸装置动作次数应符合预先的规定。
（5）自动重合闸装置应有可能在重合闸以前或重合闸以后加速继电保护的动作，以便加速故障的切除。
（6）在双侧电源的线路上实现重合闸时，重合闸应满足同期合闸条件。
（7）当断路器处于不正常状态而不允许实现重合闸时，应将自动重合闸装置闭锁。

7.2 单侧电源线路的三相一次自动重合闸

三相一次自动重合闸就是在输电线路上发生任何故障，继电保护装置将三相断路器断开时，自动重合闸启动，经 0.5 ~ 1 s 的延时，发出重合脉冲，将三相断路器一起合上。若为瞬时性故障，则重合成功，线路继续运行；若为永久性故障，则继电保护再次动作将三相断路器断开，不再重合。

如图 7-1 所示，当输电线路上出现短路故障，此时线路保护装置动作使断路器 QF 跳闸，自动重合闸启动，延时后发出合闸动作信号，使断路器 QF 合闸，若故障是瞬时性的，自动重合闸成功；如果故障是永久性的，保护再次动作使得断路器跳闸，不再重合。

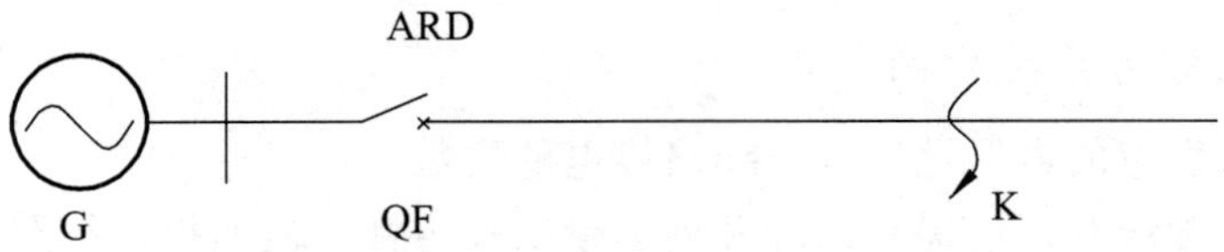

图 7-1　自动重合闸工作原理示意图

通常三相一次自动重合闸装置由启动元件、延时元件、一次合闸脉冲元件和执行元件四部分组成，如图 7-2 所示。

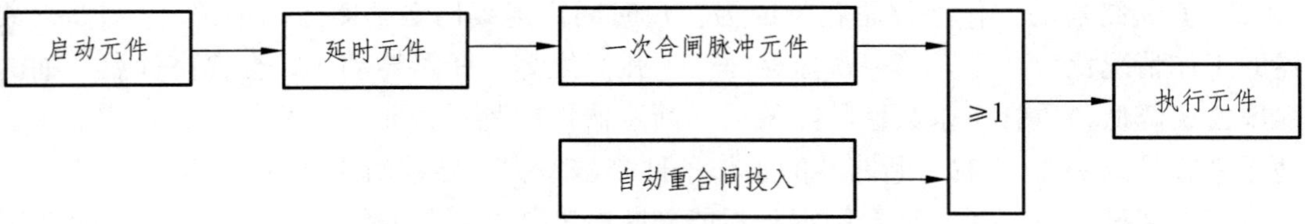

图 7-2　自动重合闸动作原理框图

启动元件的作用是当断路器跳闸之后，使重合闸的延时元件启动；

延时元件是为了保证断路器跳闸之后，在故障点有足够的去游离时间和断路器及传动机构能准备再次动作的时间；

一次合闸脉冲元件用于保证重合闸装置只能重合一次；

执行元件则是将重合闸动作信号送至合闸电路和信号回路，使断路器重新合闸，让值班人员知道重合闸已动作。

7.2.1 电磁式三相一次自动重合闸的工作原理和构成

电磁式三相一次自动重合闸的工作原理如图 7-3 所示。

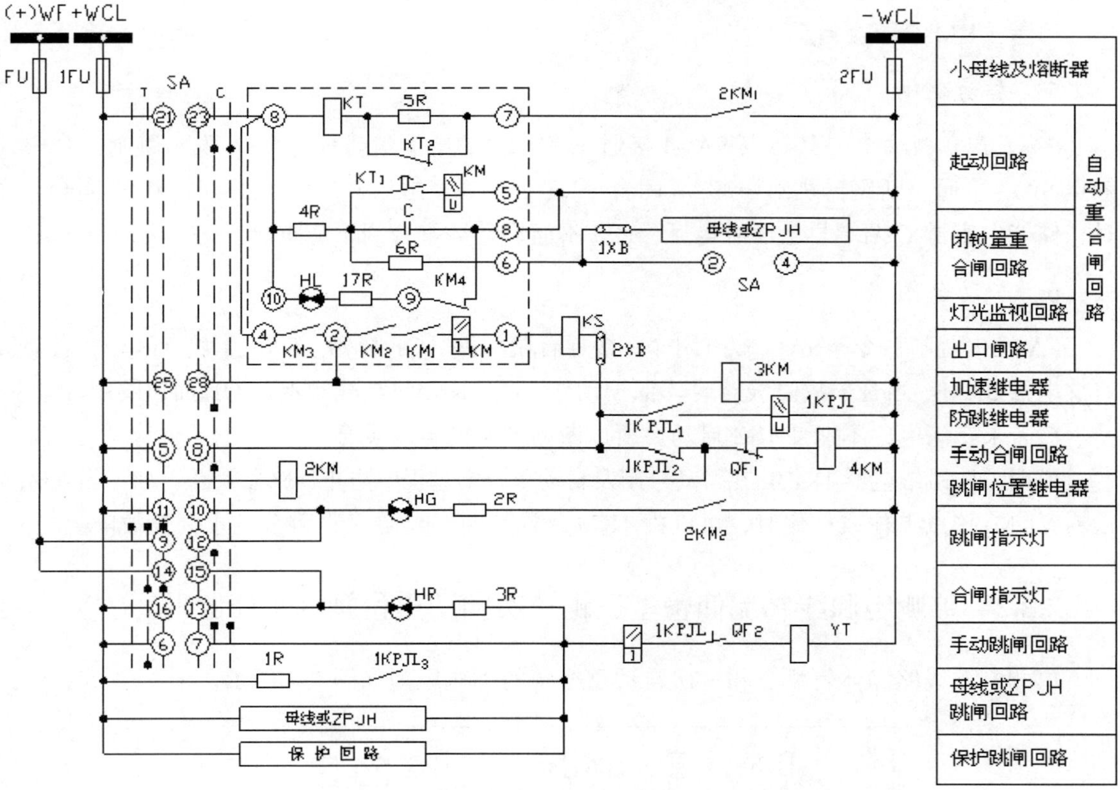

图 7-3　电磁式三相一次自动重合闸工作原理图

1. 正常情况

断路器处于合闸状态，QF1 断开→2KM 失电→$2KM_1$ 断开。而 SA 处在合后位置，其触点 SA21-23 接通，触点 SA2-4 断开→重合闸投入，指示灯 HL 亮。重合闸继电器的电容 C 经 4R 充电，经 10 ~ 15 s 后，电容器 C 两端电压等于电源电压，此电压可使中间继电器 KM 启动。

2. 线路发生故障时

断路器跳开后，QF_1 闭合→2KM 得电→$2KM_1$ 闭合→启动 KT→KT 经过约 0.5 ~ 1 s 的延时→KT_1 闭合→电容器 C 放电→KM 启动→闭合其常开触点 KM_1、KM_2、KM_3→发出合闸脉冲。

3. 若为瞬时性故障

断路器合闸后，KM 因电流自保持线圈失去电流而返回。同时，2KM 失电→$2KM_1$ 断开→KT 失电，触点 KT_1 断开→电容器 C 经 4R 重新充电，经 10 ~ 15 s 又使电容 C 两端建立电压。整个回路复归，准备再次动作。

4. 若为永久性故障

断路器合闸后，继电保护动作再次将断路器断开→QF1 闭合→2KM 得电→$2KM_1$ 闭合，KT 启动→KT_1 经过约 0.5 ~ 1 s 的延时闭合→电容器 C 放电。

思考：KM 会不会启动？

5. 手动跳闸

SA 发出预跳命令→其触点 SA_2-4 接通→将 C 上的电荷瞬时放掉。SA 发出跳闸命令→其触点 $SA_{6\text{-}7}$ 接通→断路器跳闸→$2KM_1$ 闭合→KT 启动，经过约 0.5 ~ 1s 的延时→KT_1 闭合。这时，储能电容器 C 两端早已没有电压，KM 不能启动→重合闸不能重合。

6. 手动合闸

SA 发出跳闸命令→$SA_{5\text{-}8}$ 触点闭合，接通合闸回路，QF 合闸。$SA_{25\text{-}28}$ 触点闭合，启动加速继电器 3KM。当合于故障线路时，保护动作，经 3KM 的常开触点使 QF 加速跳闸。

C 尚未充满电，不能使 KM 启动，所以断路器不能自动重合。

说明：防跳继电器 1KPJL 在手动合闸及自动重合闸过程中防止断路器跳跃。如：当 KM_1、KM_2、KM_3 接点卡住或粘住时，可以由 1KM 来防止将断路器多次重合到永久性故障上。

7.2.2 单侧电源线路晶体管型三相一次自动重合闸的工作原理

单侧电源线路晶体管型三相一次自动重合闸的工作原理如图 7-4 所示。

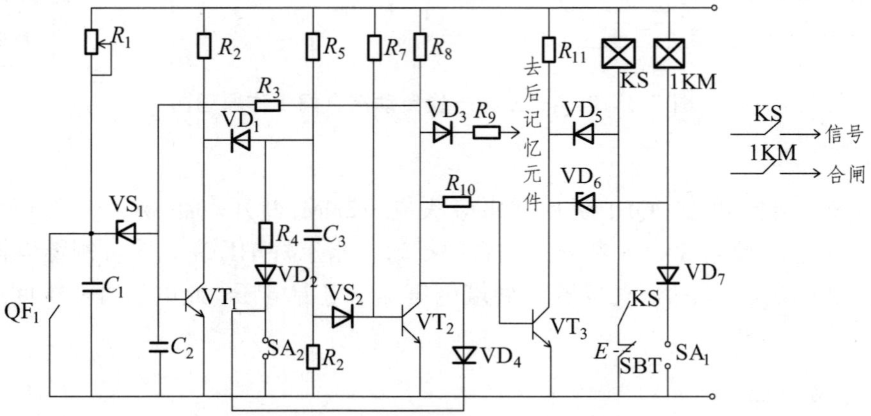

图 7-4 单侧电源线路晶体管型三相一次自动重合闸工作原理图

1. 当线路正常运行时

当线路正常运行时，断路器在合闸位置，QF_1 接点接通，三极管 VT_1 截止，电容器 C_3 两端经 R_5 和 R_6 充满至电源电压，1 点电位为 $+E$，2 点电位为 0 V，充满此电压所需的时间为 15 ~ 25 s。由于 2 点电位为 0 V，因此，稳压管 VS_2（其击穿电压选为 10 V）截止，VT_2 由 R_7 供给基流而导通，VT_2 的导通使 VT_3 截止，因此信号继电器 KS 和重合闸执行继电器 1KM 均不动作。

2. 当线路发生故障时

当线路发生故障时，断路器跳闸，QF_1 接点打开→C_1 经 R_1 充电，经预定的延时后，C_1 两端充电电压达稳压管 W_1 的击穿电压→VT_1 经 R_1 和 VS_1 供给基流而导通，故 VD_1 也正向导通→1 点电位突变为 0 V，2 点电位被迫变为 $-E$→VS_2 被击穿，使负电压加于 VT_2 的基极→VT_2 截止，随之 VT_3 导通，1KM 和 KS 动作，向断路器发出合闸脉冲，同时给出重合闸动作的信号。

3. 线路发生永久性故障时

若线路发生的是永久性故障，则在重合闸以后，继电保护将再次动作跳闸→此时 QF_1 接点又将打开→“重合闸启动与时间元件”动作同前→使 VT_1 导通，但是由于 C_3 尚来得及充满电压→VT_2 并不截止，“一次合闸脉冲元件”就不会再发出宽度为 0.1 s 的脉冲，这就保证了只进行一次重合。

4. 控制开关手动跳闸时

当控制开关在预跳位置，SA_2 接点接通→一方面接通了 C_3 经 R_4 和 D_2 的放电回路，使 C_3 放电→另一方面又使 VT_2 的集电极输出经 VD_4 接通 0 V，实现手动闭锁就保证了手动跳闸以后不致重合。在手动跳闸以后。QF_1 接点打开，则 C_3 一直处于放电状态。

5. 用控制开关手动合闸时

合闸后 QF_1 接点接通→VT_1 截止，C_3 开始充电→经 15 ~ 25 s 后，C_3 充满电压。如果线路上存在故障→继电保护动作跳闸后→C_3 两端的充电电压尚不足以使 V_2 截止→不会发生断路器自动重合。

7.3* 双侧电源线路的三相一次重合闸

7.3.1 双侧电源线路重合闸的特点

在双侧电源的送电线路上实现重合闸时，除了应该满足前面提出的各项要求以外，还必须考虑如下的特点：

（1）时间的配合：当线路上发生故障时，两侧的保护装置可能以不同的时限动作于跳闸，例如在一侧为第Ⅰ段动作，另一侧为第Ⅱ段动作，此时为了保证故障点电弧的熄灭和绝缘强度的恢复，以使重合闸有可能成功，线路两侧的重合闸必须保证在两侧的断路器都跳闸以后，再进行重合。

（2）同期问题：当线路上发生故障跳闸以后，常常存在着重合闸时两侧电源是否同期，以及是否允许非同期合闸的问题。因此，双侧电源线路上的重合闸，应根据电网的接线方式和运行情况，选择合适的重合闸方式。

7.3.2 双侧电源送电线路重合闸的主要方式

1. 非同期重合闸方式

当线路两侧断路器跳闸后，不管两侧电源是否同步，均直接重合，合闸后期待系统自动拉入同步，此时系统中各电力元件都将受到冲击电流的影响。当冲击电流不超过电力系统规程规定的允许值时，可以采用非同期重合闸方式，否则不允许采用这种方式。

2. 检同期重合闸

检同期重合闸即在自动重合闸之前进行同步检查，只有当断路器两侧的电压符合同步条件时，才能进行重合。这种重合闸方式不会产生很大的冲击电流，合闸后也能很快地拉入同步。

检查同步重合闸方式原理接线图如图 7-5 所示，除了在线路两侧均装设重合闸装置之外，在线路的一侧加装了无电压检定元件，其作用是检查线路有没有电压存在，而在线路的另一侧装设同期检定元件用以检测二侧电压的相位差。

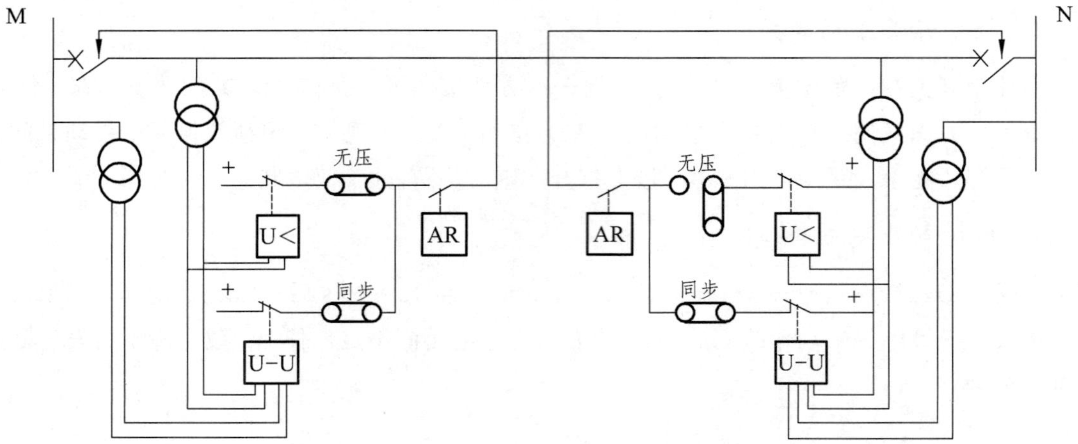

图 7-5 采用同期检定和无电压检定重合闸的示意图

当线路发生故障，两侧断路器跳闸以后，检定线路无电压一侧的重合闸首先动作，使断路器投入。如果重合不成功，则该侧断路器再次跳闸。此时，由于线路另一侧没有电压，同期检定元件不动作，因此，该侧重合闸根本不启动。如果重合成功，则另一侧在检定同期之后，再投入断路器，线路即恢复正常工作。由此可见，在检定线路无电压一侧的断路器，如果重合不成功，就要连续两次切断短路电流，因此，该断路器的工作条件就要比同期检定一侧断路器的工作条件恶劣。为了解决这个问题，通常在每一侧都装设同期检定元件和无电压检定元件，利用连接片进行切换，使两侧断路器轮换使用每种检定方式的重合闸，因而使两侧断路器工作的条件接近相同。

在使用检查线路无电压方式的一侧，当其断路器在正常运行情况下由于某种原因（如误碰跳闸机构，保护误动作等）而跳闸时，由于对侧并未动作，线路上有电压，因而就不能实现重合，这是一个很大的缺陷，为了解决这个问题，通常都是在检定无电压的一侧同时投入同期检定元件，两者的触点并联工作。此时如遇有上述情况，则同期检定元件就能够起作用，当符合同期条件时，即可将误跳闸的断路器重新投入。但是，在使用同期检定的另一侧，其无电压检定元件是绝对不允许同时投入的。

7.4 自动重合闸与继电保护的配合

7.4.1 自动重合闸前加速

当线路发生故障时，继电保护加速电流保护的第Ⅲ段，造成无选择性瞬时切除故障，然后重合闸进行一次重合（如图 7-6 所示）。若重合于瞬时性故障，则线路就恢复了供电。若重合于永久性故障，则保护带时限有选择性地切除故障。

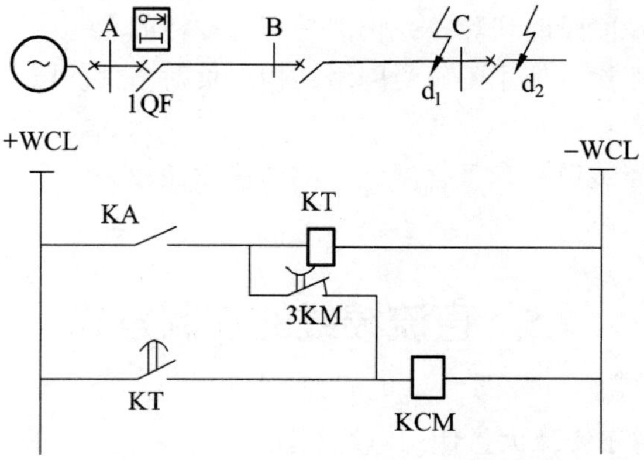

图 7-6 自动重合闸前加速保护

系统的每条线路都装设过电流保护，1QF 处装设自动重合闸装置，变电站 B 和 C 没有装自动重合闸装置。当 d_1 点或 d_2 点短路时，1QF 的过电流保护动作，通过加速继电器 3KM 的常闭触点瞬时跳闸。1QF 跳开后，启动重合闸继电器进行重新合闸，与此同时，启动加速继电器 3KM，加速继电器 3KM 的常闭触点断开。若重合不成功，过电流保护再次动作，这时通过 KT 的延时接点有选择性地切除故障。

应用：用于 35kV 以下由发电厂或重要变电所引出的直配线路上。

采用前加速保护的优点：

（1）能快速地切除瞬时性故障。

（2）使瞬时性故障不至于发展成永久性故障. 从而提高重合闸的成功率。

（3）使用设备少，只需装设一套重合闸装置，简单、经济。

采用前加速保护的缺点：

（1）断路器 1QF 的工作条件恶劣，动作次数增多。

（2）对永久性故障，故障切除时间可能很长。

（3）如果重合闸或断路器 1QF 拒绝合闸，将扩大停电范围。

7.4.2 自动重合闸后加速

就是当线路发生故障时，首先保护有选择性动作切除故障，重合闸进行一次重合。若重合于瞬时性故障，则线路恢复供电；如果重合于永久性故障上，则保护装置加速动作，瞬时切除故障。

当输电线路上发生故障时，KA 动作→KT 得电→KT 触点延时闭合→启动 KCM，即继电保护有选择性地动作。

重合闸进行重新合闸，与此同时，将加速继电器 3KM 启动→其常开触点瞬时闭合而延时返回。若发生的是永久性故障，则过电流保护再次启动，这时通过 3KM 的常开触点瞬时启动 KCM，切除故障。

应用：应用于 35 kV 以上的网络及对重要负荷供电的送电线路上。

后加速保护的的优点：

（1）第一次有选择性的切除故障，不会扩大停电范围。

（2）保证永久性故障能瞬时切除，并仍然是有选择性的。

（3）和前加速保护相比，使用中不受网络结构和负荷条件的限制。

后加速保护的的缺点：

每个断路器上都需要装设一套重合闸，与前加速相比较为复杂。

7.5 直流馈线的控制方式

城轨供电系统中，由于交流大量使用电缆线路，为了防止重合闸时出现电缆的二次烧损，扩大事故范围，故城轨供电的交流侧不使用重合闸逻辑。而城轨供电的直流侧由于大多数跳闸是由弓网的配合不当造成拉弧等瞬时性故障，故直流保护分闸后必有重合过程，前面章节中已简略说明整个过程。直流馈线控制系统包括了分合闸操作、联跳、线路测试、自动重合闸、防跳等。其中，分合闸是对断路器的操作；联跳是针对双边供电、保护设备间的相互动作；重合闸与防跳、线路测试间是相互关联的，共同形成对断路器的控制测试。

7.5.1 分合闸操作

分合闸操作测控保护装置的输出，实质是为了驱动断路器等电气设备动作。分合闸操作可分为对电保持型断路器和对磁保持型断路器的操作，并包括对合闸线圈通电时间的控制。

电保持型断路器的合闸原理示意图如图 7-7 所示，断路器的合闸线圈 Q 为长期通电型。其合闸程序为：测控保护装置输出 1 s 脉冲，使继电器 K_1 得电动作，其接点闭合短接电阻 R，500 ms 后测控保护装置输出合闸脉冲使继电器 K_2 接点闭合并保持，合闸线圈得电，1 s 脉冲消失后电阻 R 串入合闸线圈回路，通过减少流过合闸线圈的电流（保持电流）使断路器保持在合闸位置。其分闸程序为：使断路器的合闸线圈 Q 失电，断路器分闸。

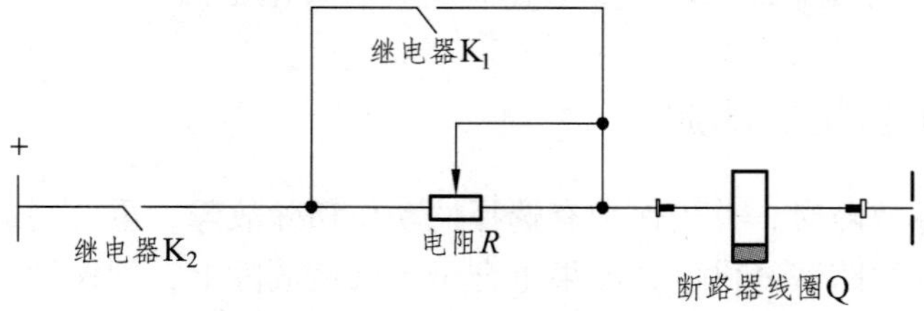

图 7-7 电保持型断路器的合闸原理示意图

磁保持型断路器的合闸线圈为短时通电型，合闸原理示意图如图 7-8 所示。其合闸程序为：测控保护装置输出 1 s 脉冲，继电器 K_1 得电接点闭合，使断路器线圈 Q 得电，断路器合闸，合闸后合闸线圈失电，断路器通过永磁机构保持合闸状态。其分闸程序为：测控保护装置输出 1 s 脉冲，继电器 K_2 得电接点闭合，使合闸线圈 Q 获取反磁极电流，永磁机构消磁，断路器分闸，分闸后断路器线圈 Q 失电。

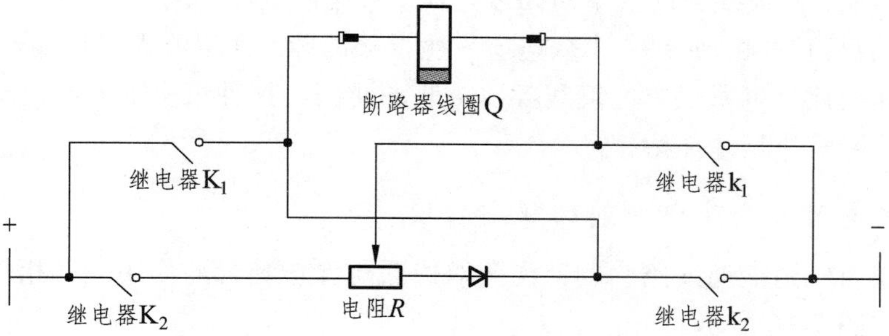

图 7-8　磁保持型断路器的合闸原理示意图

7.5.2　联　跳

1. 相邻变电所的联跳

相邻变电所的联跳就是相邻的两个牵引变电所内对同一段接触网供电的两个馈线断路器间的相互动作保护。

当本变电所的断路器跳闸时，同时要联跳相邻变电所内同一个区间供电的断路器，本所的断路器也要由相邻变电所控制跳闸。联跳功能通过联跳电缆及两侧变电所直流开关柜中的联跳继电器来实现。开关柜中的保护装置一般集成有独立的联跳接收与发送回路。其功能具体实现是由联跳发送回路发出联跳信号，经过联跳继电器及相邻变电所直接的联跳电缆，将此联跳信号发送到相邻变电所的相关馈线柜，相邻变电所的馈线柜接收到联跳信号后，同样需经过继电器，进入联跳信号接收回路，从而通知保护装置来控制实现各种联跳动作反应。区间联跳分布示意图如图 7-9 所示。

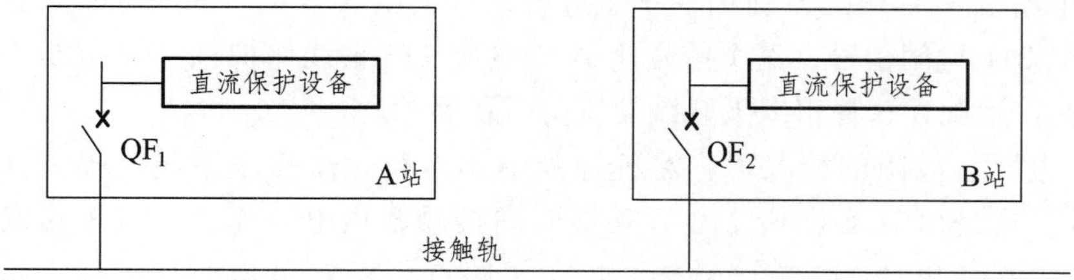

图 7-9　区间联跳分布示意图

对应同一段接触网的 QF_1 断路器和 QF_2 断路器分别位于 A 站和 B 站，QF_1 断路器和 QF_2 断路器柜上都装有直流保护设备，QF_1 断路器和 QF_2 断路器通过继电器，联跳电缆使用相互保护动作。在正常运行情况下，若 QF_1 的保护设备检测到故障并发出指令跳闸后，同时会通过联跳出继电器、联跳电缆向 QF_2 发出联跳信号，QF_2 的联跳继电器接到联跳信号后，由联跳入继电器传给本柜的保护装置，保护装置检测到联跳信号后发出指令，QF_2 断路器跟随跳闸；若 QF_1 的保护设备检测到的故障在设定时间内消除，则发出指令重合闸，同时发出信号给 QF_2，QF_2 的保护装置接到信号后也发出指令重合闸；若该故障未及时消除，则 QF_1 和 QF_2 的两个直流保护装置均显示故障，不能合闸，反之亦然。

当相邻两个变电所中的两面馈线柜同时向一条馈线区间供电时，发生以下两种情况需要启动双边联跳功能：此馈线区间发生短路或过流（直流馈线保护动作），则两个变电所内相关的馈线柜要实现双边联跳；如果一个变电所发生框架故障（框架泄露保护动作），则相邻变电所内的所有可能向此变电所供电的馈线都要被联动跳闸，这种情况下不能启动线路测试及重合闸，必须等故障解决后才能解锁。

2. 越区供电时三个变电所间的联跳转换

下面以某城市轨道交通线路为例，说明双边联跳保护装置的作用。其相邻变电所之间采用的供电方式如图 7-10 所示。

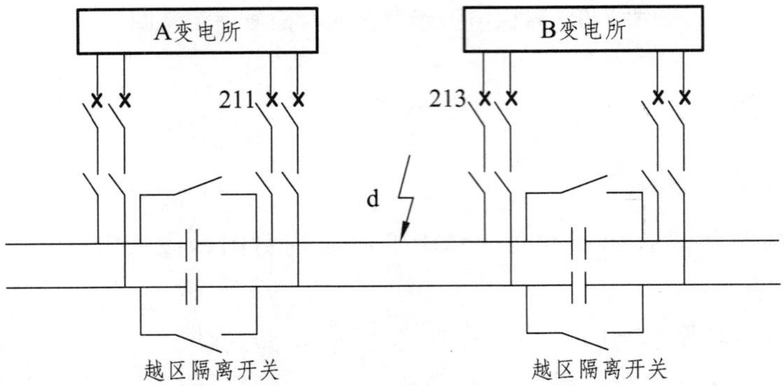

图 7-10　某城市轨道交通线路两相邻变电所接线示意图

在 A 所无故障的情况下，由 A 变电所 211 馈线开关和 B 变电所 213 开关同时向接触轨供电，A 变电所越区隔离开关打开。如果现在有短路情况发生在 d 点，则由于短路发生地点距离 B 变电所较近，所有 B 变电所馈线保护中的 di/dt 瞬时保护或大电流脱扣保护首先动作，使 B 变电所 213 开关跳闸，由于短路发生地点距离 A 变电所较远，所以经过一段延时以后，A 变电所 211 馈线开关中 di/dt 延时保护也应该动作。在 B 变电所的联络线向 A 变电所联跳装置发送一个 211 跳闸信号，这个信号比 A 变电所 211 馈线保护自身的 di/dt 延时保护跳闸信号要慢一些，因此在这种情况下联跳装置为后备保护。

在 A 变电所有故障的情况下，A 变电所退出运行，A 变电所越区隔离开关合上，如图 7-11 所示。这是由 B 变电所 213 开关同时向接触轨供电。如果这时短路发生在 d 点，同样还是 B 变电所开关 213 首先动作，由于短路点距离 C 变电所比较远，延时跳闸保护有可能不动作，所以 C 变电所 211 保护有可能动作也可能不动作，需要看短路的情况而定，而联跳装置比较可靠，只要 B 变电所 213 保护跳闸，它总会发信号给 A 变电所，经过 A 变电所的联跳装置转发给 C 变电所 211 开关，使 211 开关跳闸，这时联跳装置就显得比较重要。

当中间一个变电所解列运行越区隔离开关进行越区供电时，其相邻的两个变电所馈线断路器间可以进行联跳转换。联跳转换功能只与本所馈线柜之间的接线有关，不依赖于任何外界接线。具体实现方式可在每面馈线柜中安装辅助继电器，并将同一个变电所相关馈线柜的辅助继电器接点相连即可实现联跳转换。

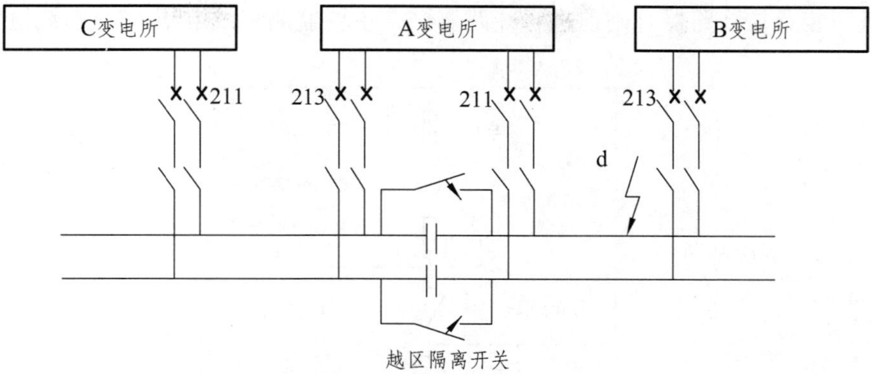

图 7-11　A 变电所故障时的供电接线示意图

正常供电时，此辅助继电器不动作，同一变电所内的两个馈线柜双边联跳回路不会连通。一旦某一变电所退出运行，合闸越区供电时，辅助继电器动作，将两面馈线柜内的联跳回路连通，从而实现联跳转换。

3. 框架故障动作时的联跳闭锁

当跳闸由于框架泄露保护动作引起时，保护装置可以将其识别出来，除了控制跳闸并闭锁本所的所有馈线断路器，还要联跳并闭锁相邻变电所相关的断路器，此功能是由保护装置内部识别框架保护动作，并发出相应的联跳闭锁信号实现的，无须增加任何额外接线。

双边联跳信息可以上传至所内的自动化系统及电力监控（SCADA）系统。保护装置的双边联跳功能可通过参数整定来投入或运行。一旦馈线断路器由于相邻变电所的联跳被启动后，保护装置外接的触摸屏显示器就可以显示联跳信息。

7.5.3　线路测试

线路测试功能用于对直流馈线断路器进行控制。在馈线断路器合闸前，利用线路测试装置对线路状态进行测试，可以防止断路器与故障点或已经过载的线路相连通，从而减少不必要的事故的发生。直流馈线主保护、线路检测和自动重合闸保证了直流牵引馈线保护的快速性、选择性与可靠性的要求。

在现在的微机式保护中，直流馈线断路器合闸前先进行线路检测，线路检测成功后，断路器再合闸。如果运行中断路器跳闸，在断路器重合闸前也先进行线路检测，若线路检测通过，则认为不存在永久性短路点，进行断路器重合闸；反之，若线路检测不通过，则认为运行线路上短路点仍存在，为避免断路器再次受到短路电流的冲击，断路器不再重合。目前实际运行中，重合闸动作的条件一般设定为线路检测通过且重合闸不成功次数小于设定次数，而不同于以往的重合闸动作只一次不成功就被闭锁，这有利于提高供电的可靠性，但对保护定值的设置提出了较高要求。

1. 线路测试工作原理

典型的线路测试原理图如图 7-12 所示。

线路检测装置在断路器合闸前进行线路测试，主要监测母线电压 U_z、馈线电压 U_f。

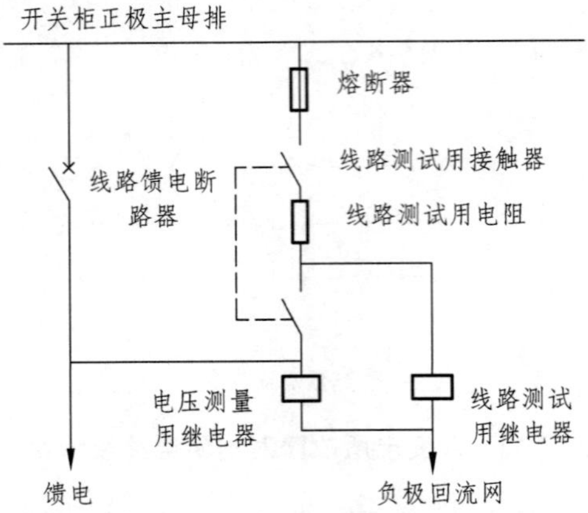

图 7-12 线路测试的典型线路图

在开关柜主母线和馈线之间增加线路测试用电阻和线路测试用接触器，通过测量馈电线（接触网）与回流网之间的电压 U_f 以及回路电阻 R，将馈线电压 U_f 与线路最小工作电压 U_{fLow} 以及线路残压 $U_{fResidue}$ 比较，将回路电阻 R 与线路最小电阻 R_{min} 比较，确定是否可以合闸。一般来说，1 500 kV 直流供电系统的整定参数为：$U_{fLow} = 750$ V，$U_{fResidue} = 500$ V，$R_{min} = 2.5\ \Omega$；750 V 直流供电系统的整定参数为 $U_{fLow} = 450$ V，$U_{fResidue} = 150$ V，$R_{min} = 2.5\ \Omega$。

线路测试的各种情况如下：

（1）$U_Z < U_{fResidue}$，且 $U_f > U_{fLow}$，说明该段接触网线路已经由相邻牵引变电所馈线断路器合闸供电，该段接触网线路绝缘良好，本所断路器可以直接合闸。

（2）$U_Z > U_{fLow}$，且 $U_f > U_{fLow}$，说明相邻变电所已经合闸，本站总闸已经合闸，若电压差保护投入使用（则检测断路器母线侧和线路侧的电压差是否在允许范围），判断电压差是否在允许范围内，若电压差保护未投入，则直接合闸馈线断路器。

（3）$U_Z > U_{fLow}$，且 $U_f < U_{fResidue}$，说明该段接触网线路尚未送电，无法确认绝缘是否良好，闭合线路测试用接触器 T 秒，将 $U_{f\ Residue}$ 加到线路上，测量线路的回路电阻 R。如果电阻 $R > R_{min}$，则说明该段接触网线路绝缘良好，则断路器可以合闸。如果电阻 $R_{min} > R$，在“就地”模式下，线路测试停止并闭锁断路器；在“遥控”模式下，连续进行线路测试 N 次，每次时间间隔 D，若线路故障存在，线路测试停止并闭锁断路器。

（4）除上述三种以外的情况均闭锁断路器的合闸。

其中线路测试次数 N、两次测试的间隔 D、每次测试的时间 T 均可调。

2. 线路测试情况举例

以直流系统 750 V 为例，线路测试状态如表 7-1 所示。

表 7-1　线路测试状态表

电压	750 V 馈线电压及本站母线电压状态/V							
	状态 1	状态 2	状态 3	状态 4	状态 5			
					1	2	3	……
本站母线电压 U_z	$U_z < 150$	$U_z > 450$	$U_z < 150$	$U_z > 450$	$150 < U_z < 450$	$U_z > 450$	$150 < U_f < 450$	……
馈线电压 U_f	$U_f > 450$	$U_f > 450$	$U_f < 150$	$U_f < 150$	$150 < U_f < 450$	$150 < U_f < 450$	$U_f < 150$	……
断路器状态	直接合闸	直接合闸	禁止合闸	启动线路测试接触器	禁止合闸	禁止合闸	禁止合闸	……

7.5.4　自动重合闸

牵引供电系统故障可分为如下两种类型：

（1）瞬时性故障：在接触网线路被继电保护迅速断开后，电弧即行熄灭，故障点的绝缘强度重新恢复，此时，如果把断开的线路断路器再合上，则能恢复正常的供电，因此这类故障称为瞬时性故障。常见的瞬时性故障有：列车逆变器换向故障、雷击过电压引起绝缘子表面闪络或角隙避雷器放电、大风时的短时碰线等。

（2）永久性故障：在线路被断开以后，故障仍然存在，这时即使再合上电源，由于故障仍然存在，线路还要被继电保护再次断开，所以就不能恢复正常的供电。此类故障称为永久性故障。

在直流馈线断路器柜中设置了自动重合闸功能，通过线路测试回路，计算线路残余电阻来判别故障性质，决定是否进行自动重合闸。

1．对自动重合闸的基本要求

（1）自动重合闸闭锁条件：

a）值班员手动操作或遥控操作断路器分闸时；

b）馈线断路器（分闸）被进线断路器（总闸）联跳时；

c）断路器紧急跳闸时；

d）框架保护电流元件动作于跳闸回路时。

（2）当断路器因电量保护动作（框架保护除外）跳闸或被联跳后，并经线路测试判断属于瞬时性短路故障后，重合闸均应动作，使断路器重新合闸。

（3）自动重合闸合闸次数应符合预先规定。如一次重合闸，装置应该只动作一次，当保护第二次跳闸后，重合闸不应该再重合。

（4）自动重合闸动作完毕应自动复归，任何情况下都不能处于不返回状态，使重合闸出现多次重合。

（5）重合闸时间应尽量短，这样可以缩短停电时间，提高供电可靠性。但也不能太短，否则绝缘来不及恢复，重合不会成功。

2. 自动重合闸逻辑图

自动重合闸逻辑如图 7-13 所示。

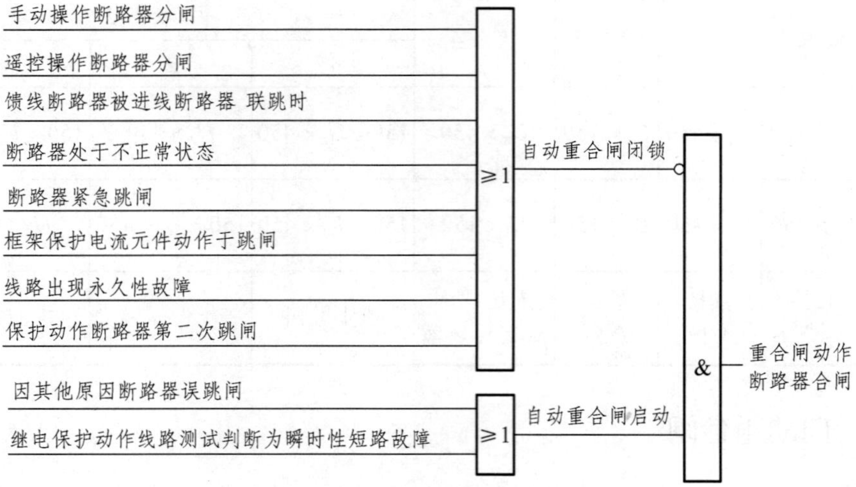

图 7-13 自动重合闸逻辑框图

第 8 章　微机保护

8.1　电磁型继电器保护装置工作原理

电力系统发生故障或不正常运行，系统的参数将有显著变化，继电保护装置是利用继电器测量电流、电压、阻抗等物理量的变化，来判断线路是否故障，从而构成对电力系统的保护（见图 8-1）。

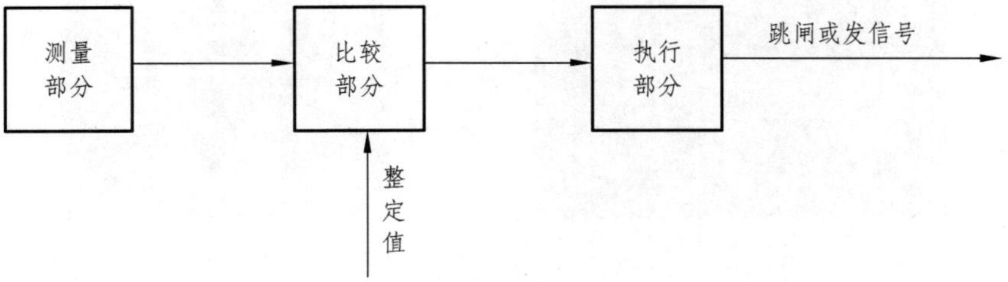

图 8-1　继电保护装置原理方框图

下面以反映电流增大的电流保护为例，说明继电保护装置的基本原理。如图 8-1 所示，一次线路正常运行时断路器 QF 处于合闸位置，线路中只有负荷电流流过，电流互感器二次测感应的电流小，流入继电器的电流 I_k 很小，产生的电磁力矩小，不足以克服弹簧反力矩，继电器 KA 不动作。

若一次线路在某点（假设 K 点）发生短路故障，如图 8-2 所示，线路流过很大短路电流，电流互感器二次侧感应的电流增大，使流入继电器的实际电流 I_k 增加，当 I_k > KA 动作电流时，电磁力矩大于弹簧反力矩，KA 动作→KA 常开接点闭合，接通断路器跳闸线圈 YR，YR 受电，切断跳闸线圈电路，使跳闸线圈失电返回。

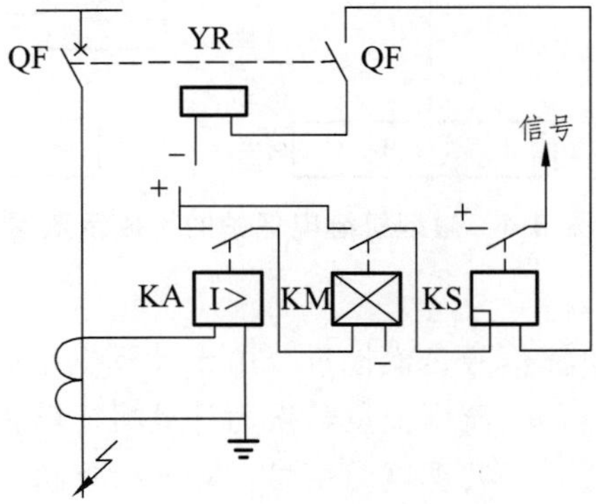

图 8-2　单相电流保护原理图

8.2 微机保护装置的硬件结构

1. 微机保护装置的结构

微机保护装置是由“硬件”和“软件”两部分组成的，硬件是实现继电保护功能的基础，软件则是实现继电保护原理的基础，即软件程序的不同可以实现不同原理的保护功能。如图8-3所示。

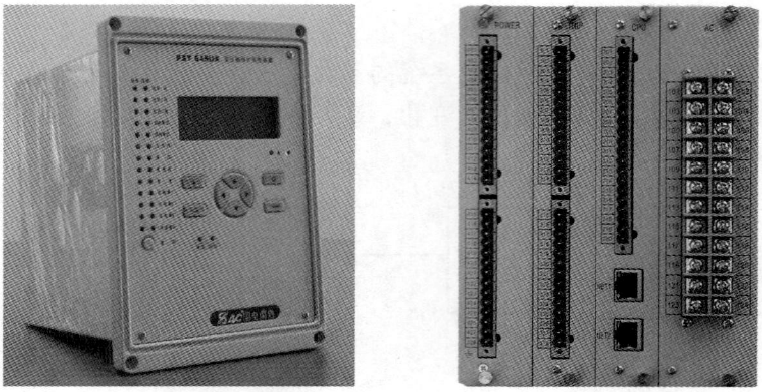

（a）装置外观　　（b）装置背部

图 8-3　微机保护装置

2. 微机保护装置硬件原理

微机保护装置是指将微型机、微控制器等器件作为核心部件构成的继电保护装置。一般典型的微机保护机构是由5个部分构成，即数据采集系统、微型机主系统、开关量输入/输出系统、人机接口部分及电源部分。

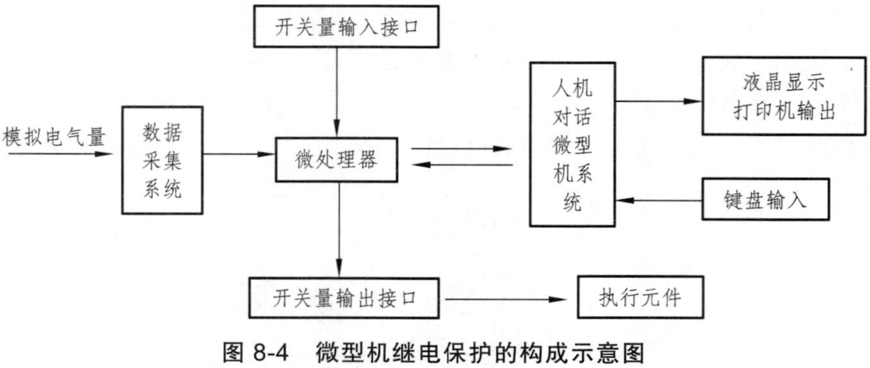

图 8-4　微型机继电保护的构成示意图

1）数据采集系统

输入保护装置的电压、电流信号是模拟量。由于计算机是一种数字设备，只能接受数字脉冲信号，所以就需要将电压、电流模拟量转换为计算机能够识别的数字量。

因此，数据采集系统需要妥善处理这类信号，完成微型机主系统信号输入接口功能。

2）微型机主系统

微型机主系统主要执行编制好的程序，对由数据采集系统输入的原始数据进行分析、处理，完成各种继电保护的测量、逻辑和控制功能，从而实现各种继电保护功能。

3）开关量输入/输出系统

通常是由微型机的并行接口、光电隔离器件及有触电的中间继电器等组成，以完成各种保护的出口跳闸、信号报警、重合闸出口及就地和中央信号出口、外部触点输入等功能。

4）人机接口部分

在许多情况下，保护 CPU 系统必须接受操作人员的干预，例如整定值的输入，工作方式的变更，对保护 CPU 系统状态的检查等都需要人机对话。这部分工作在 CPU 控制之下完成。通常可以通过键盘、汉化液晶显示、打印及信号灯、音响或语音告警等来实现人机对话。同时，现代人机接口部分还应含有多个通信网络接口，保护装置通过网络接口可直接与变电所层的设备通信、交换信息。

5）电源部分

微机保护系统对电源的要求较高，通常这种电源是逆变电源，即将直流逆变为交流，再把交流整流为微机系统所需的直流电压。它把变电所的强电系统的直流电源与微机的弱电系统完全隔离开。通过逆变后的直流电源具有极强的抗干扰水平，对来自变电所中因断路器跳合闸等原因产生的强干扰可以完全消除。

下面分别介绍各子系统的电路构成原理。

8.2.1 数据采集单元

1. 电流电压变换

微机保护要从被保护的电力线路或设备的电抗互感器、电流互感器、电压互感器或其他变换器上取得电气量信息，但这些互感器二次侧数值的变化范围与微机保护装置硬件电路并不匹配，故需要降低或变换。对于电压变换可采用小的降压变压器，如图 8-5（a）所示。对于电流变换则可采用电抗互感器，即一次侧圈数很少而二次侧圈数很多，将电流变成电压，如图 8-5（b）所示。也可采用小的电流变换器，如图 8-5（c）所示。两者各有优缺点。

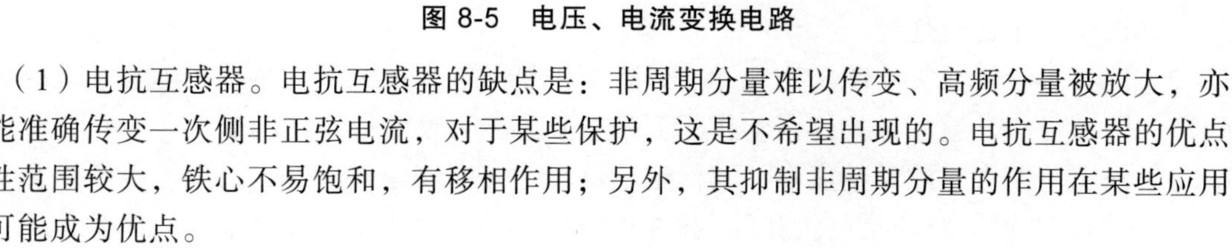

图 8-5　电压、电流变换电路

（1）电抗互感器。电抗互感器的缺点是：非周期分量难以传变、高频分量被放大，亦即不能准确传变一次侧非正弦电流，对于某些保护，这是不希望出现的。电抗互感器的优点是线性范围较大，铁心不易饱和，有移相作用；另外，其抑制非周期分量的作用在某些应用中也可能成为优点。

（2）电流变换器。电流变换器最大优点是：只要铁心不饱和，则其二次侧电流及并联电阻上的二次侧电压的波形可基本保持与一次侧电流波形相同且同相，即它的传变可使电流变换不失真。这点对微机保护很重要，因为只有在这种条件下作精确的定量分析才有意义。需要提取或抑制某些分量，可以容易地通过软件实现。电流变换器的缺点是：在非周期分量的作用下容易饱和，线性度较差，动态范围也较小，这在设计和使用中应予以注意。

综合比较电抗互感器和电流变换器的优缺点后，在微机保护中，一般采用电流变换器将电流信号变换为电压信号，当然也有采用电抗互感器的。采用电流变换器时，连接方式如图 8-5（c）所示，其中 Z 为模拟低通滤波器和 A/D 等回路构成的负载阻抗，在工频条件下，该负载阻抗可达 80 kΩ 以上；R_{LH} 为电流变换器二次侧的并联电阻，数值为几欧姆到十几欧姆，远远小于 Z。

通常，在中间变换器的一次侧和二次侧之间，应绕一个一端悬空，另一端可靠与地网连接的屏蔽层，用以减小通过一、二次绕组间分布电容串入的共模干扰。存在共模干扰情况的等效电路如图 8-6 所示，其中 C_1、C_2 为变换器两侧与屏蔽层之间的等效电容；Z_L 为交流输入传输导线的等效阻抗；Z_f 为设备对地的等效阻抗；Z_g 为接地阻抗（一般要求 Z_g 小于 0.5 Ω）。由于 Z_g 很小，所以由电路的基本分析可知，共模干扰信号对变换器二次侧的影响得到了极大的抑制。这样，中间变换器还起到屏蔽和隔离共模干扰、提高交流回路可靠性的作用。电流、电压变换回路除了起电量变换作用外，还起到隔离作用，它使得微机保护装置在电路上与电力系统二次回路隔离。

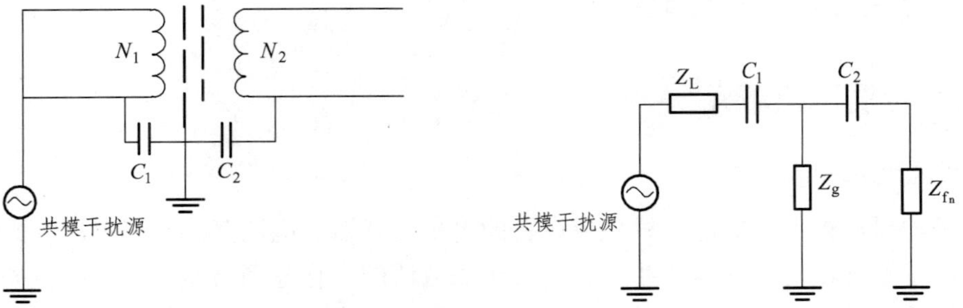

（a）共模干扰及屏蔽层示意　　（b）屏蔽层作用的等效电路

图 8-6　屏蔽层作用的示意图

为克服电磁式互感器的缺点，国内外正在研究和推广应用光电互感器。光电互感器与传统的电磁型互感器相比有以下主要的优越性。

（1）优良的绝缘性能，造价低、体积小、质量轻。电磁式互感器的一次绕组与二次绕组间通过铁心耦合，它们间绝缘结构复杂，其造价随电压等级升高呈指数关系上升；而光电流互感器（OCT）和光电压传感器（OPT）绝缘结构简单，信号传输不受电磁干扰影响，其造价一般随电压等级升高而呈现线性增加。因此，预计 OCT 和 OPT 应用于电压等级越高的变电站，其性能价格比越优越。

（2）因其不含铁心，消除了磁饱和、铁磁谐振等问题。电磁型互感器在电力系统故障时易饱和，因而可能导致保护的错误动作。而光电互感器可彻底解决此问题。

（3）动态范围大，测量精度高。其额定电流可达几十安至几千安，过电流范围可至几十万安；一个 OCT 可同时满足测量和继电保护需要，避免了 CT 的重复投资。既减少体积，又节省投资。

（4）频率范围宽。可测量高压线路的高频谐波电流；还可进行电流暂态、高频大电流与直流电流的测量。为新原理继电保护装置的开发创造了有利条件。

（5）抗干扰能力强。由于光电互感器有很多优越性，因此，近年来，国内外学者对光学互感技术在电力系统中的应用进行了较多的研究。到 80 年代，形成研究高潮并取得较好的进展。当然，光电互感器要代替电磁式的互感器，目前国内已有 OCT 和用 OCT 的差动保护在试运行。

2. 采样保持（S/H）电路及采样频率的选择

模拟信号进行数字量转换时，从启动转换到转换结束输出数字量，需要一定的时间。在这个转换时间内，模拟信号要基本保持不变。否则，转换精度没有保证，特别当输入信号频率较高时，会造成很大的转换误差。要防止这种误差的产生，必须在模数转换开始时将输入信号的电平保持住，而在转换结束后又能跟踪输入信号的变化。能完成这种功能的器件叫采样保持器。

采样保持器是一种具有信号输入、信号输出以及由外部指令控制的电子门电路。采样保持电路的作用是在一个极短的时间内测量模拟输入量在该时刻的瞬时值，并在模数转换器进行转换的期间内保持其输出不变。即把随时间连续变化的电气量离散化。采样保持电路的工作原理可用图 8-7 说明。

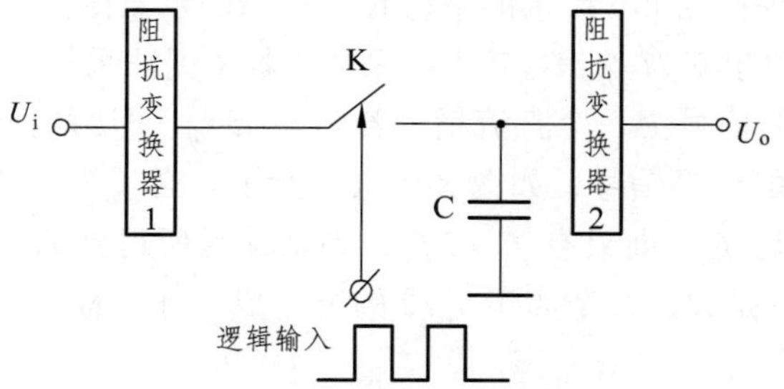

图 8-7 采样保持电路原理

它由一个电子开关 K，保持电容 C 以及两个阻抗变换器组成。开关 K 受逻辑输入端电平控制。在高电平时 K“闭合”，此时，电路处于采样状态，电荷迅速充放电，使电容两端电压等于该采样时刻的电压值（U_i）。K 的闭合时间应满足使电容 C 有足够的充电或放电时间（即采样时间）。为了缩短采样时间，采用了阻抗变换器 1，它在输入端呈现高阻抗，使信号的功率消耗很小，不影响输入信号的波形。输出端呈现低阻抗，使电容 C 上充放电很快，电压能迅速跟踪等于 U_i 值。K“打开”时，电容 C 上保持住 K 打开瞬间的电压值，电路处于保持状态。同样为了提高保持能力，电路中亦采用了另一个阻抗变换器 2，它对保持电容 C 呈现高阻抗，使电容 C 上的电压保持较长时间。输入信号的采样保持的过程也可称为量化 1 的过程，即将连续信号离散化的过程，如图 8-8 所示。

T_c 为采样脉冲宽度，T_s 为采样周期（或称采样间隔）。可见，采样保持输出信号已经是离散化的模拟量。

采样间隔 T_s 的倒数称为采样频率 f_s。采样频率的选择是微机保护硬件设计中的一个关键问题。采样频率越高，要求微处理器的运算速度越高。因为微机保护是一个实时系统，数据采集单元以采样的频率不断地向微处理器输入数据，微处理器必须要来得及在一个采样间隔时间 T_s 内处理完对一组采样值所必须作的各种操作和运算，否则，微处理器将跟不上时钟节拍而无法正常工作。相反，采样频率过低，将不能真实反映被采样信号的变化情况。

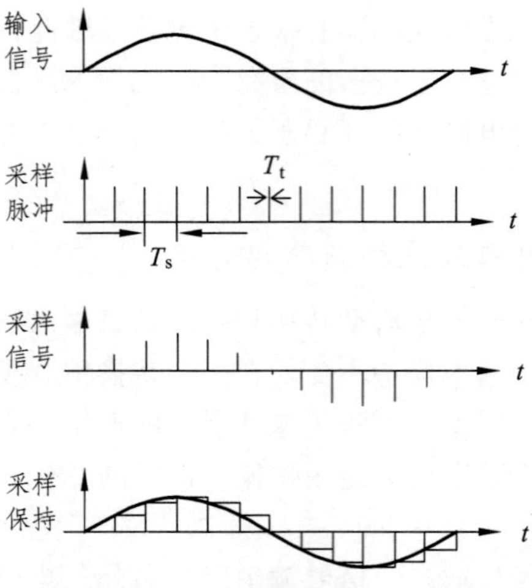

图 8-8 采样保持过程示意图

微机保护所反应的电力系统参数是经过采样离散化之后的数字量。那么，连续时间信号经采样离散化成为离散时间信号后是否会丢失一些信息，也就是说离散信号能否还原成被采样的连续信号？为此可分析图 8-9 所示的采样频率选择的示意图。

设被采样信号 $x(t)$ 的频率为 f_o，对其进行采样。若每周波采样一点，即 $f_s=f_o$，由图 8-9（b）可见，采样所得到的信号为一个直流量。若 $f_s=1.5f_o$，即两周波采样 3 个点时，采样得到的是一个频率比 f_o 低的低频信号，如图 8-9（c）所示。当 $f_s=2f_o$ 时，如图 8-9（d）所示，则采样所得波形的频率为 f_o。即只有 $f_s>2f_o$，则采样后所得到的信号才有可能较为真实地代表输入信号 $x(t)$。也就是说，一个高于 $f_s/2$ 的频率成分在采样后将被错误地认为是一个低频信号。

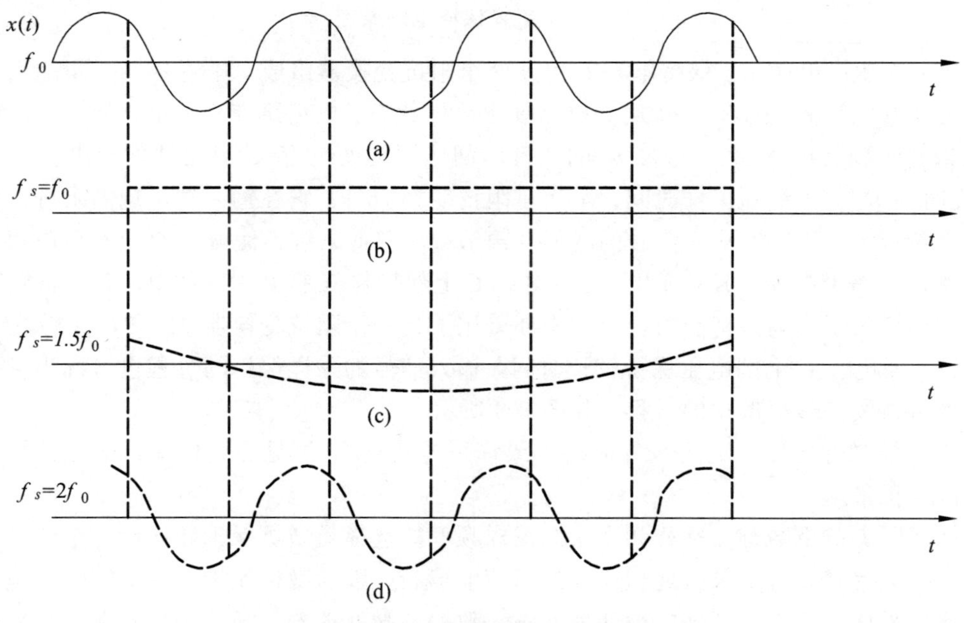

图 8-9 采样频率选择示意图

（a）被采样信号；（b）采样频率 $f_s=f_o$；（c）采样频率 $f_s=1.5f_o$；（d）采样频率 $f_s=2f_o$

只有在 $f_s > 2f_0$ 时，才不会出现这种失真现象，这种失真现象称为频率混迭。因此若要不丢失信息，完好地对输入信号采样，就必须满足 $f_s > 2f_0$ 这一条件。f_s 愈高，能反应的高频成分愈多失真就愈小。这也就是采样定理对信号采样的要求。

采样定理：如果随时间变化的模拟信号（包括噪声干扰在内）的最高频率为 f_{max}，只要按照采样频 $f_s \geqslant 2f_{max}$ 进行采样，那么，所给出的采样值系列就足以恢复原信号了。

对 50 Hz 的正弦交流电压、电流来说，理论上只要每个周波采样两点就可以表示其波形特点。但为了保证计算精度，通常需要更高的采样频率。例如，有的保护原理需要准确反应五次谐波，则采样频率就要大于 500 Hz，即每周采样大于 10 点。

3. 模拟低通滤波器（Analog Low-pass Filter，ALF）

滤波器是一种能使有用频率信号通过，同时抑制无用频率信号的电路。对微机保护装置来说，在故障初瞬间，电压、电流信号中可能含有相当高的频率分量，为防止频率混迭，采样率 f_s 不得不取值很高，但采样频率也不能太大，以免对硬件速度提出过高的要求。实际上目前大多数的微机保护原理都是反映工频或低频电气量的特征，在这种情况下，可以在采样前用一个模拟低通滤波器将高频分量滤掉，这样就可以降低采样率 f_s，从而降低对硬件的要求。

模拟滤波器通常分为两大类：一类是无源滤波器，由 RLC 元件构成；另一类是有源滤波器，主要由 RC 元件与运算放大器构成。

4. 模拟量多路转换开关

保护装置通常需对多个模拟量同时采样，以准确获得各个电气量之间的相位关系并使相位关系经过采样后保持不变，这就要对每个模拟输入量设置一套电压形成、模拟低通滤波和采样保持电路。所有采样保持器的逻辑输入端并联后由定时器同时供给采样脉冲。为了降低成本，数据采集系统硬件设计中有时采用多路采样保持通道共用一个模数变换器的方案。用多路转换开关实现通道切换，轮流由公用的模数转换器将模拟量转换成数字量。由于保护装置所需同时采样的电流和电压模拟量不会很多，只要模数转换器的转换速度足够高，就能在一个采样间隔内将所有通道的采样值转换完。

多路转换开关的原理如图 8-10 所示。

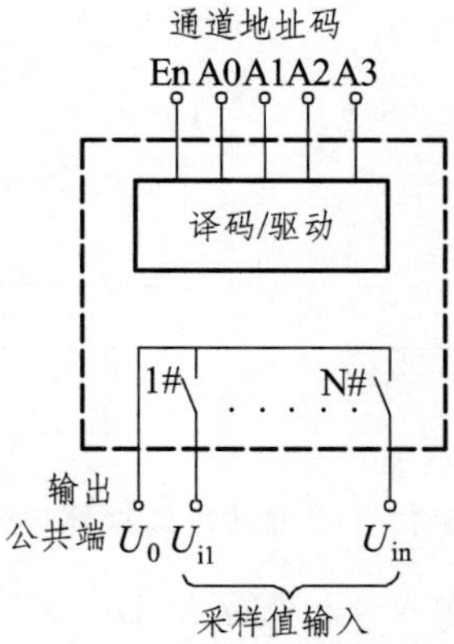

图 8-10　多路转换开关原理图

这里的多路开关（1 ~ N）是电子型的，通道切换受微机控制。它把多个模拟量通道按顺序赋与不同的二进制地址。在微机输出地址信号后，多路转换开关通过译码电路选通某一通道，对应此通道的开关于是接通。

5. 模数转换器（A/D）

在单片机的实时测控和智能化仪表等应用系统中，常需将检测到的随时间连续变化的模拟量如：电压、电流、温度、压力、速度等转化成离散的数字量，才能输入到微处理器中进行处理。实现模拟量变换成数字量的硬件芯片称为模数转换器，也称为 A/D 转换器。

根据 A/D 转换器的原理可将其分成两大类。一类是直接型 A/D 转换器，另一类是间接型 A/D 转换器。在直接型 A/D 转换器中，输入的模拟电压离散值被直接转换成数字代码，不经任何中间变换；在间接型 A/D 转换器中，首先把输入的模拟电压转换成某种中间变量（频率），然后再把这个中间变量转换成数字代码输出。目前 A/D 转换器的种类很多，这里仅以直接型的逐次逼近式 A/D 转换器和间接型的电压频率变换式 A/D 转换器（VFC）为例加以说明。

1）逐次逼近式 A/D 转换器

由于逐次逼近式模数转换器 A/D 一般要用数模转换器 D/A，同时，在继电保护测试仪中，也广泛将 D/A 应用于模拟量输出，因此先介绍一下数模转换器 D/A。

（1）数模转换器 D/A。

D/A 的作用是将数字量 *D* 经解码电路变成模拟电压或电流输出。数字量是用代码按数位的“权”（即每个位代表的数值，例如八位二进制数 11111111 最末一位代表 $2^0=1$，倒数第二位的 1 代表 $2^1=2$，最高位的 1 代表 $2^7=128$ 等，这些指数就是权）组合起来表示的，每一位代码都有一定的权，即代表一个具体数值。因此，为了将数字量转换成模拟量，必须先将每一位代码按其权的值转换成相应的模拟量，然后将代表各位的模拟量相加，即可得到与被转换数字量相当的模拟量，完成数模转换。

图 8-11 为一个 4 位数模转换器的原理图，更多位数的情况与此类似。

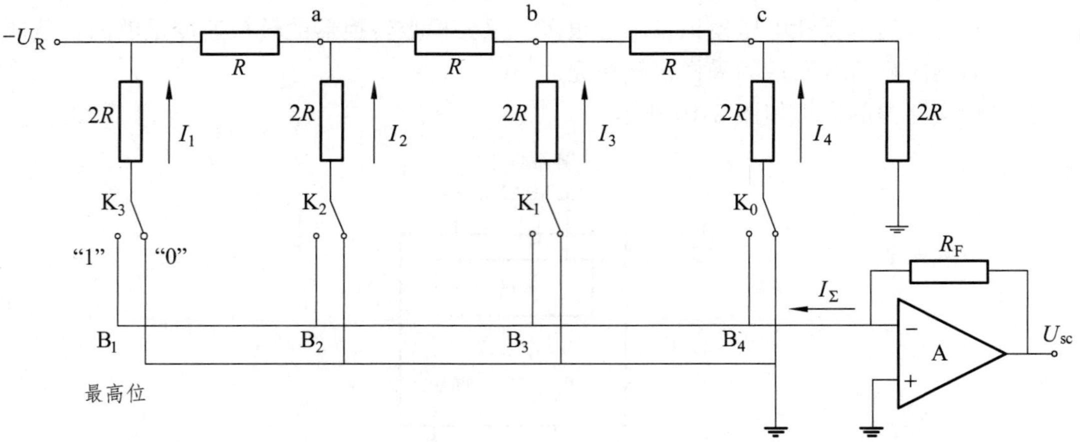

图 8-11 四位数模转换器原理图

图中，电子开关 $K_0 \sim K_3$ 分别输入 4 位数字量 $B_4 \sim B_1$。在某一位为“0”时，该位对应的开关合向右侧，即接地；为“1”时，开关合向左侧，即接至运算放大器 A（关于运算放大器的原理见下文）的反相输入端（虚地）。流向运算放大器反相端的总电流 I_Σ 反映了 4 位输入数字量的大小，它经过带负反馈电阻 R_F 的运算放大器，变换成电压 U_{SC} 输出。由于运算放大器

A 的“+”端接地，其输入电阻趋于∞，这样运算放大器 A 的反相输入端的电位实际上也是地电位，也是零，称为“虚地”。图 8-11 的电阻网络有一个特点，从 $-U_R$、a、b、c 四点分别向右看，网络的等值阻抗都是 R，因而 a 点电位必定是 $1/2U_R$，b 点电位则为 $1/4U_R$，c 点为 $1/8U_R$。

相应的，各电流分别为

$$I_1 = U_R = 2R,\ I_2 = 1/2I_1,\ I_3 = 1/4I_1,\ I_4 = 1/8I_1$$

各电流之间的相对关系正是二进制数每一位之间的“权”的关系，因而，图 8-11 中，总电流 I_Σ必然正比于数字量 D。下式已给出

$$D = B_1 \times 2^{-1} + B_2 \times 2^{-2} + \cdots + B_n \times 2^{-n}$$

由图 8-11 得

$$I_\Sigma = B_1 I_1 + B_2 I_2 + B_3 I_3 + B_4 I_4$$

$$= \frac{U_R}{R}(B_1 \times 2^{-1} + B_2 \times 2^{-2} + B_3 \times 2^{-3} + B_4 \times 2^{-4}) = \frac{U_R}{R} D$$

而输出电压为

$$U_{sc_1} = I_\Sigma R_F = \frac{U_R R_F}{R} D$$

可见，输出模拟电压正比于输入的数字量 D，比例常数为 $\frac{U_R R_F}{R}$。

如图 8-11 所示四位数模转换器电路通常被集成在一块芯片上。由于采用激光技术，集成电阻值可以制作得相当精确，因而数模转换器的精度主要取决于参考电压或称基准电压 U_R 的精度。芯片中有温度补偿的齐纳二极管稳压回路，将外加给芯片的电源电压经过进一步稳压后提供，因而精度很高。

（2）逐次逼近式模数转换器 A/D 的工作原理。

将一待转换的模拟输入信号 U_{in} 与一个推测信号 U_i 相比较，根据推测信号大于还是小于输入信号来决定增大还是减小该推测信号，以便向模拟输入信号逼近。推测信号由 D/A 转换器的输出获得。其推测值的取值方法如下：使二进制计数器中（输出锁存器）的每一位从最高位起依次置 1，尚未置位的较低各位为 0，每置一位时都要进行测试。若模拟输入信号 U_{in} 小于推测信号 U_i，则比较器输出为零，同时使计数器该位清零；若模拟输入信号 U_{in} 大于等于推测信号 U_i，比较器输出为 1，并使计数器该位保持为 1。无论哪种情况，均应继续比较下一位，直到最末位为止。此时，D/A 转换器的数字输入即为对应模拟输入信号的数字量。图 8-12 所示为逐次逼近式八位 A/D 转换器工作原理图。

例如：若转换的模拟量所对应的未知数字量是 D0H，逐次逼近式八位 A/ D 转换过程如下：首先将 D_7 位置为 1，输出锁存器输出数字是 10000000 = 80H。经 D/A 转换为模拟量并与 U_{in} 相比较，由于推测信号小于模拟输入信号，所以，比较器输出为 0，则 D_7 位置为 1。再将 D_6 位置 1，锁存器输出为 11000000 = C0H，小于 D0H，则 D_6 位也置为 1。再将 D_5 位置 1，锁存器输出为 11100000 = E0H，大于 D0H，则 D_5 位应置为 0。再将 D_4 位置 1，锁存器输出为

11010000 = D0H，等于 D0H。再将 D_3 位置 1，锁存器输出为 11001000 = D8H，大于 D0H，则 D_3 位置为 0。依次类推，可得转换结果为 11000000 = D0H。

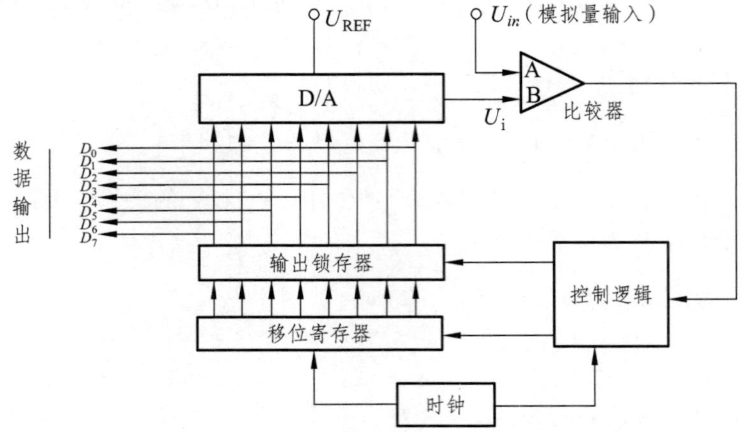

图 8-12　逐次逼近式八位 A/D 转换器工作原理图

2）VFC 变换式 A/D 转换器

VFC 转换器是把电压信号转变为频率信号的器件，其输出为一个等幅脉冲串，重复频率随时正比于输入电压瞬时值。它有良好的精度和线性度。此外，它的应用电路简单，对外围元件性能要求不高，对环境适应能力强。

VFC 器件的内部电路示意图如图 8-13 所示，A1 为运算放大器，按图示电路连接，其输入端 a 点为"虚地"，A1 还与 R_{sr}、C 共同组成一个积分器。A2 为零电压比较指示器，A2 实际设计为 U_c 稍微偏负一点才动作，但为了方便起见，可以将 A2 看作零指示器。

VFC 器件对电路设计提出了一个要求 $I_{smax} < I_R = \dfrac{E_R}{R_R}$，即 $U_{smax} < \dfrac{R_{sr}}{R_R} E_R$。其中，$U_{smax}$、$I_{smax}$ 为允许输入的最大电压、电流值；E_R 为基准电压；R_{sr} 为输入电阻，可以根据需要来设计；R_R 为 a 点到基准电压 E_R 之间的电阻，已设计在 VFC 器件内部。

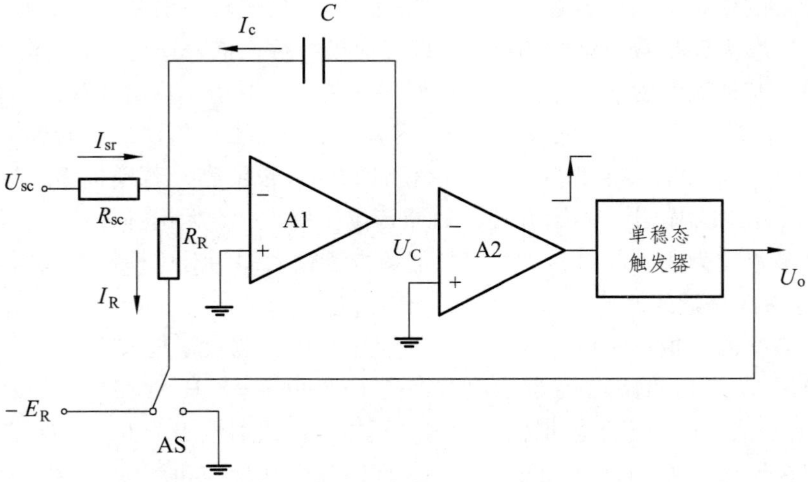

图 8-13　VFC 内部电路结构示意图

3）A/D 转换器的主要技术指标

（1）分辨率。

分辨率是指 A/D 转换器所能分辨模拟输入信号的最小变化量，即最低位的 1 所代表的模拟量的大小。设 A/D 转换器的位数为 n，满量程电压为 FSR，则 A/D 转换器的分辨率定义为

$$分辨率 = \frac{FSR}{2^n}$$

例如，一个满量程电压为 10 V 的 12 位 A/D 转换器，能够分辨模拟输入电压变化的最小值为 2.44 mV。

可以清楚地看出，A/D 转换器分辨率的高低取决于位数的多少，因此，目前一般都简单的用 A/D 转换器的位数 n 来间接代表分辨率。

直接型 A/D 芯片以其输出的数字信号的位数来衡量分辨率。VFC 式数据采集系统的分辨率取决于两个因素：一是 VFC 芯片输出的最高频率；二是计算间隔 NTs 的大小。在 NTs 期间计数的最大值为：

$$D_{\mathrm{k}} = F_{\max} \cdot NT_{\mathrm{s}}$$

若 $T_{\mathrm{s}} = 5/3$ ms，$F_{\max} = 500$ kHz，当 $N = 2$ 时，$D_{\mathrm{k}} = 1\ 666$，相当于常规 10 位 A/D 芯片（不考虑信号极性）。

可见，欲提高 VFC 式数据采集系统的分辨率，一是选择转换频率高的芯片，这要增加硬件成本；二是增大计算间隔 NTs 的值，这很容易在软件参数设置中实现，但代价是增加了保护的延时。实际上任何控制系统的速度和精度总是一对矛盾。微机保护装置中可以根据故障的严重程度自适应地改变计算间隔。

（2）量程。

量程是指 A/D 转换器所能转换模拟信号的电压范围，如 0 ~ 5 V，－5 ~ ＋5 V，0 ~ 10 V，－10 ~ ＋10 V 等。

（3）精度。

A/D 转换器的精度分为绝对精度和相对精度两种：

a）绝对精度

绝对精度定义为对应于输入数码的实际模拟输入电压与理想模拟输入电压之差。在 A/D 转换时，量化带内的任意模拟输入电压都能产生同一输出数码，上述定义则限定为量化带中点对应的模拟输入电压值。通常以数字量的最小有效位（LSB）的分数值表示绝对精度。

绝对误差一般在 ± LSB/2 范围内。绝对误差包括增益误差、偏移误差、非线性误差，也包括量化误差。

b）相对精度

相对精度定义为绝对精度与满量程电压值之比的百分数。即

$$相对精度 = \frac{绝对精度}{FSR} \times 100\%$$

注意：精度和分辨率是两个不同的概念。精度是指转换后所得的结果相对于实际值的准确度；分辨率是指转换器所能分辨的模拟信号的最小变化值。

由此可知，分辨率很高的 A/D 转换器，可能因为温度漂移、线性不良等原因，并不一定具有很高的精度。

（4）转换时间和转换速率。

a）转换时间

转换时间是指按照规定的精度将模拟信号转换为数字信号并输出所需要的时间。一般用微秒（μs）或毫秒（ms）来表示。

通常转换时间是根据模拟输入电压值来规定的。但对于某些转换器来说，例如逐次逼近型 A/D 转换器，其转换时间与模拟输入电压大小无关，只取决于转换器的位数，因此转换时间是恒定的。对另一些转换器来说，其转换时间则与待转换信号的值有关。

b）转换速率

转换速率是指能够重复进行数据转换的速度，即每秒钟转换的次数。

通过上述分析可知两种数据转换方式都可用于微机继电保护装置中实现模数转换任务。但在以下几个方面又有所区别。

直接式 A/D 数据采集系统中，A/D 转换结果可直接用于保护的有关算法。而 VFC 式数据采集系统属于计数式电压频率转换芯片。微处理器每隔一定时间读得的计数器的计数值不能直接用于算法，必须将相隔 NT_s 的计数值相减后才能用于各种算法。

直接式 A/D 转换是瞬时值比较，抗干扰能力差，但转换速度快。VFC 式 A/D 转换为平均值响应，抗干扰能力强，但转换速度较慢。

直接式 A/D 芯片一经选定，其数字输出位数不可改变，即分辨率不可能变化。而 VFC 系统中，可通过增大计算间隔提高分辨率。

对直接式 A/D 数据采集系统而言，A/D 芯片的转换时间必须小于中断时间。而 VFC 数据采集系统是对输入脉冲不断计数，不存在转换速度问题。但应注意输入到 VFC 芯片的脉冲频率不能超过其极限计数频率。

直接式 A/D 数据采集系统中需由定时器按规定的采样间隔给采样保持芯片发出采样脉冲，而 VFC 式数据采集系统的工作根本不需 CPU 控制，只需按采样间隔读计数器的值即可。

VFC 式 A/D 转换器与计数器之间的光电耦合器，使数据采集系统与 CPU 系统在电气回路上完全隔离，抗干扰能力强。

8.2.2 数据处理单元

如前所述，一般的微处理器都有一定的内部寄存器、存储器和输入、输出口。但其用于实现保护功能时，首先遇到的问题就是存储器的扩展。微处理器内部虽然设置了一定容量的存储器，但仍满足不了实际需求，因此需要从外部进行扩展，配置外部存储器，包括程序存储器和数据存储器。为了满足继电保护定值设置的需求，通常还需配置电可擦除的可编程只读存储器。程序常驻于只读存储器（EPROM）中，计算过程和故障数据记录所需要的临时存储是由随机读写存储器（RAM）实现。设定值或其他重要信息则放在电可擦除可编程只读存储器（EEPROM）中，它可在 5 V 电源下反复读写，无需特殊读写电路，写入成功后即使断电也不会丢失数据。微处理器通过其数据总线、地址总线、控制总线及译码器和存储器部件进行数据交换。根据不同保护功能和设计的要求，一般还要扩展一些并行口或计数器等。

微处理器的数据总线、地址总线和控制总线是其与外扩存储器、输入输出接口芯片进行信息交换的唯一通道。外扩芯片一般均为双步选通方式，即除了配置译码选通端外，还配置使能选通端。例如，程序存储器 EPROM 74LS2764 具有片选端（ $\overline{CE}$ ），还需将始能端（ $\overline{OE}$ ）与微处理器的程序存储器读信号 PSEN 相连；数据存储器 RAM 74LS6264 除了片选端外，还应将写使能端（ $\overline{WE}$ ）与微处理器的写控制信号（ $\overline{WR}$ ）相连，将读使能端（ $\overline{OE}$ ）与微处理器的读控制信号（ $\overline{RD}$ ）相连。一个简单的单片机与外扩存储器的接线原理如图 8-14 所示。

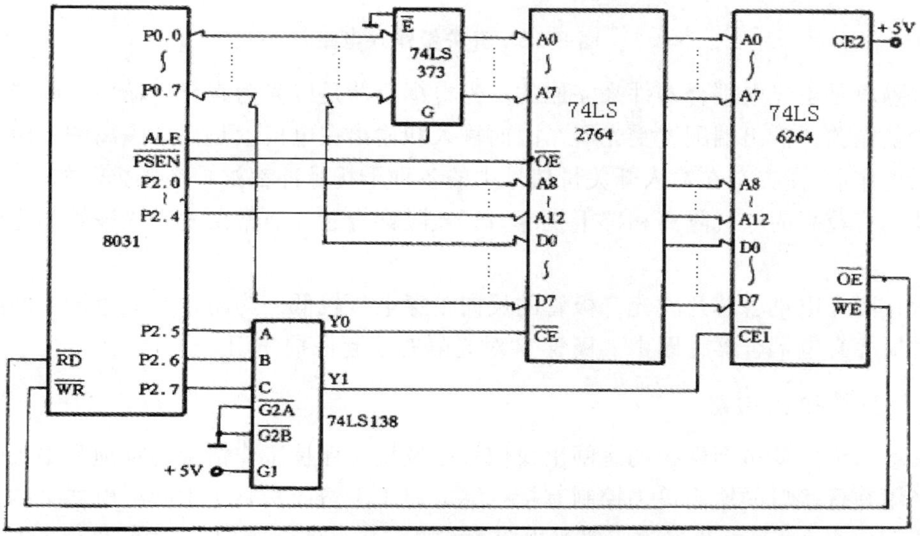

图 8-14　单片机与外部扩展存储器

8.2.3　开关量输入/输出接口

微机保护所采集的信息通常可分为模拟量和开关量。无论何种类型的信息，在微机系统内部都是以二进制的形式存放在存储器中。断路器和隔离开关、继电器的接点、按钮和普通的开关、刀闸等都具有分、合两种工作状态，可以用 0、1 表示，因此，对它们的工作状态的输入和控制命令的输出都可以表示为数字量的输入和输出。

1. 开关量输入回路

开关量的输入回路是为了读入外部接点的状态。包括断路器和隔离开关的辅助接点或跳合闸位置继电器接点、外部装置闭锁接点、瓦斯继电器接点、压力继电器接点，还包括某些装置上压板位置输入等。微机保护装置的开关量输入（接点状态的接通或断开）电路如图 8-15 所示。

图中虚线框内是一个光电耦合器件，集成在一个芯片内。当外部接点 K 接通时，有电流通过光电耦合器件的发光二极管回路，使光敏三极管导通，PAB 点电位近似为 0；K 打开时，光敏三极管截止，PAB 点电位为 + 5 V。因此光敏三极管的导通和截止完全反映了外部接点的状态。PAB 可以是微处理器的输入输出口或外扩并行口。

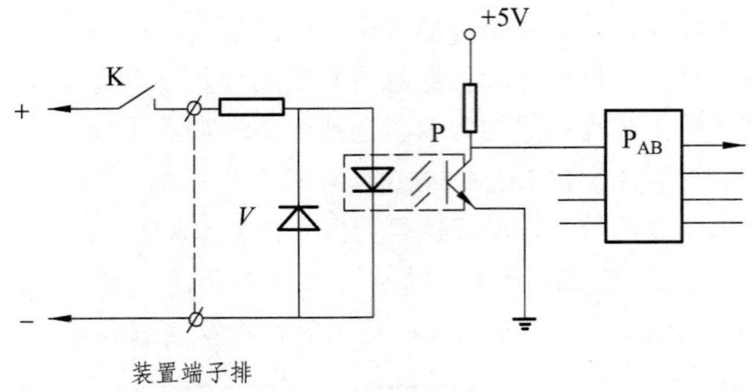

图 8-15　开关量输入电路

光电隔离是由光电耦合器件来完成的。光电耦合器是以光为媒介传输信号的器件。其输入端配置发光源，输出端配置受光器，因而输入和输出在电气上是完全隔离的。由于光电耦合器的隔离作用，使夹杂在输入开关量信号中的各种干扰脉冲都被挡在耦合器的输入端一侧。所以，其具有较高的电气隔离和抗干扰能力。光隔耦合芯片通常由发光二极管和光敏三极管组成。

由于一般光电耦合芯片发光二极管的反向击穿电压较低，为防止开关量输入回路电源极性接反时损坏光电耦合器，图中二极管 V 对光隔芯片起保护作用。

2. 开关量输出回路

开关量输出主要包括保护的跳闸出口信号以及反应保护工作情况的本地和中央信号等。一般都采用并行接口的输出口去控制有接点继电器（干簧或密封小中间继电器）的方法。但为提高抗干扰能力，最好也经过一级光电隔离（如图 8-16 所示）。只要由软件使并行口的 PB_0 输出“0”，PB_1 输出“1”，便可使“与非门” H 输出低电平，光敏三极管导通。继电器 K 接点被吸合，信号输出。

在装置上电初始化和需要继电器 K 返还时，应使 PB_0 输出“1”，PB_1 输出“0”。设置反相器 B 及与非门 H 而不是将发光二极管直接同并行口相连，一方面是因为并行口带负载能力有限，不足以驱动发光二极管，另一方面因为采用与非门后要同时满足两个条件才能使继电器 K 动作，提高了其抗干扰能力。最后应当注意图 8-16 中的 PB_0 经一反相器，而 PB_1 却不经反相器，这样设计可防止拉合直流电源的过程中继电器 K 的短时误动。因为在拉合直流电源过程中，当 5 V 电源处在中间某一临界电压值时，可能由于逻辑电路的工作紊乱而造成保护误动作。特别是保护装置的电源往往接有电容器，所以拉合直流电源时，无论是 5 V 电源还

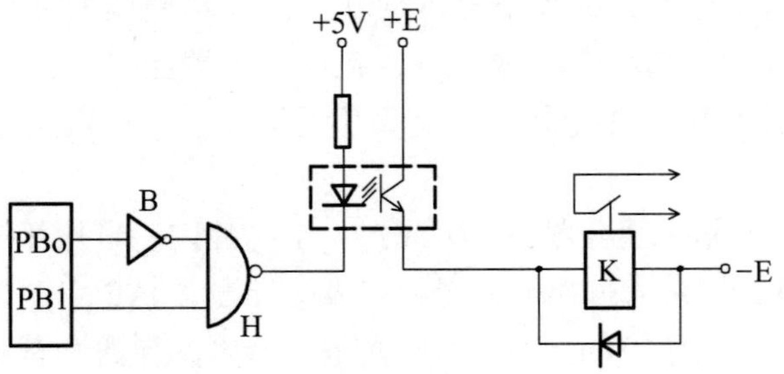

图 8-16　开关量输出回路接线图

是驱动继电器用的电源 E，都可能缓慢地上升或下降，从而造成继电器 K 的接点短时闭合。考虑到 PB_0 和 PB_1 在电源拉合过程中只可能同时变号的特性，在开关量输出回路中两个相反的驱动条件互相制约，能可靠防止继电器的误动作。

3. 打印机并行接口回路

打印机作为微机保护装置的输出设备，在调试状态下，输入相应的键盘命令，微机保护装置可将执行结果通过打印机打印出来，以了解装置是否正常。在运行状态下，系统发生故障后，可将有关故障信息、保护动作行为及采样报告打印出来，为事故分析提供依据。

由于继电保护装置对可靠性要求较高，而其工作环境中电磁干扰比较严重，因此，微机保护装置与打印机数据线连接均经光电隔离。

4. 人机对话接口回路

人机对话接口回路主要包括以下两部分：

（1）对显示器和键盘进行控制，为调试、整定与运行提供简易的人机对话功能。通过人机对话接口可以显示一次回路的连接情况、查阅和修改定值、查阅存储器内数据，可以启动录波和查阅当前电流电压值，可以启动打印和通信，可以不断巡检 CPU 和各插件的工作情况等。

（2）由硬件时钟芯片提供日历与计时，可实现从毫秒到年月的自动计时。

8.2.4 通信接口

随着微处理器和通信技术的发展，其应用已从单机逐渐转向多机或联网。而多机应用的关键在于微机之间的相互通信，互传数字信息。在微型计算机系统中，CPU 与外部通信的基本方式有两种：

（1）并行通信：数据各位同时传送。

（2）串行通信：数据一位一位顺序传送。

图 8.17 是这两种通信方式的示意图。前面涉及的微处理器与外扩存储器之间的数据传送，都是采用并行通信方式。从图 8-17 可以看到，在并行通信中，数据有多少位就需要多少根数据传送线。而串行通信可以分时使用同一传输线，故串行通信能节省传送线，尤其是当数据位数很多和远距离数据传送时，这一优点更加突出。串行通信的主要缺点是传送速度比并行通信要慢。

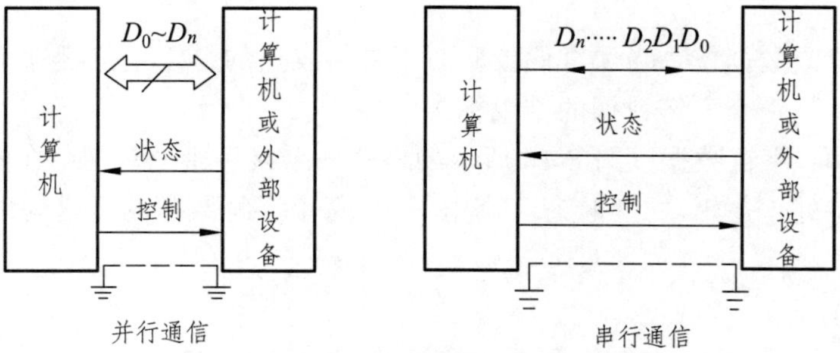

图 8-17 并行通信与串行通信

并行通信的硬件连接及数据传送比较简单。这里主要介绍串行通信。基于串行通信的特点，它常用于保护装置与其他硬件装置或上位机之间的数据传送。串行通信是指将构成字符的每个二进制数据位，依据一定的顺序逐位进行传送的通信方法。在串行通信中，有两种基本的通信方式。

1. 异步通信

异步串行通信规定了字符数据的传送格式，即每个数据以相同的帧格式传送。如图 8-18 所示。每一帧信息由起始位、数据位、奇偶校验位和停止位组成。

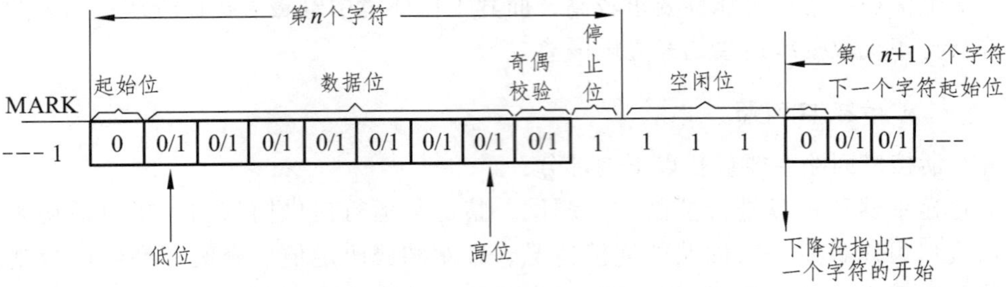

图 8-18 异步通信的数据传送格式

1）起始位

在通信线上没有数据传送时处于逻辑“1”状态。当发送设备要发送一个字符数据时，首先发出一个逻辑“0”信号，这个逻辑低电平就是起始位。起始位通过通信线传向接收设备，当接收设备检测到这个逻辑低电平后，就开始准备接收数码。因此，起始位所起的作用就是表示字符传送开始。

2）数据位

当接收设备收到起始位后，紧接着就会收到数据位。数据位可以是 5、6、7 或 8 位的数据。在字符数据传送过程中，数据位从最小有效位（最低位）开始传送。

3）奇偶校验位

数据位发送完之后，可以发送奇偶校验位。即将数据中的“1”相加，如有奇数个“1”，则校验位为“1”；如有偶数个“1”，则校验位为“0”。发送到接收端后，按奇偶校验位检查接收到的数据是否正确。奇偶校验用于有限差错检测，通信双方在通信时须约定一致的奇偶校验方式。就数据传送而言，奇偶校验位是冗余位，但它表示数据的一种性质。这种性质用于检错，虽有限但很容易实现。

4）停止位

在奇偶校验位或数据位（当无奇偶校验时）之后发送的是停止位-逻辑高电平。可以是 1 位或 2 位。停止位是一个字符数据的结束标志。

在异步通信中，字符数据以图 8-18 所示的格式一个接一个的传送。在发送间隙，即空闲时，通信线路总是处于逻辑“1”状态（高电平），每个字符数据的传送均以逻辑“0”（低电平）开始。

2. 同步通信

在异步通信中，每一个字符要用起始位和停止位作为字符开始和结束的标志，这样会占用时间。所以在数据块传送时，为了提高通信速度，常去掉这些标志，而采用同步传送。同步通信不像异步通信那样，靠起始位在每个字符数据开始时使发送和接收同步，而是通过同步字符在每个数据块传送开始时使收/发双方同步，其通信格式如图 8-19 所示。

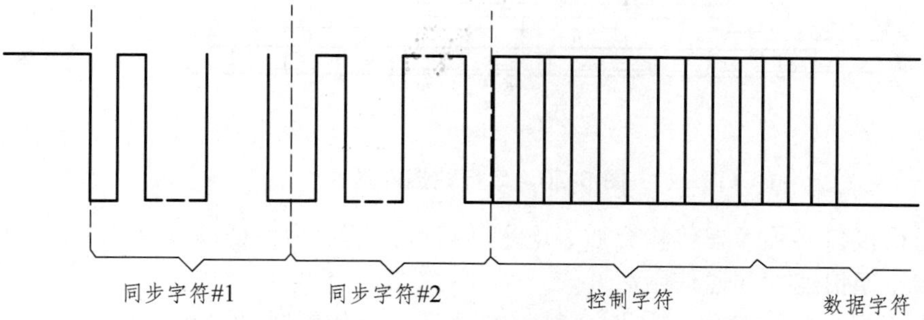

图 8-19　同步通信的数据传送格式

同步通信是以同步字符作为信息传送的开始，用户可选择一个或两个特殊的八位二进制码作为同步字符。控制字符中包含有数据量大小的信息，接收端据此信息接收数据。

异步通信常用于传输信息量不太大、传输速度比较低的场合。在信息量很大，传输速度要求较高的场合，应采用同步通信。

3. 波特率（Baud rate）

通信线上的字符数据是按位传送的，每一位宽度（位信号持续时间）由数据传送速率确定。波特率即是对数据传送速率的规定：单位时间内传送的信息量，以每秒传送的位（Bit）表示，单位为波特，即：

1 波特 = 1 位/秒（1 bps）

例如：电传打字机最快传送速率为 10 字符/秒，每个字符 11 位，则波特率为：

11 位 × 10 字符/秒 = 110 位/秒 = 110 波特

位时间（每位宽）T_{d} 为波特率的倒数：

$$T_{\mathrm{d}} = \frac{1}{110Baud} \approx 0.0091\ \mathrm{s} = 9.1\ \mathrm{ms}$$

在异步串行通信中，接收设备和发送设备保持相同的传送波特率，并使每个字符数据的起始位与发送设备保持同步。起始位、数据位、奇偶校验位和停止位的约定，在同一次传送过程中必须保持一致，这样才能成功地传送数据。

实现串行通信方式的硬件电路称为串行通信接口电路芯片。从本质上讲，所有的串行接口电路都是以并行数据形式与 CPU 接口，而以串行数据形式与外部传输设备接口。它们的基本功能是从外部设备接收串行数据，转换成并行数据后传送给 CPU，或者从 CPU 接收并行数据，转变成串行数据后输出给外部设备。串行通信接口电路至少包括一个接收器和一个发送器，而接收器和发送器都分别包括一个数据寄存器和一个移位寄存器，以实现数据的 CPU 输出→并行→串行→发送或接收→串行→并行→CPU 输入的操作。图 8-20 给出了异步通信硬件电路中发送数据操作的情况。

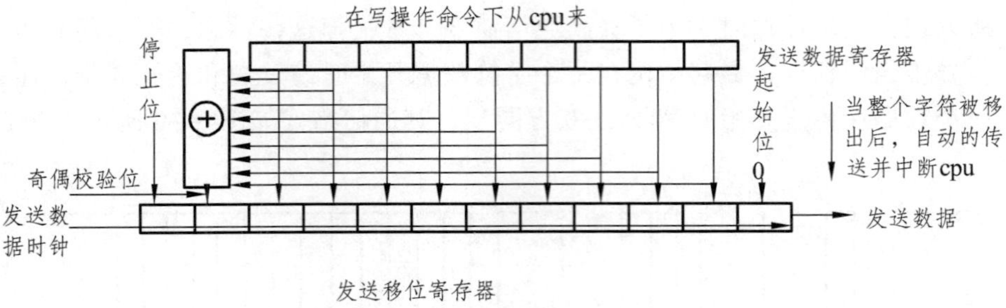

图 8-20　串行数据发送操作

选择通信接口必须考虑传输介质、电平转换等问题。为保证高可靠性的通信要求，须注意以下两点：通信速度和通信距离。

标准串行通信接口的电气特性一般都有满足可靠传输时的最大通信速度和传送距离指标。这二个指标之间具有相关性，适当地降低通信速度，可以提高通信距离，反之亦然。

4. 抗干扰能力

通常选择的标准接口，在保证不超过其使用范围时都有一定的抗干扰能力，以保证可靠的信号传输。在高噪声污染环境中，通过使用光纤介质减少电磁噪声干扰，经过光电隔离提高通信系统的安全性都是一些行之有效的办法。

8.2.5 电　源

微机保护装置对电源要求较高，通常这种电源是逆变电源，即将直流逆变为交流，再把交流整流为保护装置所需的直流电压。它把变电所强电系统的直流电源与微机保护装置的弱电系统电源完全隔离开，通过逆变后的直流电源具有很强的抗干扰能力，可以大大消除来自变电所中因断路器跳合闸等原因产生的强干扰。新型的微机保护装置的工作电源不仅允许输入电压的范围较宽，而且也可以输入交流电源电压。

目前，微机保护装置均按模块化设计。也就是说对于各种线路保护、元件保护，无论用于何种电压等级，都是由上述五个部分的模块化电路组成的。所不同的是软件程序及硬件模块化的组合与数量不同。不同的保护原理用不同的软件程序来实现；不同的使用场合按不同的模块化组合方式构成。这样的成套微机保护装置，给设计及调试人员带来了极大方便。

8.3　微机保护的软件原理

微机保护软件主要是由数字滤波器、保护算法、保护逻辑三类程序组成。通常微机保护是靠数字滤波器先滤除噪声或不利于保护工作的信号，然后对数字滤波器的输出作数据分析、运算，得到被保护设备运行的各类参数，最终进入保护逻辑程序作出判断和处理。

1. 保护算法

在微机保护中，模拟电压和电流量经过数据采集系统进行预处理之后，转换成微机能够识别的数字量，计算机将这些数字信号进行分析、运算、判断，以实现各种继电保护功能的方法，称为保护算法。

保护算法的主要任务是从包含有噪声分量的输入信号中，快速、准确地计算出所需的各种电气量参数。所以，保护算法的内容主要就是滤波和参数计算。实际上，滤波是为了准确地提取参数，参数计算才是目的，才是实现保护功能的基础。

继电保护的种类很多，按保护对象分为元件保护、线路保护等，按保护原理分为差动保护、距离保护和电压、电流保护等。然而，不管哪一类保护的算法，其核心归根结底不外乎是算出可表征被保护对象运行特点的物理量，如电压、电流的有效值和相位以及测量阻抗等，或算出它们的序分量，或某次谐波分量的大小和相位等。只要计算出这些基本的电气参数，便不难构成各种不同原理的微机保护。基本上可以说，只要找出任何能够区分正常与短路的特征量，微机保护就可以予以实现。本节主要分析保护常用的两种算法：半周积分算法、傅代变换算法。

1）半周积分算法

当被采样的模拟量是交流正弦量时可使用半周积分算法，如稳态短路电流的采样或后备保护的采样时可使用半周积分算法。该算法的依据是一个正弦量在任意半周期内绝对值的积分为一个常数 s，并积分值 s 和积分的起始点初相角 α 无关。正如图 8-21 所示的正弦波中画有斜线的两块面积是相等的。

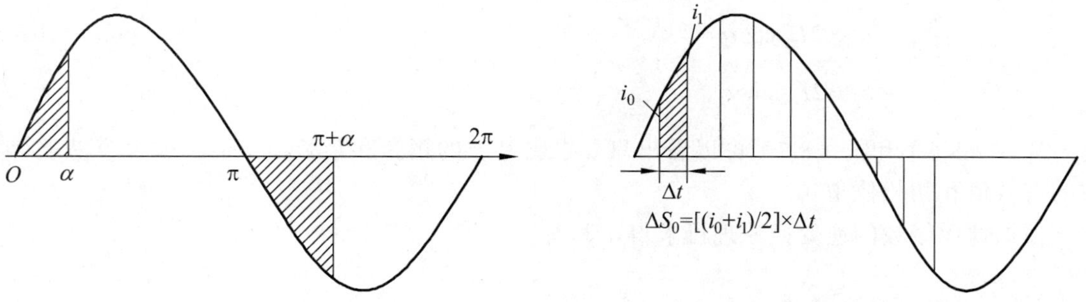

（a）半周积分算法原理　　（b）用梯形法近似求解原理图

图 8-21

据此，半周期的面积可写成

$$S=\int_0^{T/2}\sqrt{2}I\,|\sin(\omega t+\alpha)|\,\mathrm{d}t=\int_0^{T/2}\sqrt{2}I\cdot\sin\omega t\mathrm{d}t$$

$$I=S\cdot\frac{\omega}{2\sqrt{2}} \tag{8-1}$$

在半周期面积 S 常数求出后，可利用式（8.1）算出交流正弦量 i 的有效值（正弦电压量 U 也可有类似算法）。而半周期面积 S 常数可以通过图 8-22 所示的梯形法求和算出

$$S=\left[\frac{1}{2}\cdot|i_0|+\sum_{k=1}^{N/2-1}|i_k|+\frac{1}{2}|i_{N/2}|\right]T_s \tag{8.2}$$

式中，i_k 为第 k 次采样值，$k=0$ 时采样值为 i_0。N 为一周期的采样点数。

只要采样点数 N 足够多，用梯形法近似积分的误差可以做到很小。半周期积分算法本身具有一定的高频分量滤除能力，因为叠加在基波上的高频分量在半周期积分中其对称的正负半周互相抵消，剩余的未被抵消部分占的比重就很少了，但这种算法不能抑制直流分量。由于这种算法运算工作量较小，对于一些要求不高的电流电压保护可以采用此种算法。

2）傅氏变换算法

半周积分算法的局限性是要求采样的波形为正弦波。当被采样的模拟量不是正弦波而是一个周期性时间函数时，可采用傅氏变换算法。傅氏变换算法来自于傅里叶级数，即一个周期性函数 $I(t)$ 可用傅里叶级数展开为各次谐波的正弦项和余弦项之和，可用下式表示

$$i(t)=\sum_{n=0}^{\infty}[b_n\cdot\cos\omega_1 t+a_n\cdot\sin\omega_1 t] \tag{8.3}$$

式中 n 为自然数，$n=0$，1，2…表示谐波分量次数。于是电流 $i(t)$ 中的基波分量可表示为

$$i(t)=a_1\cdot\sin\omega_1 t+b_1\cdot\cos\omega_1 t \tag{8.4}$$

$i_1(t)$ 还可以表示为一般表达式

$$i_1(t)=\sqrt{2}I_1\cdot\sin(\omega_1\cdot t+\alpha_1) \tag{8.5}$$

式中 I_1 为基波有效值，α_1 为 $t=0$ 时基波分量初相角。

将 $\sin(\omega_1\cdot t+\alpha_1)$ 用和角公式展开，再与式（8.4）比较，可以得到 I_1 和 α_1 同 a_1 和 b_1 的关系。

$$a_1=2I_1\cdot\cos\alpha_1 \tag{8.6}$$

$$b_1=2I_1\cdot\sin\alpha_1 \tag{8.7}$$

从式（8.6）和式（8.7）可以看出只要求出基波的正弦和余弦项幅值，就很容易求得基波的有效值和初相位角 a_1。

根据傅氏级数的逆变换原理可求得 a_1 和 b_1。

$$a_1=\frac{2}{T}\int_0^T i(t)\cdot\sin\omega_1 t\mathrm{d}t \tag{8.8}$$

$$b_1=\frac{2}{T}\int_0^T i(t)\cdot\cos\omega_1 t\mathrm{d}t \tag{8.9}$$

在用微机计算 a_1 和 b_1 时，通常都是采用有限离散方法算得，即将在（t）用各采样点数值代入，通过梯形法求和来代替积分法。考虑到 $N\cdot\Delta t=T$，$\omega_1\cdot t=2\pi k/N$ 时式（8.8）和式（8.9）可表示为

$$a_1=\frac{1}{N}\left[2\sum_{k=1}^{N-1}i_k\cdot\sin\left(k\cdot\frac{2\pi}{N}\right)\right] \tag{8.10}$$

$$b_1=\frac{1}{N}\left[i_0+\sum_{k=1}^{N-1}i_k\cdot\cos\left(k\cdot\frac{2\pi}{N}\right)+i_k\right] \tag{8.11}$$

式中，N 为一周采样点数，i_k 为第 k 次采样值，i_0，i_N 分别为 $k=0$ 和 N 时的采样值。当 $N=12$ 时采样间隔 T_s 一般用角度表示为 30°。

算出 a_1 和 b_1 后，根据式（8.6）、式（8.7）不难得到基波的有效值和相角

$$I_1^2 = \frac{a_1^2 + b_1^2}{2} \tag{8.12}$$

$$a_1 = \arctan b_1 / a_1 \tag{8.13}$$

与半周积分算法比较，傅氏变换算法可以计算周期性时间函数，还可算出初相位角，其积分运算结果同样具有数字滤波功能，运算工作量也不大。但这种算法用于暂态采样计算时受输入模拟量中的非周期分量影响较大，理论分析在最不利的条件下可产生 15%以上的误差，通常还需要采用一些补偿措施加以克服。目前许多较先进的保护装置都采用了傅氏变换算法，例如 LFP—900 系列保护装置。

2. 保护逻辑程序

微机保护逻辑程序分为主程序和各种中断服务程序两大部分。

主程序一般由三大模块构成：初始化和自检循环程序、保护逻辑判断程序、保护跳闸和后加速处理程序。中断服务程序有采样中断、通信中断、定时器中断、电源异常中断等，用于保证微机保护装置的实时性要求。

总之，各种不同功能、不同原理的微机保护，主要的区别体现在软件上，因此，将算法与程序结合，并合理安排程序结构就成为实现保护功能的关键所在。

8.4 电磁型继电器保护装置与微机保护之间的对应关系

继电保护的任务是判断电力系统设备是否发生了故障或不正常运行状态，从而决定是否发出信号或跳闸命令，尽量迅速地从电力系统中切除发生故障的设备。因此，首先要取得与保护设备有关的信息，根据这些信息和不同的保护原理，进行综合判断，最后作出决断并执行。所以，继电保护的基本结构大致分为三部分：信号采集及预处理；信息的综合、分析与逻辑加工、决断；执行输出。如图 8-22 所示。

图 8-21 继电保护装置组成方框图

1. 信号的采集及预处理部分

在这个部分，微机保护与原来的电磁型继电器保护数据采集系统是一致的，保护装置均从保护的电力线路或设备的电流互感器、电压互感器取得电流、电压等模拟量，只是对于模拟量的数据信号，两种保护方式处理的方法不同。

首先，对于电磁型继电保护而言，这些互感器的二次数值直接加到电磁型继电器的测量机构，变换成机械力，然后在机械力的层次上进行数据的比较，逻辑判断，中间不需要设置其他的变换、隔离等环节。

然而，微机保护装置是数字电路，它把从电压互感器、电流互感器上采集的电流、电压

等模拟量经过信息的预处理，变换为计算机识别的数字量，然后在微型机 CPU 主系统的软件基础上进行数据比较、逻辑判断，中间需要设置隔离屏蔽、变换电平等处理。

2. 信息的综合、分析与逻辑判断

对于微机保护和电磁型继电器保护，都需要对由数据采集系统输入的数据进行分析、处理，完成各种继电保护的测量、逻辑和控制功能。电磁型继电保护通过电磁型继电器及其模拟电路实现，而微机保护装置通过其微型机 CPU 主系统实现。

常规的电磁型继电保护是靠模拟电路的构成来实现的，即用模拟电路实现各种电量的加、减、乘、除和延时与逻辑组合等要求。

微机保护，即数字式继电保护，是用数字技术进行数值（包括逻辑）运算来实现上述功能的。即微机保护通过微机主系统中的程序软件来进行数据的分析、运算和判断处理，以实现各种继电保护功能。

3. 执行输出部分

对于执行输出部分，微机继电保护与电磁型继电器保护是基本一致的。

继电保护的主要任务是操作、控制有关断路器，使发生故障的设备迅速与电力系统其余正常运行部分隔离开来，最大限度减轻故障对电力系统的影响，减轻故障设备的损坏程度。这种操作是通过控制断路器的跳闸线圈实现的。出于可靠性的考虑，目前不管是电磁型继电器保护或者微机保护，仍采用有触点的小型中间继电器，组成必要的出口逻辑。

8.5 微机保护装置功能介绍

8.5.1 10 kV 微机保护装置

以 PSL640 系列数字式线路保护装置为例介绍 10 kV 微机保护装置的功能。

PSL640 系列数字式线路保护装置是以电流电压保护及三相重合闸为基本配置的成套线路保护装置，适用于 66 kV 及以下电压等级的配电线路。

PSL640 具备相间电流保护、零序电流保护、定时限方式或反时限方式的选择、方向闭锁、电压闭锁、自动重合闸、TV 断线自动检测、过负荷告警及跳闸、接地选线、零序电压 3U0 越限告警、低频减载、低压减载、遥测、遥控、遥信等功能。

1. 装置硬件说明

1）外形结构

装置采用整面板形式，面板上包括汉化液晶显示器、信号指示灯、操作键盘等，面板靠下部位的运行操作区还设置了手动分闸、合闸开关及用于区分就地与远方操作等功能的切换开关，跳闸、合闸出口压板也设置于运行操作区。

2）交流模件

交流模件包括电压输入和电流输入两个部分，电压输入元件由电压变换器构成；电流输入元件由电流变换器和并联电阻构成。

3）CPU 模件

CPU 模件主要由数据采集系统、开关量输入及输出部分、CPU 系统、通信部分、时钟回路等部分组成。

4）电源模件

本模件为直流逆变电源模件。直流 220 V 或 110 V 电压输入经抗干扰滤波回路后，利用逆变原理输出本装置需要的三组直流电压，即 5 V、24 V（1）和 24 V（2）。三组电压均不共地，且采用浮地方式，同外壳不相连。

（1）+5 V 为用于 CPU 的工作电源。

（2）24 V（1）为用于驱动继电器的电源。

（3）24 V（2）为用于外部开入的电源。

5）逻辑及跳闸模件

本模件包括逻辑继电器及跳闸继电器两部分。

（1）逻辑继电器。

逻辑继电器由 CPU 模件直接驱动，这类继电器包括：出口回路开放继电器 QDJ、跳闸继电器 TJ 及其重动继电器 CKJ1、合闸继电器 HJ 及其重动继电器 CKJ2、出口中间继电器 CKJ3～CKJ8、信号继电器 CKJ9、装置异常告警及闭锁继电器 GJ、告警或呼唤信号继电器 GJX、信号复归继电器 FGJ 等。

QDJ 为出口回路总开放继电器，本装置内用于跳合闸的出口中间继电器，其负电源均经该继电器闭锁，该继电器的设置可有效防止某路开出损坏时保护的误动作。

装置告警信号分为本地告警及中央告警信号两种方式。如 CPU 自检时发现装置有严重异常情况，则立即驱动继电器 GJ 和信号继电器 GJX。GJ 继电器动作后除自保持外，其常闭接点将切断 CPU 模件的 24V 跳闸电源。信号继电器 GJX 为磁保持继电器，点亮装置面板上本地告警信号灯的同时，输出一幅接点至中央信号。这种情况称为本地告警。

中央告警信号主要是反映装置所对应一次设备的异常运行工况，用于提醒运行人员，称之为呼唤。装置在此种情况下仅驱动信号继电器 GJX，由该继电器的接点分别给出当地及中央信号。

（2）跳闸继电器。

跳闸继电器主要由各种操作回路继电器构成，包括跳闸位置继电器（TWJ）、合闸位置继电器（HWJ）、手动跳闸继电器 STJ、跳闸保持继电器 TBJ、合闸保持继电器 HBJ 等。

6）人机对话模件

本模件上的显示窗口采用 4 行、每行 12 个汉字的液晶显示器，还配置了丰富的灯光指示信息。主要功能是显示保护 CPU 输出的信息，扫描面板上的键盘状态并实时传送给保护 CPU。

2. PSL640 软件功能说明

本装置采用实时计算各保护元件的方式，不再设置专门的启动元件，所有元件均实时计算得出。

1）低电压元件

低电压元件在三个线电压中的任意一个低于低电压定值时动作，开放被闭锁保护元件。

2）过电流元件

当任一相电流大于Ⅰ段电流定值 1.2 倍时，装置瞬动段出口跳闸的时间不大于 40 ms（包括继电器的固有动作时间）。为了躲开线路避雷器的放电时间，本装置中Ⅰ段也设置了可以独立整定的延时时间。

3）零序过电流元件

4）反时限元件

本装置相间电流及零序电流均带有定、反时限保护功能，通过设置控制字的相关位可选择定时限或反时限方式。

5）加速元件

本装置的加速回路包括手合加速及保护加速两种，加速功能设置了独立的投退压板。

保护加速分为前加速或重合后加速方式，可由控制字选择其中一种加速方式。

6）充电保护

本装置用作充电保护时，只需投入加速压板、整定加速电流及时间定值，加速方式由控制字选择为后加速方式即可实现该功能。断路器处于分位大于 30 s 后该功能投入，充电保护功能在断路器合上后开放 3 s 左右。

7）三相重合闸

具备三相一次重合闸和二次重合闸功能。由相应软压板实现功能总投退，控制字 KG2.11 = 1 时投入二次重合闸功能。输出接点为“重合闸重动”（X5:1，X5:3）和“备用出口 1”（X5:7，X5:8）。

（1）启动方式。

完成重合闸充电后，可以由保护启动和不对应启动两种方式启动重合闸。

保护启动重合闸为保护动作，判别断路器位置和无电流后，开放重合闸 10s。

在不对应启动重合闸方式中，仅利用 TWJ 触点监视断路器位置。考虑许多新设计的变电站，尤其是综合自动化站，可能没有手动操作把手，手跳时利用装置信号跳闸模件上的手动跳闸继电器（STJ）动合触点来实现重合闸的闭锁。

（2）重合闸方式。

通过控制字 KG2.0 和 KG2.1 可选择重合闸的方式：不检方式、检无压方式、检同期方式。

（3）闭锁条件。

装置设置的重合闸“放电”条件有（或门条件）：

控制回路断线后，重合闸延时 10 s 自动“放电”；

弹簧未储能端子高电位，重合闸延时 2 s 自动“放电”；

闭锁重合闸端子高电位，重合闸立即“放电”；

手动跳闸或遥控跳闸，重合闸立即“放电”；

低周减载，低压解列，或过负荷跳闸动作，重合闸立即“放电”。

8）过负荷元件

过负荷元件监视三相的电流。

9）TV 断线检测

在下面三个条件之一得到满足的时候，装置报发“TV 断线”信息并点亮告警灯：

（1）相电压均小于 8 V，某相（a 或 c 相）电流大于 0.25 A，判为三相失压。

（2）三相电压和大于 8 V，最小线电压小于 16 V。

（3）三相电压和大于 8 V，最大线电压与最小线电压差大于 16 V，判为两相或单相 TV 断线。

装置在检测到 TV 断线后，可根据控制字选择，或者退出带方向元件、电压元件的各段保护，或者退出方向、电压元件。TV 断线检测功能可以通过“模拟量求和自检”控制字投退。

10）小电流接地选线

小电流接地选跳系统由本装置、母线开口三角电压监视装置和主站构成。当系统发生接地时 $3U_0$ 升高。当本装置感受到自产 $3U_0$ 有突变且大于 10 V，即记录当前的 $3U_0$、$3I_0$。与此同时，母线开口三角电压监视装置向主站报送接地信号。主站则在接到接地信号后调取各装置内记录的 $3U_0$、$3I_0$ 采样，计算后给出接地点策略。

11）数据记录

本装置具备故障录波功能。可记录的模拟量为 I_a、I_b、I_c、$3I_0$、U_a、U_b、U_c、U_x，可记录的状态量为断路器位置、保护跳闸合闸命令。

8.5.2 750 V 微机保护装置

8.5.2.1 DPU96 保护装置

1. 结构原理

DPU96 数字式保护和控制装置是以微处理器为基础（如图 8-23 所示），用来完成直流快速断路器的控制和保护，避免直流开关设备和接触网设备出现过负荷和短路情况，并根据电流的变化在达到最大短路电流之前检测出短路的发生，启动相应保护来跳开直流快速断路器，迅速切除故障回路，保护供电设备的安全。

为了便于一次设备直流电流和电压的测量并且有效地进行电气隔离，采用直流隔离放大器（DPU96 BA）和分压器模块（DPU96 VD），将分流器的二次电流与分压器的二次电压送到隔离放大器，经隔离、放大后通过光纤与中央处理单元（DPU96 PU）进行信息传输，由中央处理单元进行监测、处理。

1）功能模块构成

（1）DPU96 中央处理单元（DPU96 PU）。

PU 为中央单元，主要实现保护算法和人机界面；通过 Profibus 直接与中央信号系统通信，几乎所有的功能都可以集成到中央处理单元中。在 5 号线中主要用于避免接触网过负荷，并在电流变化过程中甚至达到最大工作电流之前检测出短路的发生。

具备的基本特性有：

a）I_{max}（静态过电流分析）

b）ΔI（涌流分析）

c）di/dt（电流上升率分析）

d）热保护

e）定时限过电流保护

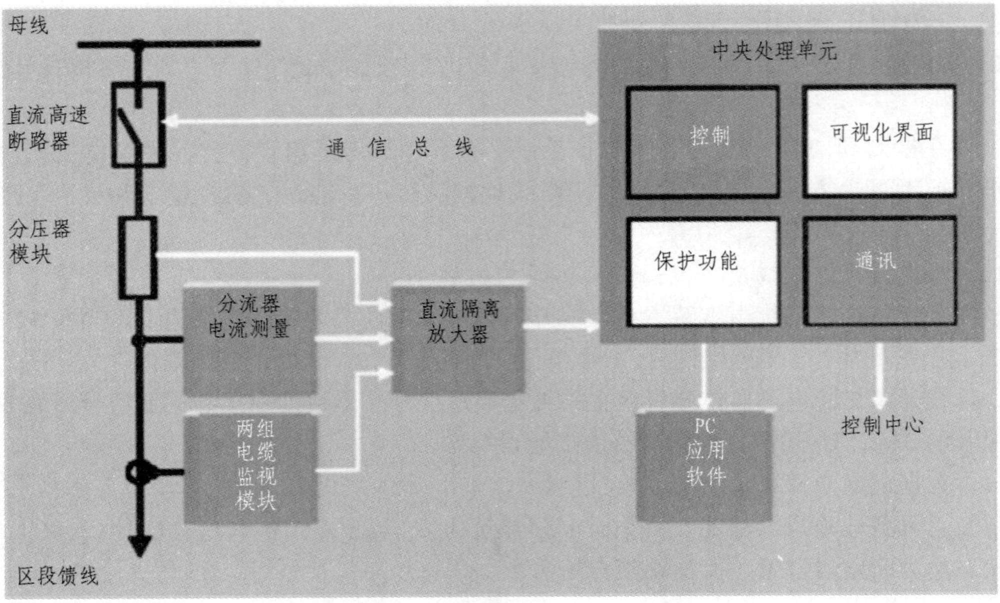

图 8-23 DPU96 保护装置系统配置图

f）断路器故障保护

g）输出电压监视

h）测量存储器

i）事件存储器

j）报警存储器

（2）DPU96 直流隔离放大器（DPU96 BA）。

直流隔离放大器和分压器模块用于电气隔离和电流及电压测量。测量值通过光纤电缆输出到 DPU96 PU 中央处理单元中，也可以进行模拟输出。

具备的测量功能有：

a）测量区段馈线电流

b）测量测试电压

c）测量区段馈线电压

d）测量区段测试电流

e）用于两个电缆监视器模块的电缆监视

（3）DPU96 分压器模块（DPU96 VD）。

与直流隔离放大器相匹配，测量供电区段的馈线电压。

通用的分压器可用于系统电压最大达 1 000 V/2 000 V/4 000 V DC，它与 10 V DC 的直流隔离放大器上的输入信号相匹配。

（4）DPU96 应用软件（DPU96 SW）。

保护装置存储并处理大量信息。借助 DPU96 SW 软件，可以方便有效地使用保护装置的各项功能，并且便于菜单引导式参数设置和操作。

2．控制和保护功能

1）保护功能

（1）过电流保护。

（2）$\mathrm{d}i/\mathrm{d}t+\Delta I$ 保护。

（3）电缆温度保护。

（4）双边联跳保护

2）控制功能

直流快速断路器的操作和控制是通过带有集成自动测试和自动重合闸系统的 DPU96 的馈线开关柜来实现的。

交流电经整流器整流后，通过直流馈线开关柜向各个供电区段供电。采用带有直流快速断路器的专用开关设备，当发生故障时能够有选择地切除故障馈线供电区段。断路器触头的快速开启和极短的燃弧时间能有效确保对短路电流的限制。

为了保护供电区段并有效地监视和控制直流快速断路器，在每个输出馈线柜低压室内安装 1 套单独的 DPU96 装置，结合控制面板实现具备集成的自动测试功能和自动重合闸系统。DPU96 数字式保护和控制装置对开关位置进行监视，采集开关设备的位置信号、所有开关柜内的事故、报警信号，并在开关柜当地显示，同时通过变电所内综合自动化通信网络送往电力监控系统，实现开关间的连锁、联动、闭锁的功能。

正常操作断路器合闸时，对线路进行多次测试，线路正常则允许合闸；线路存在持续性故障，则闭锁合闸。当接触网发生故障时，断路器由于保护动作而分闸，测试装置对线路进行测试并判别故障性质，如故障是瞬时性的，自动重合闸将使断路器重新合闸；如故障是永久性的，直流断路器不再进行重合闸。

考虑到需方便设备维护、检修以及实际运行中要提高馈线供电区段的供电质量，还设置了直接合闸功能和快速合闸功能。

8.5.2.2　SEPCOS 保护装置

1．功能方块图

图 8-24 所示为 SEPCOS 保护装置功能方框图，包括了以下部分：母线、快速断路器、分流器、馈线柜、控制与检测、电流测量器、电压测量器、通讯总线、SEPCOS、就地监控、远程遥控、显示单元、用户软件、计算机。

2．SEPCOS-NG 保护装置的组成

SEPCOS-NG 保护装置的组成如图 8-25 所示。

3．SEPCOS 的功能

SEPCOS 的功能分为三类：保护、控制和记录。

1）保护功能

基于微处理器的基础和自动化系统；用于测量和分析牵引回路电流和电压的 4 通道差分模拟输入；保护与记录功能；断路器的分闸与闭锁控制与断路器状态的读取；用于电流表与电压表的 2 通道模拟量输出。

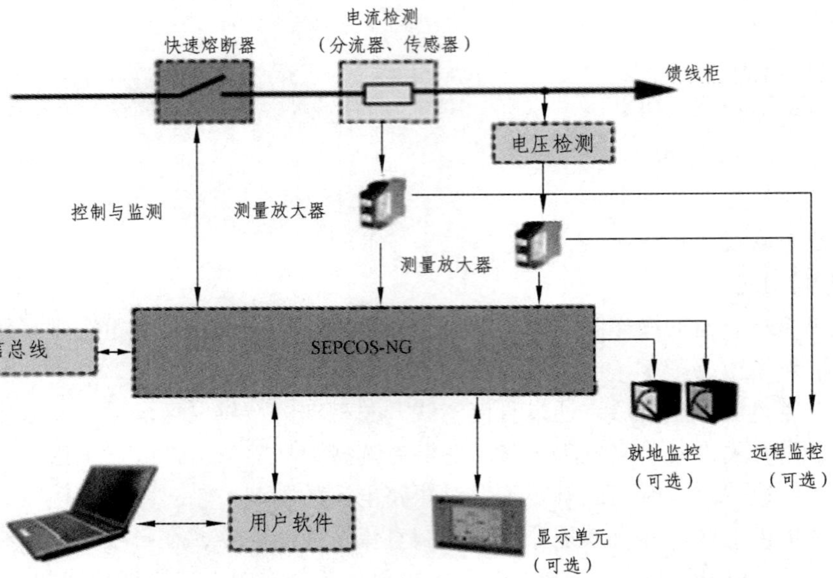

图 8-24　SEPCOS 保护装置功能方框图

SEPCOS 板
• PLC CPU 板
• PLC COM 板:
• PLC 12 开入板:
• PLC 6 开出板:
• 辅助电源板:
• PLC-PS485 板:
• 显示接口板:
• 显示模块
• PROFIBUS-DP PC 104标准板:
• PRO CPU 板:
• PRO 输入输出板:
• PRO COM 板（通讯板）:

图 8-25　SEPCOS 保护装置组成图

（1）I_{max^+} 保护。

有时线路中的故障电流（过载电流或短路电流）小于断路器的整定值，通过测量，分析馈电回路的正向电流 I_f，可检测出低于断路器整定值的短路电流和过载电流。

测量正向电流 I_f，如果 $I_f >$ 设定的 I_{max+}，SEPCOS 开始计时，如果当计时 $t >$ 设定的 T^+，则发出跳闸指令。

（2）DDL 保护。

DDL 保护由电流上升率 di/dt 和电流增量 ΔI 构成。

（3）接触网热保护。

当接触网长期通过大负荷电流而使导线发热时，热过负荷保护跳开馈线断路器。通过连续测量馈电电流，计算热载 θ_t，θ_t 为被保护系统的额定电流 I_n 和时间常数 τ 的函数。热计算的公式：$\theta_t = (1 - e - t/\tau)(I/I_{rated})^2$。

SEPCOS 通电后，θ_t 的初始值 $\theta_{t0}=0.98\theta_A$，θ_A 为设定的报警值。断路器合闸后，如果馈电回路连续流过大电流，当电流大于设定值 I_{rated} 时，保护装置启动此保护功能。当达到 θ_A 时，SEPCOS 发出警报。如果 θ_t 继续上升，当 $\theta_t \geqslant 1.01\theta_A$ 时，SEPCOS 发出指令使断路器分闸，同时可发出闭锁信号。只有当 $\theta_t < \theta_A$ 时，断路器才能重新合闸。

（4）U_{min}（U_{feeder} Low）保护。

此保护为低电压保护，通过测量馈线电压来判断并切除故障。

测量馈线电压 U_f，如果 $U_f <$ 设定值 U_{min}，且时间 t 超过设定值 T_{set}，则发出信号使断路器跳闸。

（5）Delta U 保护。

本功能为电压差，当线路已由邻站馈线供电时，在闭合本所断路器前，先比较母线电压和线路电压的电压差，当电压差大于设定值时，闭锁合闸。

U_f：馈线电压；

U_r：母线电压；

U_f Residue：馈线残压设定值；

Delta U_{r-f}：电压差设定值；

如果 $U_r - U_f <$ 设定值 Deta U_{r-f}，允许断路器合闸；

如果 $U_r - U_f >$ 设定值 Deta U_{r-f}，闭锁断路器合闸；

当馈线电压 U_f 小于馈线设定值 U_f Residue，不闭锁断路器合闸。

（6）联跳功能。

当 SEPCOS 检测到故障（通过保护功能）时，使断路器分闸，并发出联跳信号，同时使给该段线路或该网络供电的所有断路器跳闸并锁定。

a. 相邻变电所间的双边联跳

当本变电所一台断路器跳闸时，必须使相邻变电所内向同一区间供电的断路器同时跳闸；其功能可通过联跳电缆及两侧直流开关柜中的联跳继电器来实现，每条馈线 SEPCOS 数字式保护监控单元的联跳接收与发送采用独立的回路。

b. 越区供电时三个变电所间联跳

当处于中间的变电所退出运行时，合闸越区隔离开关进行越区供电时，其相邻的两个变电所馈线断路器可以进行联跳转换。联跳发送继电器的输出信号不是送给相邻站的相应馈线柜的联跳接收继电器，而是通过联跳转换继电器传送给下一牵引变电所的相应馈线柜的联跳接收继电器。联跳转换只与本所端子柜间接线有关，不需要任何外界连线。

2）控制功能

控制功能通常用于开关设备的电气合分闸，根据系统的状态和规定的要求，允许或禁止合闸操作。

（1）电保持型断路器控制分合闸的功能。

电保持型断路器在合闸后只需流过很小的电流即可使断路器保持在合闸位置。

其合闸顺序为：SEPCOS 输出 1 s 脉冲，使合闸保持线圈得电。

其分闸顺序为：使合闸保持线圈失电。

（2）磁保持型断路器控制分合闸的功能。

磁保持型断路器的合闸线圈为短时通电型。

其合闸顺序为：SEPCOS 输出 1 s 脉冲，合闸线圈得电，断路器合闸，合闸后合闸线圈失电。

其分闸顺序为：SEPCOS 输出 1 s 脉冲，使合闸线圈流过反磁极电流，断路器分闸，分闸后合闸线圈失电。

（3）自动重合闸功能/防跳。

自动重合闸是指在线路出现故障断路器分闸后，经过一定延时 *Delay*（s）后，SEPCOS 发出重合闸信号，使断路器自动重合闸。如果在时间间隔 *T*（s）内断路器遇故障又分闸，则重合闸次数计 1，若重合闸次数达到 *N* 次但合闸仍不成功，则闭锁重合闸。闭锁可通过电气或手动方式复位。

（4）线路测试功能。

线路测试功能用于对馈线断路器进行控制。在馈线断路器合闸前，利用线路测试装置对线路状态进行测试，可以防止断路器与故障点或已经过载的线路相连通，从而减少不必要的事故的发生。

8.6 备用电源自投

备用电源自投入装置是指在工作电源因故障断开以后，能自动而迅速地将备用电源投入到工作中或将用户切换到备用电源上去，从而使用户不至于被停电的一种自动装置，简称备自投。

正确应用备用电源自动投入装置，可以提高电网供电的可靠性。备自投方案的设计应按照系统的特殊要求进行，尽可能提高对用户不间断供电，保证网络电源点供电的连续与可靠。

8.6.1 备用电源自投装置的基本要求

根据电网运行经验，备自投只有满足下列基本要求才能更好地发挥作用：

（1）备自投装置必须在工作母线因某种原因失去电压而闭锁条件不成立的情况下动作。

（2）备自投装置应该保证停电的时间尽可能短，使电动机的自启动容易一些。

（3）备自投装置只应动作一次。

（4）备自投动作，自投于永久性故障的设备上，应加速跳闸。

（5）当电压互感器的熔断器熔断时，备自投不应动作。

（6）当备用电源无电压时，备自投不应动作。

（7）备自投装置应在工作电源确已断开后，再将备用电源投入。

（8）工作电源手动分闸时备自投不应动作。

（9）联络断路器代替进线断路器而进线又失压时不允许备自投动作。

8.6.2 城市轨道交通牵引变电所运行方式

图 8-26 所示是一个牵引变电站进线与母线联络开关简化图。

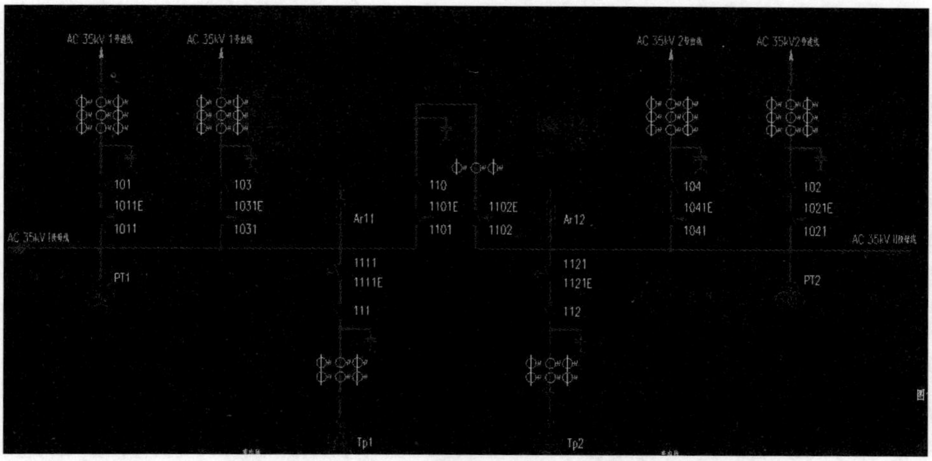

图 8-26　牵引变电所进线开关与母线联络开关

1．城市轨道交通牵引变电所正常运行方式

变电所两路进线分别带 35 kV 两段母线全负荷运行，101、102 合闸，110 分闸。

2．进线失压备自投成功后的非正常运行方式

1）运行方式一

因某种原因 35 kV1#进线失电，经一定延时 101 跳闸→110 自动合闸→由 35 kV2#进线通过母联联络断路器带全站负荷运行。

2）运行方式二

因某种原因 35 kV2#进线失电，经一定延时 102 跳闸→110 自动合闸→由 35 kV1#进线通过母联联络断路器带全站负荷运行。

8.6.3　备用电源自投逻辑

备用电源自投工作逻辑是指，当工作电源因故障断开，备用电源自投的条件。

正常运行时，Ⅰ、Ⅱ母线都是分列运行，若某一侧电源线路停电，对应的线路和母线就会失压，这种失压信号是通过电压互感器一次反应到二次继电保护装置上的，而电压互感器一次、二次回路断线，反应到继电保护装置上的现象也是失压，为区分线路真正失压和电压互感器断线，一般电压回路的采样都要经过两个电压互感器，继电保护装置要同时接到两个电压互感器失压信号才判断为进线失压。

（1）1PT、2PT 分别为 1，2#进线电压互感器，采集 1，2#进线电压信息。

（2）3PT、4PT 分别为 1，2#母线电压互感器，采集 1，2 段母线电压信息。

（3）只有线路 PT 和母线 PT 同时失压才能判定为电源失压。

备自投动作举例如下。

1．运行方式一

1）允许备自投条件

（1）1，2 段母线均有三相电压。

（2）101、102 在合闸位置，110 在分闸位置（隔离开关均在合位）。

2）闭锁条件

若有下列情况之一必须闭锁备自投：

（1）手动分闸进线断路器。

（2）遥控分闸进线断路器。

（3）进线断路器故障跳闸。

3）备自投启动条件

（1）1#进线失压、Ⅰ段母线失压，它们的电压 < 30%U_n，由 1PT、3PT 测得。

（2）2#进线及Ⅱ段母线电压均高于 70%U_n，由 2PT、4PT 测得。

（3）101、102 在合闸位，110 在分闸位。

经一定延时确认后，进线断路器 101 跳闸，启动母联断路器 110 合闸，由 2#进线电源通过母联带全站负荷运行，并保证不会向故障点反送点。

2. 运行方式二

1）允许备自投条件：与方式一相同

2）闭锁备自投条件：与方式一相同

3）备自投启动逻辑

（1）2#进线失压、Ⅱ段母线失压，它们的电压 < 30%U_n，由 2PT、4PT 测得。

（2）1#进线及Ⅰ段母线电压均高于 70%U_n，由 1PT、3PT 测得。

（3）101、102 在合闸位，110 在分闸位。

经一定延时确认后，进线断路器 102 跳闸，启动母联断路器 110 合闸，由 1#进线电源通过母联带全站负荷运行，并保证不会向故障点反送点。

若备自投不成功，相应的开关应不按时限，加速跳闸。

注：PT 断线检测方法：

方法①：当母线任一相电压小于 30 V，或负序电压大于 8 V（一相断线后电路不对称，产生负序分量），同时线路电流互感器有流，持续 10 s，则判断为 PT 断线。

方法②：最大线电压与最小线电压之间的差值大于 16 V，负序电压大于 8 V，同时线路电流互感器有流，持续 10 s，则判断为 PT 断线。

方法③：三相电压都小于 30 V，负序电压小于 8 V，同时线路电流互感器有流，持续 10 s，则判断为 PT 断线。

参考文献

[1] 常国兰，支崇钰. 继电保护装置运行与调试. 成都：西南交通大学出版社，2017.
[2] 刘学军，段慧达，辛涛. 继电保护原理. 北京：中国电力出版社，2012.
[3] 马玲. 继电保护与测控技术. 北京：中国铁道出版社，2011.
[4] 方彦. 城市轨道交通继电保护. 成都：西南交通大学出版社，2017.
[5] 陈丽华，李学武. 城市轨道交通供电系统继电保护. 北京：科学出版社，2014.
[6] 贺家李，李永丽等. 电力系统继电保护原理. 北京：中国电力出版社，2010.
[7] 高亮. 电力系统微机继电保护. 北京：中国电力出版社，2007.
[8] 熊为群，陶然. 继电保护自动装置及二次回路. 北京：中国电力出版社，2006.
[9] 杨洁. 继电保护与二次回路. 北京：人民交通出版社，2016.
[10] 朱雪凌. 电力系统继电保护原理. 北京：中国电力出版社，2009.
[11] 韩笑. 电力系统继电保护. 北京：机械工业出版社，2015.
[12] 何瑞文，陈卫等. 电力系统继电保护. 北京：机械工业出版社，2017.

附录 1　城市轨道交通供电系统保护配置

1．牵混所系统主要保护配置（样例）

35 kV 环网进出线：电弧光保护、过流保护，零序过流保护，光纤纵联差动保护。

35 kV 母联（具有自投切功能）：电弧光保护、电流速断保护、零序过流保护。

35 kV 配电变压器馈线：电弧光保护、电流速断保护、过流保护、零序过流保护、过负荷保护、变压器温度保护。

35 kV 整流机组馈线：限时电流速断保护、过电流保护、零序电流保护、过负荷保护、整流变压器温度保护（变压器内部保护）、断路器失灵保护、整流器内部保护（二极管保护、逆流保护）。

整流器：交直流侧过电压保护、二极管保护、过电流保护。

直流 1 500 V 进线：大电流脱扣保护（断路器本体保护）、逆流保护；

直流 1 500 V 馈线：大电流脱扣保护（断路器本体保护）、$di/dt+\Delta I$ 保护、电流速断保护、过电流保护、双边联跳保护、低电压保护、直流 1 500 V 线路测试和自动重合闸功能。

直流 1 500 V 负极柜：两套框架泄漏保护。

附图 1-1 中：101、102 为进线柜，103、104 为出线柜，111、112 为 35 kV 配电变压器馈

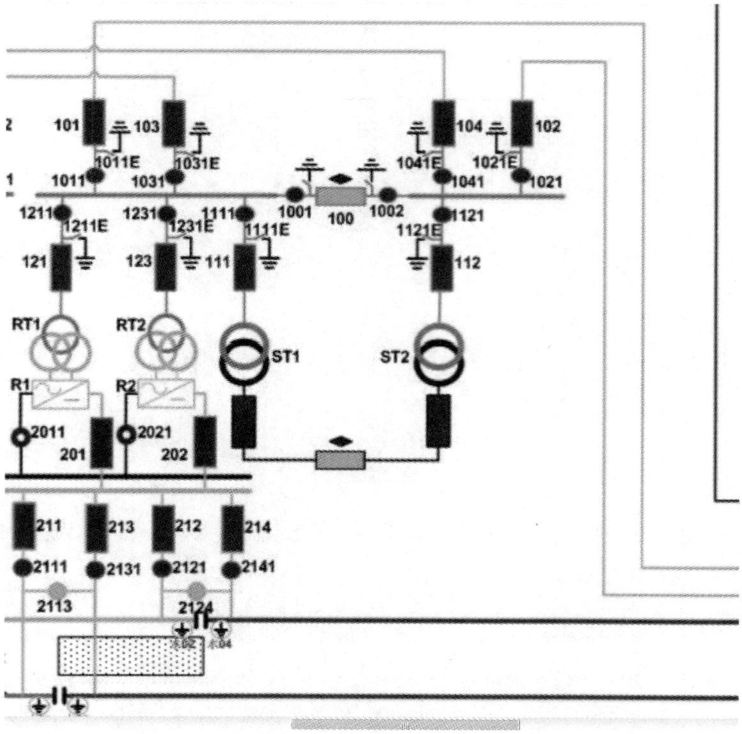

附图 1-1　牵混所主接线图

线柜，121、123 为 35 kV 整流机组馈线柜，201、202 为直流 1 500 V 进线柜，211、213、212、214 为直流 1 500 V 馈线柜，2011、2021 为直流 1 500 V 负极柜。

2. 降压所系统主要保护配置（样例）

35 kV 环网进出线：电弧光保护、过流保护，零序过流保护，光纤纵联差动保护。

35 kV 母联（具有自投切功能）：电弧光保护、电流速断保护、零序过流保护。

35 kV 配电变压器馈线：电弧光保护、电流速断保护、过流保护、零序过流保护、过负荷保护、变压器温度保护。

降压所主接线图如附图 1-2 所示。

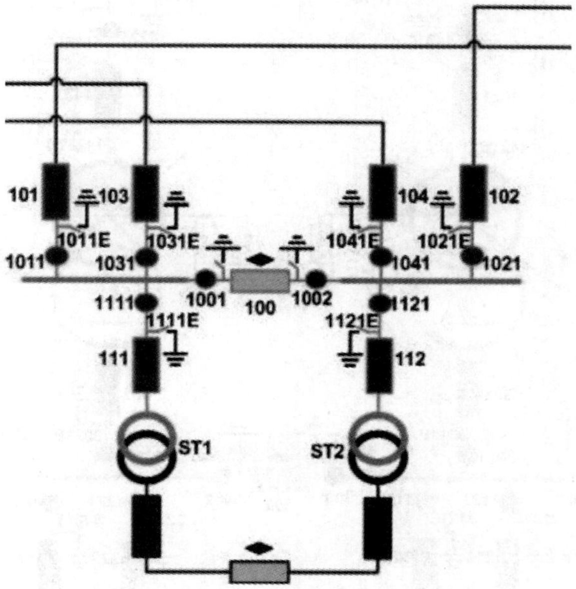

附图 1-2 降压所主接线图

3. 主变电所主要保护配置（样例）

主变保护（具备故障录波功能）以主保护、后备保护和主变电所配置保护为例。

1）主保护

二次谐波制动的比率差动及差动速断保护。

重瓦斯及有载重瓦斯。

保护动作跳主变二侧断路器。

2）后备保护

110 kV 侧复合电压闭锁过流保护（复合电压取自 35 kV 侧），t_1 跳主变 35 kV 侧断路器，t_2 跳主变 110 kV 侧断路器并闭锁有载调压。

35 kV 侧复合电压闭锁过流保护，t_1 跳 35 kV 分段开关柜断路器，t_2 跳主变 35 kV 侧断路器，并闭锁 35 kV 分段备投。

110 kV 侧中性点间隙零序过电流保护，t_1 跳小发电（预留出口），t_2 跳主变二侧断路器。

35 kV 中性点零序过电流保护，t_1 跳主变 35 kV 侧断路器，t_2 主变 110 kV 侧断路器并闭锁 35 kV 分段备投。

信号回路：轻瓦斯，超油温，压力释放，油位异常，110 kV 侧过负荷。

3）主变所配保护

35 kV 进、出线电缆：电弧光保护、纵联差动保护、过电流保护、零序电流保护。

35 kV 母联：电弧光保护、过电流保护、零序电流保护。

主变电所主接线图如图附图 1-3 所示，其中 301、302 为 35 kV 进线柜，300、304、303 为 35 kV 母联柜，311 与 321 为 35 kV 配电变压器馈线柜上图中 35 kV 母线下方的 10 个柜子均为 35 kV 出线柜。

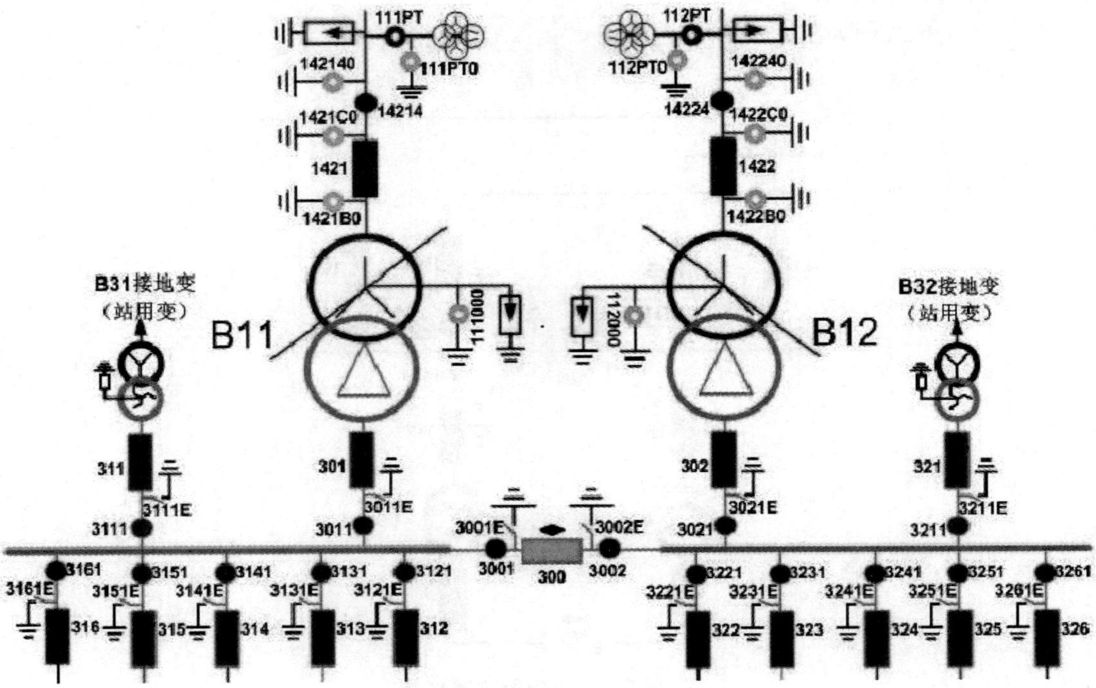

附图 1-3 主变电所主接线图

附录 2　电弧光保护装置

现今城轨的 35KVGIS 柜中大量使用了一种电弧光保护装置，现说明如下：

1. 概　述

电弧光保护装置可以在开关柜发生弧光故障的时候，保护操作人员不受伤害，并且降低财产损失程度。当出现弧光时候，弧光以 300 m/s 的速度爆发，摧毁途中的任何物质。只要系统不断电，弧光就会一直存在。要想最大限度地减少弧光的危害，我们需要一种安全、迅速而有效的半导体电弧光保护装置。在开关柜抽屉内，弧光可以在 10 ms 内达到 3 m 远，因此要想最大程度降低损失，时间是个最主要的因素。电弧光保护装置输出跳闸信号时间小于 1 ms，即使在安装或者维护的时候也能保护操作人员的安全。

电弧光保护装置的面市已经近 10 年。现今的 ABBZX2 与西门子的 8DA 系列开关柜中都配有此装置，以实现对开关柜的保护。电弧光保护装置使用先进的处理器技术来控制系统的功能。该处理器技术也使得电弧光保护装置功能的编程，可匹配开关柜的不同运行方式。在跳闸回路里采用的半导体技术（可控硅开关）确保了开关柜里的供电开关以最小的延时得到跳闸信号。不论是在电弧光保护装置的主控单元，还是电弧光单元探测到电弧光，并且超过电流单元整定的电流定值，电弧光保护装置的跳闸信号都将在小于 1 ms 到达供电开关。电流的信息也可直接取自安全电流回路，在此情况下，电弧光保护装置也能尽可能快地得到过流信息。

如果偶尔光线信号超过光线设定值或者电流信号超过电流设定值，系统不会输出跳闸信号，也不会记忆在跳闸回路中，但是在主控单元上会显示报警信号。在编程的时候，必须考虑系统按照用户所希望的方式正常工作。采用光纤技术来向主控单元传输跳闸信号，确保了电弧光保护装置的完美功能，它的抗干扰能力强，跳闸信号可以非常迅速地输出到断路器。

2. 弧光的产生原因

（1）设备故障和带电设备的误操作。

（2）设备正常检修后，遗漏工具在开关设备内。

（3）错误的接线和母线连接。

（4）绝缘老化和机械磨损、过电压。

（5）小动物（尤其是老鼠）、灰尘、温度、湿度、腐蚀、等环境因素。

（6）容性接地电流扩大。

3. 电弧光保护装置组成

1）主单元

主单元包含有电流检测和断路器失灵保护，它通过检测短路电流和来自电弧光传感器的动作信息，并对收集的数据进行处理、判断，在满足跳闸条件时，发出跳闸命令以切除故障。

在进线断路器不能切除故障时，它将启动断路器失灵保护逻辑，发出跳闸命令给上级断路器来切除故障。此外，主单元根据辅助单元传送来的弧光传感器动作信息和温度传感器测量的温度，提供弧光故障点的定位和温度报警信息。

2）辅助单元

当系统发生弧光故障时，辅助单元收集来自电弧光传感器的动作信息并传送给主单元，在主单元上显示辅助单元和弧光传感器的地址编号，有利于及时准确定位故障开关柜，为检修提供信息。

3）电弧光传感器

专用于母线保护的弧光传感器安装在开关柜的母线室内，它作为光感应元件，将检测在发生弧光故障中突然增加的光强，并将光信号转换成电流信号传送给辅助单元。

4. 电弧光保护动作原理

电弧光保护主要动作依据为故障产生的两个不同因素：弧光及电流增量。当同时检测到弧光和电流增量时发出跳闸命令。电弧光保护由三部分组成：电弧光保护主单元、电弧光保护辅助单元和弧光传感器。弧光传感器可放置在开关设备的任何位置，根据弧光传感器的实际物理位置可实现保护分区的功能，并在电弧光保护主单元上显示故障发生的位置，此功能可减少断电的处理时间，使快速恢复供电成为可能。附图 1-4 所示为弧光保护装置动作原理图。

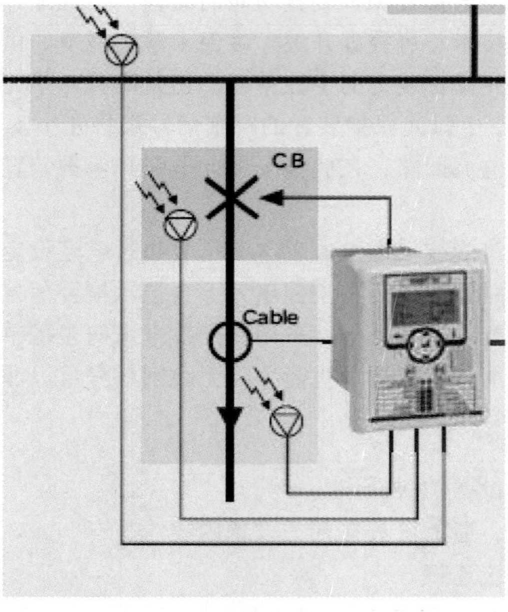

附图 1-4 弧光保护装置

5. 电弧光保护的特点

（1）原理简单：通过检测电弧光，结合过流闭锁，结构简单。

（2）动作迅速可靠：通过检测电弧光信号，整套母线的保护动作时间只有 5 ~ 7 ms；采用检测弧光信号和过流闭锁的双判据原理，可实现保护的可靠动作；整套系统连续自检，充分保证整套系统工作的安全性和可靠性。

（3）故障点定位：控制部分可显示弧光发生点位置，方便快速处理故障、恢复供电。

（4）断路器失灵保护：在主断路器拒动时发出跳闸指令跳上一级断路器，提高保护系统的安全性。

（5）配置灵活、适应性强。

6. 总　结

电弧光保护改进了传统母线保护的概念，提高故障处理速度，可以有效解决短路故障弧光所造成的危害，减少设备维护及人员伤亡，提高电力系统的安全及经济效益。

附录3　城市轨道交通典型故障分析报告

1. 故障时间

2017年×月×日，××车辆段牵混所整流变压器断路器121、123及直流进线断路器201、202、馈线断路器211、212、213、214、及上行、下行211、212、213、214断路器同时跳闸。跳闸故障为电压型框架保护动作。

2. 故障经过

（1）×时×分，××车辆段牵混所电压型框架保护动作。

（2）×时×分，供电调度通知供电生产调度，××车辆段直流馈线断路器跳闸，车辆段全场无电。

（3）×时×分，生产调度通知供电技术人员，告知××车辆段牵混所框架保护动作，馈出线断路器跳闸，车场无电，并要求供电技术人员和工班人员赶到现场配合故障检测和处理。

（4）×时×分，供电技术人员和管辖工班人员到达现场，对故障信息和相关装置报告进行检查，对故障设备进行巡视，发现故障后施工单位现场值守人员已对故障设备进行复归操作，故障已自动消除。

3. 电压型框架保护动作原理及其与轨电位限制装置之间的关系

（1）电压型框架保护原理：电压型框架保护检测的是设备外壳对直流设备负极之间的电压，由于小电阻可以忽略不计；设备外壳可认为直接接地，钢轨是和直流设备负母排相连的，所以电压型检测的电压相当于钢轨和地之间的电压。

（2）轨电位动作原理：钢轨电位限制装置一端接钢轨，一端接变电所接地网，检测的是钢轨和地之间的电压。当供电分区没有车辆行驶时，牵引直流系统运行正常情况下，钢轨对地电位为零；当供电分区有车辆行驶或接触网发生短路故障时，由于钢轨对地泄漏电阻的存在，钢轨电位快速升高，为了保护在钢轨上行走的人身安全，当钢轨电位达到一定值时，钢轨电位限制装置迅速动作，将钢轨与接地网短接，从而降低了钢轨电位，保护了在钢轨上行走的人的人身安全。

（3）钢轨电位限制装置与电压型框架保护动作分析：电压型框架保护与钢轨电位限制装置两者都是检测钢轨电位对地电压，不同的是电压型框架保护的作用是保护直流设备安全，动作于跳闸，切除直流绝缘泄漏或短路故障；钢轨电位限制装置的作用是降低钢轨对地电压，保护线路上行走的人的人身安全，不动作跳闸，牵引直流系统不受影响，列车正常运行。由于电压型框架保护整定时间大于钢轨电位限制装置，正常情况下当发生钢轨电位升高时，应有钢轨电位限制装置首先动作，使钢轨与地连通，保证线路上人身安全，当钢轨电位限制装置拒动时，电压型框架保护动作于跳闸，具体参数按照定值书规定执行。

4. 故障处理过程

1）2017 年 × 月 × 日（故障跳闸当天）进行了以下检查工作：

（1）查看后台故障报告，了解故障动作时间为 × 时 × 分，动作类型为电压型框架保护动作；

（2）查看直流进出线柜和整流变压器馈线柜保护装置动作信号为框架保护动作接收；

（3）查看负极柜框架保护动作为电压型框架保护动作，但从上面几个装置中无法查看电压型框架保护动作时的动作电压值；

（4）向供电调度申请停电，将各断路器的远方/当地转换开关打至当地位，对保护动作故障进行查找；

（5）拆掉直流开关柜避雷器接地电缆、拆掉负极柜框架总接地电缆，利用 1 000 V 的兆欧表对直流开关柜框架绝缘进行测试，测试结果为 0.5 MΩ，满足运行需求，排除了短路导致的动作；

（6）利用继电保护测试仪给负极柜框架保护的电压回路加电压量，测试保护电压型框架保护动作情况，通过测试验证保护装置动作正常；

（7）利用继电保护测试仪给轨电位保护装置回路加电压量，检测轨电位装置的动作情况，通过测试验证轨电位装置动作正常。

5. 故障原因分析

综合以上故障查找分析，导致电压型框架保护动作的原因有以下几个方面：

（1）根据电压型框架保护的动作原理和电压型框架保护与轨电位限制装置之间的逻辑关系，应该在发生钢轨电位时先动作轨电位限制装置，一般情况，轨电位限制装置动作后框架保护就不会再继续动作，但现场检查发现轨电位限制装置并未动作，所以分析本次电压型框架动作的重点有两点，第一是分析为何钢轨电位会产生；第二点是钢轨电位限制装置为何未动作。

（2）根据跳闸当天巡视情况了解，跳闸时正准备手动操作停电，线路有作业。跳闸以后巡视发现车辆段内轨道上有施工人员在施工，所以怀疑施工人员在停电之前是否存在随身携带的工器具搭接钢轨，钢轨有接地，导致轨电位升高；

（3）检查轨电位限制装置的接地电缆，发现其接地电缆与电缆层接地排连接处有紧固的新印记，且该电缆无标示牌，根据其现象怀疑，该电缆的接地紧固处之前未紧固到位，导致后期轨电位回路电阻增大，回路不畅。所以当轨电位升高后轨电位限制装置不能动作。

（4）在现场采用电脑给轨电位限制装置联机时发现通信故障，无法与厂家安装在电脑上的软件匹配，同时发现轨电位限制装置上有 CPU 投退按钮，该按钮不小心打至停用位置使 CPU 不能运行（如附图 3-1 所示），所以也有可能是当时该装置被人为打至停用位置了，但根据近期巡视情况看，可能性不大。

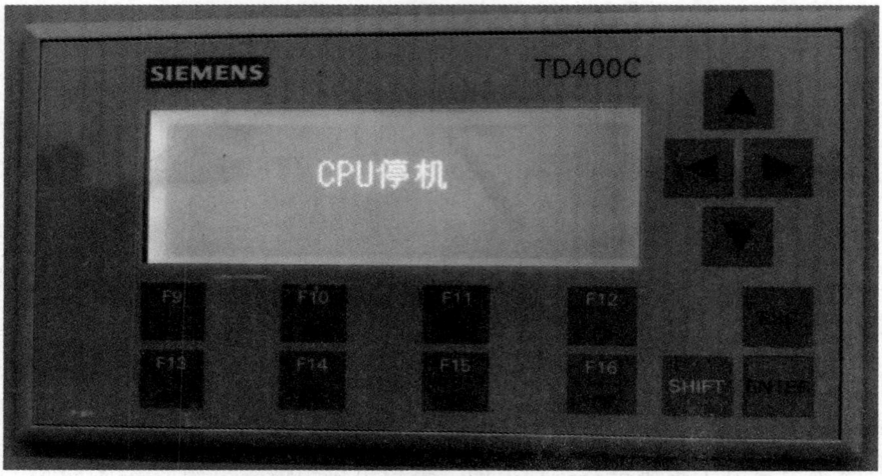

附图 3-1　CPU 停机界面

综上原因判断，本次框架保护动作最有可能的原因是轨电位限制装置接地电缆接地端未牢固，导致轨电位限制装置不能正常动作，所以当有机车通过，轨电位升高时直接导致了框架保护动作。